全国高职高专教育规划教材

简明易学系列

U0846498

模拟电子技术及应用

Moni Dianzi Jishu ji Yingyong

胡宴如 主 编

吴正平 副主编

章忠全 主 审

高等教育出版社·北京

HIGHER EDUCATION PRESS BEIJING

内容提要

本书是一本通俗易懂、易教易学的模拟电子技术简明教材。根据现代电子技术的发展及高职高专教学需要，本书在编者总结多年课程教学改革与实践，以及汲取各方面的意见和建议的基础上编写而成。

全书共分六章，分别为半导体二极管及其应用、半导体三极管及其应用、晶体管常用放大电路、集成运算放大器及其应用、信号产生电路、直流稳压电源。为了便于教学和学习备有配套的电子教案等数字化教学资源。每章都有自我评价题和练习题，每节有复习题，并在书末附有部分自我评价题和练习题答案。

本书以模拟电子技术基本知识、基本理论、基本技能为主线，以能力培养为目标，力求做到内容简明扼要，基本概念清楚，淡化理论推导，突出实践应用，主要内容都有应用实例，使教材做到简明、易学、易懂、实用。

为提高教材的可读性，本书采用双色印刷，版面活泼，重点突出，层次分层，便于教学，有利自学。

本书可作为高职高专院校、五年制高职学校、成人高校和民办高校的电类专业模拟电子技术课程的教材，也可供有关技术人员参考或培训使用。

图书在版编目(CIP)数据

模拟电子技术及应用／胡宴如主编. —北京：高等教育出版社，2011.12

ISBN 978-7-04-033970-3

Ⅰ.①模…　Ⅱ.①胡…　Ⅲ.①模拟电路-电子技术-高等职业教育-教材　Ⅳ.①TN710

中国版本图书馆 CIP 数据核字（2011）第 228453 号

策划编辑　孙　杰　　责任编辑　王莉莉　　封面设计　赵　阳　　版式设计　范晓红
插图绘制　尹　莉　　责任校对　殷　然　　责任印制　刘思涵

出版发行	高等教育出版社	咨询电话	400-810-0598
社　　址	北京市西城区德外大街4号	网　　址	http://www.hep.edu.cn
邮政编码	100120		http://www.hep.com.cn
印　　刷	唐山市润丰印务有限公司	网上订购	http://www.landraco.com
开　　本	787mm×1092mm　1/16		http://www.landraco.com.cn
印　　张	12	版　　次	2011年12月第1版
字　　数	280千字	印　　次	2011年12月第1次印刷
购书热线	010-58581118	定　　价	22.80元

本书如有缺页、倒页、脱页等质量问题，请到所购图书销售部门联系调换

物 料 号　33970-00

前　言

本书是一本通俗易懂、易教易学的模拟电子技术简明教材，它是为适应现代电子技术的发展和新形势下高职高专教学的需要，在编者总结多年课程教学改革与实践的基础上，吸取多方面的建议和意见编写而成的，适合作为高职高专院校、五年制高职学校、成人高校和民办高校电类专业模拟电子技术课程的教材，也可供有关技术人员参考或培训使用。

本书编写时充分考虑到现代科学技术的发展以及电子技术的应用，结合高职高专的办学定位、岗位需求、生源水平，以培养学生能力为出发点，调整课程内容体系，精选教材内容，突出现代电子技术的基础知识和基本技能，淡化理论推导，力求实用、概念清楚，从而可更好地反映高职高专教学特点。因此，本书有以下主要特点：

1. 课程内容体系以集成电路的应用为主线，淡化半导体器件和集成器件内部结构的讨论，简化基本单元放大电路的理论分析，突出集成器件基本应用电路的讨论，加强实用电路的举例及应用知识的介绍，尽量使基本知识与应用紧密结合，把能力培养贯穿于整个教学过程。因此，在适当精简传统内容、合并有关章节后，本书由半导体二极管及其应用、半导体三极管及其应用、晶体管常用放大电路、集成运算放大器及其应用、信号产生电路、直流稳压电源共6章组成。

2. 内容取舍上以现代电子技术的基本知识、基本理论、基本技能为主，侧重于定性分析，简化数学推导，力求内容简明、概念清楚、重点突出、知识实用，突出技能训练与能力培养，所以书中每章除有基本知识和基本应用电路的讨论外，还编有应用实例、元器件使用知识和检测方法、电路调试和故障分析等实用内容。从而可以更好地理解、掌握理论知识和实际应用，更好地反映高职高专的教学特点。

3. 为了培养学生自我学习能力和复习检查，提高学习兴趣，书中每章前列出本章教学目标，章后有自我评价题和练习题，每节后有复习题。另外，书中还根据内容特点不同，建立了一些小栏目，如“想一想”、“知识拓展”、“资料库”、“电路点评”等。“想一想”可用于课堂讨论，以便及时巩固所学知识；“知识拓展”提供与本节内容有关的新技术、实用电路等，供学生阅读参考，用以加深拓宽知识，培养学生的阅读能力和电路工程应用能力；“电路点评”、“资料库”等可供读者选择器件、电路时参考。

4. 版面设计活泼，图文并茂，易教易学。全书采用双色印刷，将重要名词、概念、公式、基本电路、重要结论、使用注意问题等用专色标志，将图中需要注意或区别的地方也用专色标志，既突出重点，提高可读性，又增加了教材的新鲜感，有利于激发学生的学习兴趣。本书还配套有电子教案等数字化教学资源，为教师教学、学生学习提供便利。

本书由南京工程学院章忠全教授担任主审，他在百忙中认真审阅了全部书稿，提出了很多宝贵的意见和建议，对提高本书质量起到了重要作用，在此表示诚挚的谢意。

本书由胡宴如任主编，负责全书的策划和定稿，吴正平任副主编，章忠全参加了书稿的修改和整理等工作，胡旭峰、马丽明、王明珍等参与本书部分书稿的编写和整理工作。

由于编者水平有限，书中错漏及不妥之处在所难免，敬请读者批评指正。

编者

2011年8月

目　　录

第1章 半导体二极管及其应用

教学目标

1. 了解杂质半导体与PN结的基本知识。

2. 了解二极管的结构，熟悉其图形符号、单向导电性，理解二极管的伏安特性及主要参数，掌握其应用。

3. 熟悉稳压二极管的图形符号、工作特点及应用。

4. 了解发光二极管、光电二极管和变容二极管的图形符号、工作特点及其应用。

5. 学会二极管识别与检测的基本方法，了解二极管的使用知识。

引 言

半导体二极管（简称二极管）是用半导体材料制成的最简单的器件，应用非常广泛。

导电能力介于导体和绝缘体之间的物质称为半导体。常用于制造半导体器件的材料主要有硅（Si）、锗（Ge）和砷化镓（GaAs）等，其中硅应用最多。半导体导电能力受温度、光照影响很大，同时通过掺杂可以控制其导电能力，因此，半导体在现代科学技术中起到极为重要的作用。

半导体器件种类很多，本章讨论半导体二极管的结构、特性及其应用。二极管按其功能不同可分为普通二极管和特殊二极管两大类，但它们的结构、特性基本相同（都由一个PN结构成并都具有单向导电性），由于功能的不同，它们在结构、特性上仍各有其特点。本章先介绍普通二极管的结构、特性及其基本应用，然后介绍几种常用的特殊二极管特点及其应用，最后介绍二极管的使用常识及综合应用实例。重点讨论二极管的伏安特性、单向导电性、基本应用及特殊二极管的特点、基本应用。

1.1 二极管的结构、特性及其基本应用

1.1.1 二极管的结构与类型

一、结构与符号

二极管是由一个PN结构成的半导体器件，其主要特性是单向导电性。采用特定的制造工艺，在同一块半导体基片的两边分别形成P型和N型半导体，在P型和N型半导体交界面处形成一个很薄的空间电荷区，称为PN结。空间电荷区内建一电场，方向由N区指向P区，如图1.1.1(a)所示，PN结有时也称为耗尽区。在PN结的两端各引出一根电极引线，然后用外壳封装起来就构成了二极管，如图1.1.1(b)所示，图形符号如图1.1.1(c)所示。由P区引出的电极称为正极(或称阳极)，用字母A表示；由N区引出的电极称为负极(或称阴极)，用字母K表示。图形符号中的箭头方向，表示二极管正向电流的流通方向。

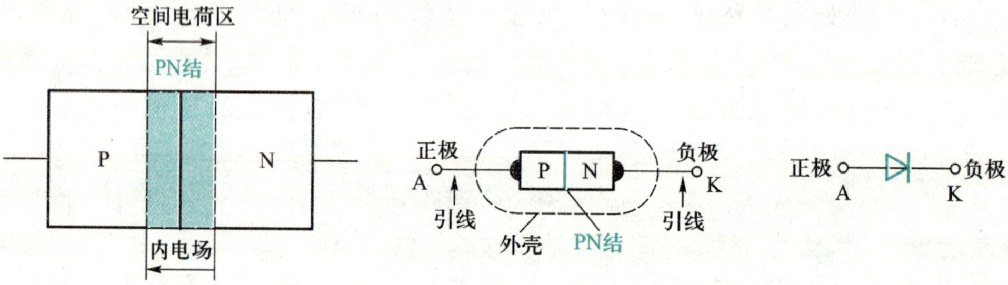

(a) PN结　　(b) 结构示意图　　(c) 图形符号

图1.1.1 二极管的结构与符号

知识拓展 P型、N型半导体与PN结

纯净的半导体称为本征半导体，用于制造半导体器件的纯硅和锗都是单晶体，其原子最外层轨道上有四个价电子，故称为四价元素。在本征半导体中有自由电子和空穴两种运载电荷的粒子(称为载流子)。空穴带正电，自由电子带负电，它们所带电荷量相等，符号相反。本征半导体导电能力很差，故不能直接用于制造半导体器件。

本征半导体中掺入微量特定杂质元素，则可形成P型半导体和N型半导体，它们统称为杂质半导体。当本征半导体中掺入三价元素(如硼、铝、铟等)杂质后，形成以空穴为多数载流子、电子为少数载流子的P(空穴)型半导体；当本征半导体中掺入五价元素(如磷、砷、锑等)杂质后形成以自由电子为多数载流子、空穴为少数载流子的N(电子)型半导体。杂质半导体导电性能得到显著改善，通过控制掺杂浓度，可以有效地改变其导电性能，所以，杂质半导体可以用来制造半导体器件。

在同一块半导体基片上，通过一定的掺杂工艺，使它的一边形成P型半导体，而另一边形成N型半导体，在P型和N型半导体交界面处形成一个很薄的空间电荷区，称为PN结。

空间电荷区内建一电场，方向由N区指向P区，PN结有时也称为耗尽区。PN结是半导体二极管和组成其他半导体器件的基础，它具有单向导电性。即PN结上外加电压，若P区接电位高端、N区接电位的低端，称为正向偏置，这时PN结变窄导通，通过较大的正向电流；反之，称为反向偏置，PN结变宽截止，通过电流近似为零。

二、二极管的类型

二极管的种类很多，按半导体材料不同可分为硅管和锗管。硅管的反向电流很小，但正向压降较大；锗管的正向压降较小，但反向电流较大，温度稳定性较差。

按PN结面积大小不同可分为点接触型和面接触型。点接触型二极管PN结面积很小，不能承受大的电流和高的反向电压，但极间电容很小，适用于高频、小电流的场合，如小电流整流、高频检波、开关电路等。面接触型（或称面结型）二极管PN结面积大，可承受较大的电流，但极间电容大，适用于低频、大电流电路，如低频整流电路。在集成电路中，二极管通常采用硅工艺平面型结构，当用于高频电路或开关电路时，要求PN结面积小；当用于大电流时，要求PN结面积大。

按功能不同可分为普通二极管和特殊二极管。普通二极管有整流、检波、开关二极管等，特殊二极管有稳压二极管、发光二极管、光电二极管、变容二极管等。

1.1.2 二极管的特性及主要参数

一、二极管的单向导电性

二极管的主要特性是单向导电性。外加二极管两端的电压称为**偏置电压**，若将直流电源的正端加到二极管正极（PN结的P区），负端加到二极管的负极（PN结的N区），如图1.1.2(a)所示，称为二极管（PN结）正向偏置，简称**正偏**，这时电流表中示出较大的电流值I，二极管的这种状态称为正偏导通，二极管呈现很小电阻；若将直流电源的正端接二极管的负极、负端接二极管的正极，如图1.1.2(b)所示，称为二极管（PN结）反向偏置，简称**反偏**，这时电流表示出的电流几乎为零，二极管的这种状态称为反向截止，即二极管呈现很大的电阻。这种**允许一个方向电流流通的特性，称为单向导电性**。

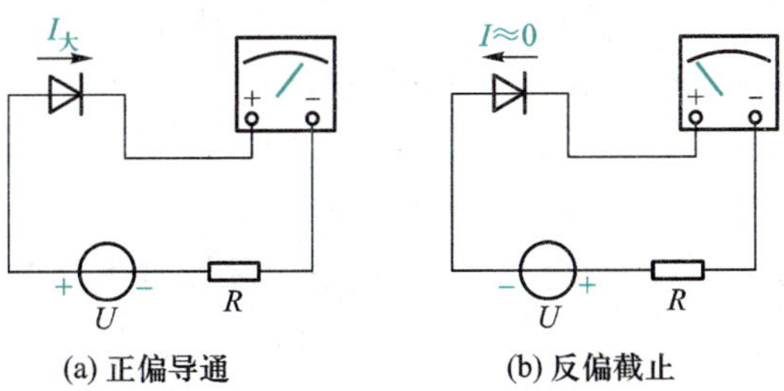

图1.1.2 二极管的单向导电性

想一想 何谓二极管的正偏和反偏？说明二极管单向导电的特点。

二、二极管的伏安特性曲线

二极管的伏安特性曲线是描述流过二极管的电流 i_D 与管子两端所加电压 u_D 之间的关系曲线，它可以通过仪器测量获得。图1.1.3(a)、(b)所示分别为硅二极管和锗二极管的伏安特性曲线，现对曲线特点说明如下。

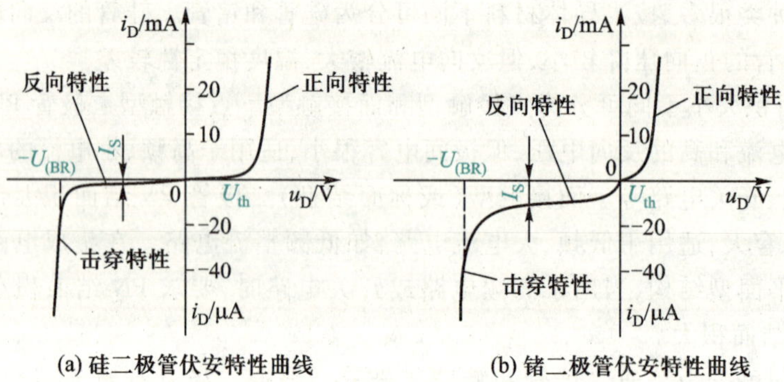

图 1.1.3 二极管的伏安特性曲线

1. 正向特性

由图 1.1.3 可见，当外加正向电压 u_D 小于 U_{th}时，正向电流 i_D 几乎为零，只有当 $u_D>U_{th}$后，二极管才会有较大的正向电流 i_D，因此，将电压 U_{th} 称为二极管的门槛电压或死区电压。室温下硅管 $U_{th}\approx0.5V$，锗管 $U_{th}\approx0.1V$。当外加正向电压大于 U_{th} 后，随着 u_D 的增加，二极管的电流 i_D 将显著增大，伏安特性曲线几乎陡直上升，即电流迅速增大时，二极管两端的电压变化却很小，呈现出低电阻特性，有近似恒压源的特性。硅二极管在恒压区的压降约为 0.6 ~ 0.8V，锗二极管约为 0.1 ~ 0.3V。为便于分析，工程上定义这一电压为二极管的导通电压，用 $U_{D(on)}$ 表示，即认为 $u_D>U_{D(on)}$ 时，二极管导通，i_D 有较大的数值；$u_D<U_{D(on)}$ 时，二极管截止，电流约为零。实际上，一般取硅管 $U_{D(on)}=0.7V$，锗管 $U_{D(on)}=0.2V$。

2. 反向特性

二极管两端加上反向电压时，由图 1.1.3 可见，反向电流很小，且与反向电压无关，约等于I_S，故称为反向饱和电流。在室温下，小功率硅管的 I_S 小于 0.1μA，锗管约为几十微安。

3. 反向击穿特性

当加于二极管两端的反向电压增大到 $U_{(BR)}$ 时，二极管反向电流将随反向电压的增加而急剧增大，如图 1.1.3 所示，这种现象称为反向击穿，$U_{(BR)}$ 称为反向击穿电压。反向击穿后，只要反向电流和反向电压的乘积不超过最大允许管耗，二极管不会损坏，当反向电压下降到击穿电压以下后，其性能可恢复到原有情况，即这种击穿是可逆的，称为电击穿。若反向电流过大，则会导致 PN 结结温过高而烧坏，这种击穿是不可逆的，称为热击穿。

4. 硅管与锗管特性比较

比较图 1.1.3(a)和图(b)可知：锗管的死区电压 U_{th} 和导通电压 $U_{D(on)}$ 比硅管小，但硅管的反向电流比锗管小很多，硅管的单向导电性和温度稳定性较好。另外，硅管比较耐击穿、耐温，因此硅管的综合性能较好，实用中使用比较多。

5. 温度对二极管特性的影响

温度对二极管的特性有显著影响，如图 1.1.4 所示。当温度升高时，正向特性曲线向左移，死区电压和正向压降减小；反向特性曲线下移，即反向电流增大。在室温附近，温度每升高 1 ℃，正向压降约减小 2 ~ 2.5 mV，温度每升高 10 ℃，反向饱和电流约增大一倍。当温度过高时，会使 PN 结消失，为了保证 PN 结的正常工作，一般规定硅管的最高允许结温为 150 ~ 200 ℃，锗管为 75 ~ 100 ℃。

【例 1.1.1】 二极管正向特性有何特点？

解：二极管正向特性有以几个特点：(1) 存在死区电压 U_{th}，硅管 $U_{th}\approx 0.5V$，锗管 $U_{th}\approx 0.1V$；(2) 正向电压大于 U_{th}后，正向电流随着外加电压的增大而显著增加，有近似恒压源特性，可认为二极管正向导通压降为恒值，硅管为 0.7V，锗管为 0.2V。

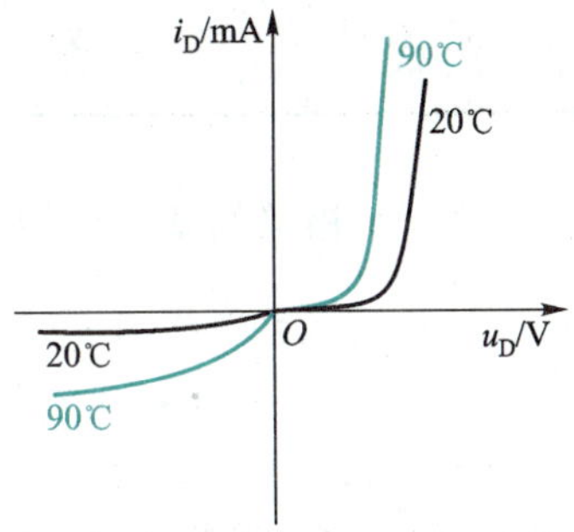

图 1.1.4 温度对二极管特性曲线的影响

【例 1.1.2】 温度对二极管的特性有哪些影响？

解：温度对二极管的特性有如下一些影响：(1) 温度升高，正向特性向左移，即正向电流相同，温度升高后其管压降减小，温度每升高 1℃，正向压降减小约 2 ~ 2.5 mV；(2) 温度升高，反向电流显著增大，温度每升高 10℃，反向电流约增大一倍。

三、二极管的主要参数

二极管的特性还可用参数来描述，实用中一般通过查器件手册，依据参数来合理使用二极管。二极管有如下主要参数：

(1) 最大整流电流 I_F　指二极管长期运行允许通过的最大正向平均电流，它的大小由 PN 结的面积和散热条件所决定。使用中，若超过此值，有可能烧坏二极管。

(2) 最高反向工作电压 U_{RM}　指允许施加在二极管两端的最大反向电压，通常规定为反向击穿电压的一半。

(3) 反向电流 I_R　指二极管未击穿时的反向电流。其值越小，单向导电性和温度稳定性越好，反向电流会随温度升高而明显增大，在实际应用中应加注意。

(4) 最高工作频率 f_M　指二极管能单向导电的最高工作频率。当工作频率超过此值，则单向导电性变差，甚至失去单向导电性。PN 结具有电容效应，其作用可用 PN 结电容来等效，它并联于二极管的两端，由于 PN 结电容很小，对低频工作影响很小，当工作频率升高时，其影响就会增大，所以 f_M 主要决定于 PN 结电容的大小，其值越小，f_M 越大。

【例 1.1.3】 二极管有哪些主要参数？使用中应特别注意哪些参数？

解：普通二极管的主要参数有：最大整流电流 I_F、最高反向工作电压 U_{RM}、反向电流 I_R 和最高工作频率 f_M。

二极管使用中应特别注意：(1) 正向电流应加以限制，以免正向电流过大而损坏二极管；(2) 反向电压应小于最高反向工作电压 U_{RM}，以免产生击穿而损坏；(3) 注意当工作环境温度升高时，反向电流会显著增大。

想一想 下列情况下,二极管会损坏吗?为什么?

(1) 反向电压大于最高反向工作电压 U_{RM};

(2) 正向电流大于最大整流电流 I_F;

(3) 工作频率大于最高工作频率 f_M。

1.1.3 二极管的基本应用

一、二极管的开关作用

在电路中,开关用于接通或断开电路,对于理想开关,接通时接通电阻为零,开关两端电压为零;断开时,关断电阻为无穷大,通过开关的电流为零,而其两端电压等于外加电压。由上面分析可知,当二极管正偏电压大于导通电压 $U_{D(on)}$ 时,微小的电压变化就会导致电流大幅度的变化,二极管呈现低电阻特性;当二极管反向偏置时,反偏电压在很大范围变化时,二极管中的电流很小且几乎不变,二极管呈现高电阻特性。所以二极管具有开关作用,若忽略导通电压和反向电流的影响,二极管具有理想的开关作用。

图 1.1.5(a)中,二极管正偏,当满足电压 $U>>U_{D(on)}$ 时,可以忽略二极管导通电压的影响,此时电阻 R 上的电压约等于 U,二极管呈现出短路特性,可等效为闭合的开关,如图 1.1.5(b)所示。

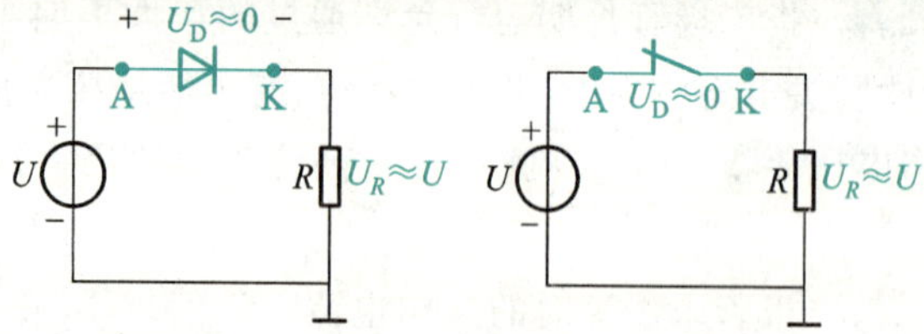

(a) 二极管正偏　　(b) 开关闭合

图 1.1.5　二极管正偏相当于开关闭合

图 1.1.6(a)中,二极管反偏,二极管中的电流近似为零,此时二极管呈现出高电阻特性,可等效为断开的开关,如图 1.1.6(b)所示。

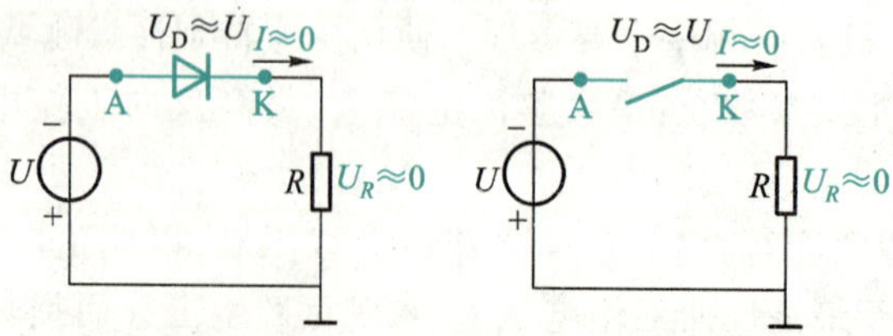

(a) 二极管反偏　　(b) 开关断开

图 1.1.6　二极管反偏相当于开关断开

实用中,当考虑到二极管正向导通电压 $U_{D(on)}$ 的影响时,可将正向偏置的二极管用闭合开关串接一个等于导通电压 $U_{D(on)}$ 的电压源来近似表示，如图 1.1.7 所示。

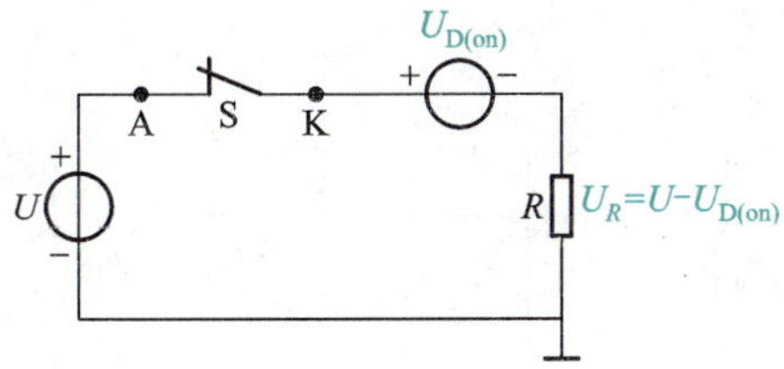

图 1.1.7 考虑 $U_{D(on)}$ 后二极管正偏开关闭合

【例 1.1.4】 在图 1.1.5(a)所示电路中，$U=10V$，$R=2k\Omega$，试求流过二极管的电流 I_D 和电阻 R 两端电压 U_R；若二极管为硅管，当考虑二极管导通电压 $U_{D(on)}$ 的影响时，求 I_D 和 U_R。

解：当 $U=10$ V 时，二极管正偏导通，由图 1.1.5(a)所示电路可得

$$U_R=U=10\ \text{V},I_D=\frac{U_R}{R}=\frac{10\text{V}}{2\text{k}\Omega}=5\text{mA}$$

若考虑二极管导通电压的影响，则由图 1.1.7 可得

$$U_R=U-U_{D(on)}=(10-0.7)\text{V}=9.3\text{V}$$

$$I_D=\frac{U_R}{R}=\frac{9.3\text{V}}{2\text{k}\Omega}=4.65\ \text{mA}$$

本例计算结果说明两者虽有误差，但误差不大。但若外加电压 U 较低时，计算结果将会有较大的误差。所以，实用上在对电路作定性分析时，通常将二极管作为理想开关对待；而作定量计算时，对于硅管导通电压常取 $U_{D(on)}=0.7$ V 来计算，从而保证计算结果的准确性。

想一想 硅二极管电路如图 1.1.8 所示，图中二极管 VD 用作理想开关，当输入电压 $U_I>5V$ 和 $U_I<5V$ 时，输出电压 U_O 各为多少？若将二极管 VD 反接，则输出电压 U_O 又各为多少？

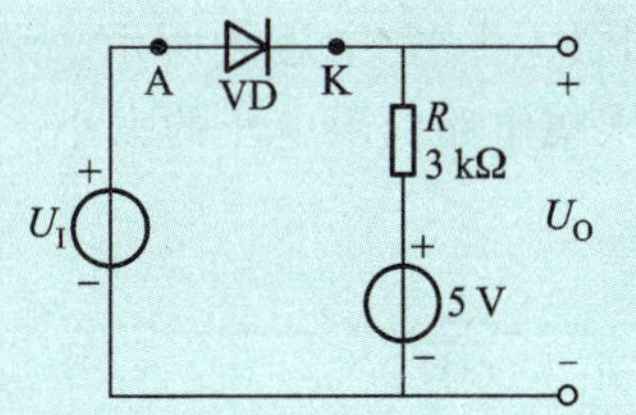

图 1.1.8 二极管用作控制开关

二、二极管应用电路举例

1. 整流电路

将交流电压变为直流电压称为整流。图 1.1.9(a)所示为最简单的半波整流电路，图中二极管 VD 为整流二极管，R 为负载电阻，输入 u_i 为 50 Hz 交流正弦电压，其振幅一般都远大于二极管的导通电压 $U_{D(on)}$，现设其振幅为 15V。当 u_i 为正半周时，二极管正偏导通，相当于开关接通，如图 1.1.9(b)所示，则输出电压 $u_o=u_i$；当 u_i 为负半周时，二极管反偏截止，相当于开关断开，如图 1.1.9(c)所示，输出电压 $u_o=0$。由此可画出输入、输出电压波形如图 1.1.10 所示。由图可见，在输入电压 u_i 的一个周期内，只有半个周期的正弦波输出，故

称为半波整流。图 1.1.9(a)所示电路可将正弦交流电压变成单向的脉动直流电压输出。

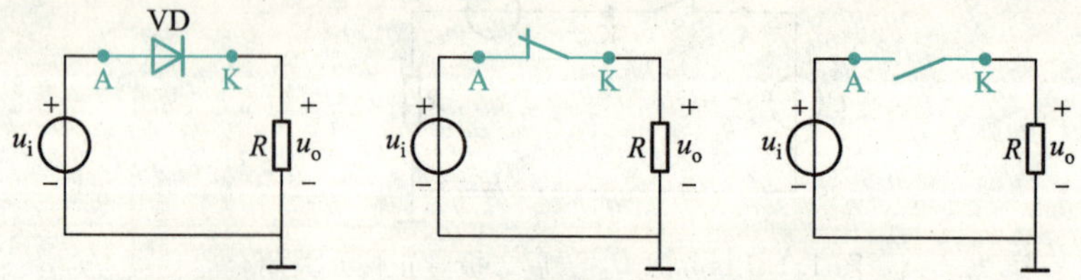

(a) 半波整流电路　(b) u_i 为正半周 $u_o=u_i$　(c) u_i 为负半周 $u_o=0$

图 1.1.9　二极管半波整流电路及其等效电路

2. 限幅电路

在电子电路中,为了限制输出电压的幅度,常利用二极管构成限幅电路,图 1.1.11(a)所示为二极管单向限幅电路。图中,R 为限流电阻,U_{REF}为基准电压,u_i 为输入电压。由图可见,当 $u_i>U_{REF}$时,二极管导通,相当于开关接通,如图 1.1.11(b)所示,此时输出电压 u_o 恒等于基准电压 U_{REF};当 $u_i<U_{REF}$时,二极管反偏截止,相当于开关断开,如图 1.1.11(c)所示,此时输出电压 $u_o=u_i$。现令输入电压 u_i 为振幅为 10 V 的正弦波,$U_{REF}=5$V,可画出输入、输出电压波形如图 1.1.12 所示。可见,输出电压 u_o 的正半周顶部被限幅而削平,输出电压的幅度被限制在 5V 以下。若考虑到二极管的正向导通电压 $U_{D(on)}$ 的影响,且二极管为硅管时,输出电压将被限制在 5.7 V 以下,如图 1.1.12 中虚线所示。调节基准电压 U_{REF},可改变限幅电路门限电压的大小。

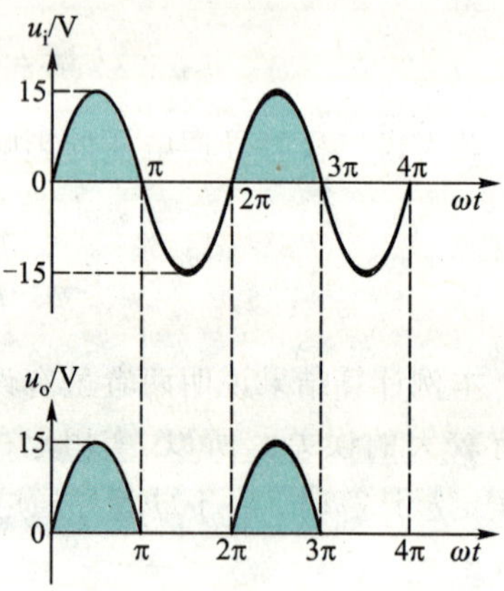

图 1.1.10　半波整流输入输出电压波形

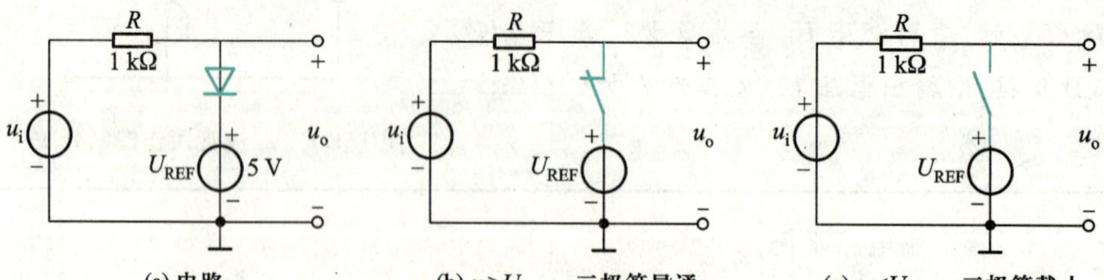

(a) 电路　(b) $u_i>U_{REF}$,二极管导通　(c) $u_i<U_{REF}$,二极管截止

图 1.1.11　二极管单向限幅电路

【例 1.1.5】 图 1.1.13 所示为常用于集成电路输入端的双向限幅电路,图中两只二极管均采用硅管,其导通电压 $U_{D(on)}=0.7$ V,试分析电路的工作原理。

解:当输入电压 $u_i>0.7$V 时,二极管 VD_1 导通、VD_2 截止,输出电压 $u_o=0.7$V;当 $u_i<-0.7$V时,二极管 VD_2 导通、VD_1 截止,输出电压 $u_o=-0.7$V;当 0.7V$>u_i>-0.7$V 时,VD_1、

VD_2 均截止，输出电压 $u_o=u_i$。由此可见，限幅电路的输出电压被限制在±0.7V之间。从而可以使集成电路在大信号输入的情况下，实际加到集成电路输入端的电压不会超过±0.7V，保证了集成电路的安全。

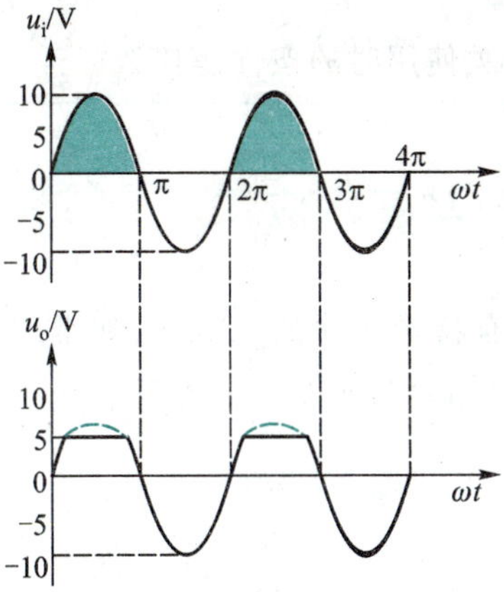

图 1.1.12　单向限幅电路输入、输出波形

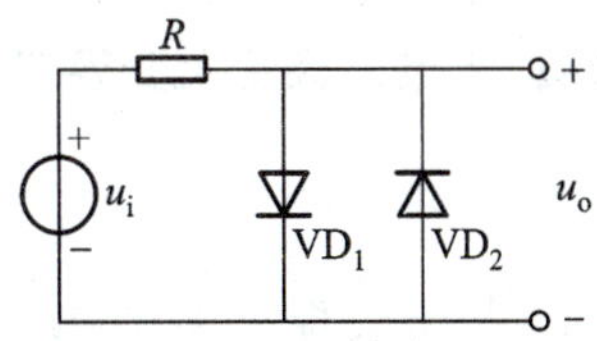

图 1.1.13　二极管双向限幅电路

3. 低电压稳压电路

稳压电路是电子电路中常见的组成部分。利用二极管正向压降具有恒压的特点，可构成低电压稳压电路，如图 1.1.14 所示。图中，二极管均为硅管，R 为限流电阻，用于降压和防止二极管因电流过大而损坏。由于二极管正向导通时的导通电压为 $U_{D(on)}$，而且基本不再随输入电压的增大而增大，即导通后具有恒压特性。所以图 1.1.14 所示电路能提供稳定的 1.4V 电压输出。这种低电压稳压电路常在互补功率放大电路中用作偏置电路。

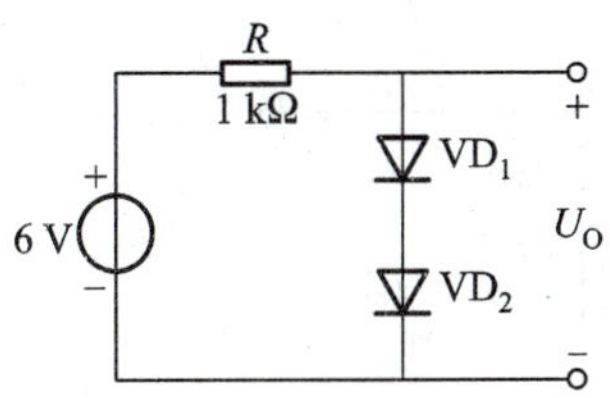

图 1.1.14　二极管低电压稳压电路

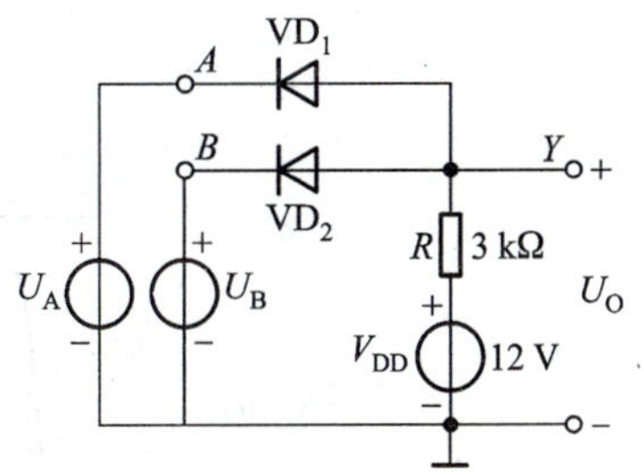

图 1.1.15　二极管**与**门电路

4. **与**门电路

在数字电子电路中，常利用二极管的开关特性构成各种逻辑运算电路，图 1.1.15 所示为二极管**与**门电路。设 VD_1、VD_2 为理想二极管，输入端电压 U_A、U_B 分别为低电平 0V 和高电平 5V。由图可知，U_A、U_B 中只要任一个为低电平 0V 时，相应的二极管便导通，输出电压 U_O 便为 0V；只有当 $U_A=U_B=5V$ 时，VD_1、VD_2 均导通，输出电压 U_O 才等于高电平 5V。由此可见，图 1.1.15 所示电路中，只有当输入端 A 与 B 都为高电平时，输出端 Y 才为高电平，输入端只要有一个为低电平时，输出便为低电平，实现了**与**的逻辑功能。

复习题

1. 硅二极管和锗二极管的伏安特性有何区别？

2. 二极管的死区电压 U_{th} 和导通电压 $U_{D(on)}$ 有何区别？硅管和锗管的 U_{th} 和 $U_{D(on)}$ 约为多大？

3. 在电路中，二极管作为开关使用时的条件是什么？

1.2 特殊二极管及其基本应用

前面讨论的是普通二极管，另外还有一些具有特殊用途的二极管，如常用的稳压二极管、发光二极管、光电二极管及变容二极管等，现分别介绍如下。

1.2.1 稳压二极管

一、稳压二极管的符号、特性与主要参数

稳压二极管是一种特殊的面接触型硅二极管，其图形符号和伏安特性曲线如图 1.2.1 所示，它的正向特性曲线与普通二极管相似，而反向击穿特性曲线很陡。正常情况下稳压二极管工作在反向击穿区，由于曲线很陡，反向电流在很大范围内变化时，稳压二极管两端电压变化却很小，因而具有稳压作用。只要反向电流不超过其最大稳定电流，就不会形成破坏性的热击穿。因此，在电路中应与稳压二极管串联适当阻值的限流电阻，以保证稳压二极管的安全工作。

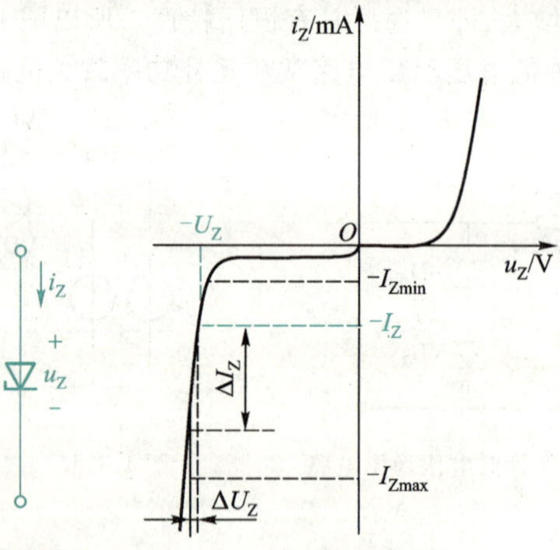

(a) 图形符号 (b) 伏安特性曲线

图 1.2.1 稳压二极管符号及伏安特性曲线

稳压二极管的主要参数有：

（1）**稳定电压 U_Z** 指流过稳压二极管电流为规定值 I_Z 时稳压二极管两端的反向电压值，其值决定于稳压二极管的反向击穿电压值，如图 1.2.1(b)所示。由于工艺方面的原因，同一型号稳压二极管的稳定电压允许有一定的范围。

（2）**稳定电流 I_Z** 指稳压二极管稳压工作时的参考电流值，通常为工作电压等于 U_Z

时所对应的电流值，如图 1.2.1(b)所示。当工作电流低于 I_Z 时，稳压效果变差（有时也常将 I_Z 记作 I_{Zmin}），若低于 I_{Zmin} 时，稳压二极管将失去稳压作用。

(3) 最大耗散功率 P_{ZM} 和最大工作电流 I_{ZM}（或记作 I_{Zmax}） 指为了保证稳压二极管不被热击穿而规定的极限参数，由管子允许的最高结温决定，$P_{ZM}=I_{ZM}U_Z$。

(4) 动态电阻 r_z 指稳压范围内稳压二极管两端电压变化量与相应电流变化量之比，即 $r_z=\Delta U_Z/\Delta I_Z$，如图 1.2.1(b)所示，$r_z$ 值很小，约几欧到几十欧。r_z 越小，即反向击穿特性曲线越陡，稳压性能就越好。

(5) 电压温度系数 C_{TV} 指温度每增加 1℃时，稳定电压的相对变化量，即

$$C_{TV}=\frac{\Delta U_Z/U_Z}{\Delta T}\times 100\% \tag{1.2.1}$$

二、稳压二极管稳压电路

利用稳压二极管组成的稳压电路如图 1.2.2 所示，R 为限流电阻，R_L 为稳压电路的负载。当输入电压 U_I、负载 R_L 变化时，该电路可维持输出电压 U_O 的稳定。

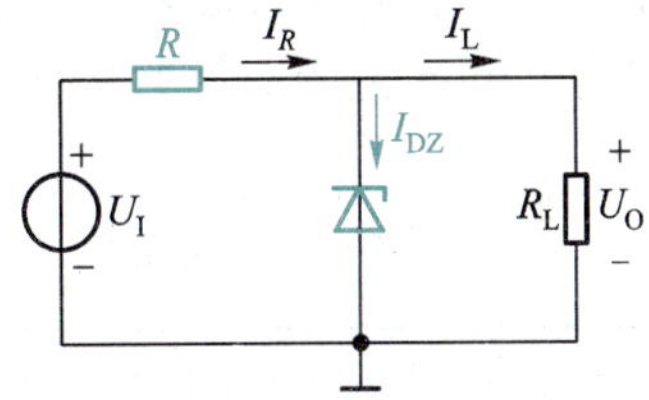

图 1.2.2 稳压二极管稳压电路

由图 1.2.2 可知，当稳压二极管正常稳压工作时，有下述方程式

$$U_O=U_I-I_RR=U_Z \tag{1.2.2}$$

$$I_R=I_{DZ}+I_L \tag{1.2.3}$$

若 R_L 不变，U_I 增大时，U_O 将会随着上升，加于稳压二极管两端的反向电压增加，使电流 I_{DZ} 大大增加，由式(1.2.3)可知，I_R 也随之显著增加，从而使限流电阻上的压降 I_RR 增大，其结果是，U_I 的增加量绝大部分都降落在限流电阻 R 上，从而使输出电压 U_O 基本维持恒定。反之，U_I 下降时，I_R 减小，R 上压降减小，从而维持 U_O 基本恒定。

若 U_I 不变，负载电阻 R_L 增大（即负载电流 I_L 减小）时，输出电压 U_O 将会跟随增大，则流过稳压二极管的电流 I_{DZ} 大大增加，致使 I_RR 增大，迫使输出电压 U_O 下降，同理，若 R_L 减小，使 U_O 下降，则 I_{DZ} 显著下降，使 I_RR 减小，迫使 U_O 上升，从而维持了输出电压的稳定。

想一想 在图 1.2.2 中，如果电阻 $R=0$，稳压电路还能不能起稳压作用？为什么？

三、稳压二极管稳压电路实例

图 1.2.3 所示为某汽车用收音机供电稳压电源实例，输入电压 U_I 由汽车电池供给，它会在 12～13.6V 之间变化，收音机所需直流电流 I_L 在 0～56mA 之间变化，为了保证输出电压 U_O 稳定在 9V 上，故采用了稳压二极管稳压电路。图中，稳压二极管选用 2CW107，其稳定电压 $U_Z=8.5\sim9.5\text{V}$，$I_{ZM}=100\ \text{mA}$，$I_Z=5\ \text{mA}$；R 为限流电阻，它在工作过程中要消耗一定的功率，为了安全和可靠起见，R 选用 1W 金属膜电阻。

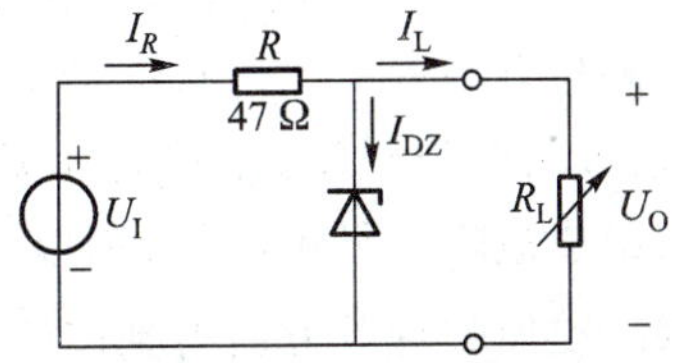

图 1.2.3 稳压二极管稳压电路实例

【例 1.2.1】 在图 1.2.3 所示稳电路中,(1) 当输入电压 $U_{I(min)}=12V$ 为最小,负载电流 $I_{L(max)}=56mA$ 为最大,试求流过稳压二极管的电流 I_{DZ} 为多大?(2) 当输入电压 $U_I=13.6V$ 为最大,负载电流 $I_L=0$ 为最小,试求流过稳压二极管的电流及限流电阻 R 所承受的功耗。

解:(1) $U_{I(min)}=12V$,$I_{L(max)}=56mA$,此时流过稳压二极管的电流为最小,由图可知

$$I_R=\frac{U_{I(min)}-U_O}{R}=\frac{(12-9)V}{47\Omega}=64mA$$

$$I_{DZ}=I_R-I_{L(max)}=(64-56)mA=8mA$$

可见,流过稳压二极管的电流大于 I_Z,稳压二极管可保证工作在反向击穿区。

(2) $U_I=13.6V$,$I_L=0$,此时流过稳压二极管的电流最大,由图可求得

$$I_{DZ}=I_R-I_L=\frac{(13.6-9)V}{47\Omega}-0=98mA$$

可见流过稳压二极管的最大电流小于该管的最大稳定电流 I_{ZM},故稳压二极管是安全的。

限流电阻 R 上所消耗的功率为

$$P_R=I_R(U_I-U_O)=98\times10^{-3}\times(13.6-9)W=0.45W$$

此值小于 1W,所以 R 工作是安全可靠的。

想一想 使用时硅稳压二极管与普通二极管有什么区别?正常工作时,稳压二极管应加正向电压还是反向电压?为什么?

1.2.2 发光二极管与光电二极管

一、发光二极管

发光二极管简称 LED(即 Light Emitting Diode 的缩写),它是用某些自由电子和空穴复合时产生光辐射的半导体制成,通以正向电流就会发光的特殊二极管,其图形符号如图 1.2.4 所示。采用不同的材料,可发出红、黄、绿、橙、蓝色光。

发光二极管的伏安特性与普通二极管相似,不过它的正向导通电压较大,通常在 1.7~3.5V 之间;同时发光的亮度随通过的正向电流增大而增强,工作电流为几个毫安到几十毫安,典型工作电流为 10mA 左右,高强度 50mA 即可。发光二极管的反向击穿电压一般大于 5V,但为使器件稳定可靠工作,一般使其工作在 5V 以下。

图 1.2.4 发光二极管图形符号

发光二极管主要用作显示器件,可单个使用,如用作电源指示灯、测控电路中的工作状态指示灯等。也常做成条状发光器件,制成七段或八段数码管,用以显示数字或字符,还可以发光二极管为像素,组成矩阵式显示器件,用以显示图像、文字等,在电子广告、影视传媒、交通管理等方面得到广泛应用。

发光二极管基本应用电路如图 1.2.5(a)所示。图中,R 为限流电阻,以使发光二极管正向工作电流在额定电流内;电源电压 U 可以是直流,也可以是交流或脉冲信号。当交流

电压幅值较大时，为了避免发光二极管承受过高的反向电压，可在其两端并联一个反接的二极管 VD，如图 1.2.5(b) 所示。当 u 为正半周时，LED 正向导通发光；u 为负半周时，二极管 VD 导通管压降很小，虽然 u 的幅度较大，但 LED 只承受很小的反向电压而得到保护。图 1.2.5(c) 所示采用脉冲信号驱动的发光二极管电路，当数字电路输出 u_O 为低电平(0V)时，LED 导通发光；当输出 u_O 为高电平(5V)时，LED 截止不亮。这样通过 LED 的亮与不亮，可直观地显示出数字电路输出信号的状态。

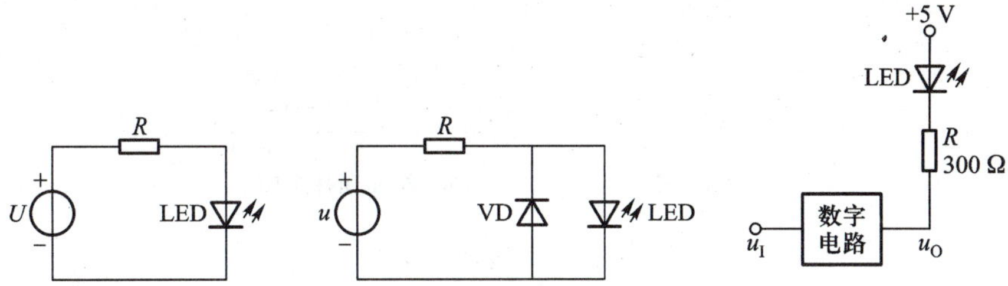

图 1.2.5 发光二极管基本应用电路

二、光电二极管

光电二极管是将光信号转换为电信号的半导体器件，其图形符号如图 1.2.6 所示。它的结构与普通二极管类似，但其管壳上有一透光的窗口，用于接收外部的光照。使用时光电二极管的 PN 结应工作在反向偏置状态，在光的照射下，反向电流随光照强度的增加而上升，这时的反向电流称为光电流。光电流也与入射光的波长有关。无光照射时，光电二极管与普通二极管一样，反向电流很小，一般为几微安，甚至更小，称该电流为暗电流。

光电二极管广泛应用于制造各种光敏传感器、光电控制器等，也可用作光的测量，当 PN 结的面积较大时，可以做成光电池。

将发光二极管和光电二极管组合起来可构成光电耦合器，如图 1.2.7 所示。将输入的电信号加到发光二极管 VD_1 的两端，使之发光，照射到光电二极管 VD_2 上，这样在器件的输出端产生与输入信号变化规律相同的电信号，从而实现了信号的光电耦合。将电信号从输入端传送到输出端，由于两个二极管之间是电隔离的，因此光电耦合器是用光传输信号的电隔离器件，常用于数字和模拟或计算机控制系统中作接口电路。

图 1.2.6 光电二极管图形符号

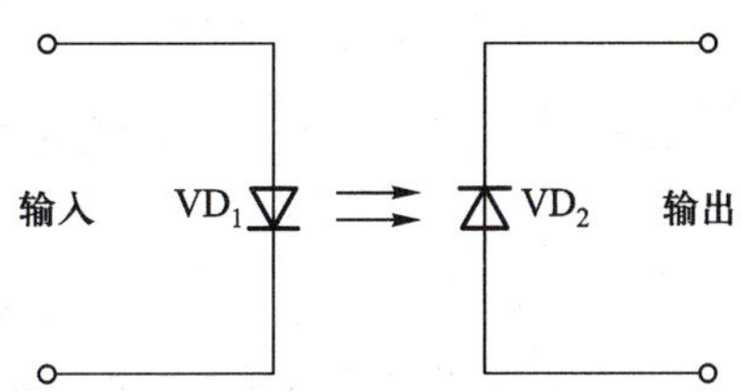

图 1.2.7 二极管型光电耦合器

1.2.3 变容二极管

PN 结具有电容效应，当 PN 结反向偏置时它的反向电阻很大，近似开路，PN 结可构成较理想的电容器件，且其容量随加于 PN 结两端反向电压的增加而减小。利用这种特性制成的二极管称为变容二极管，它的图形符号及电容电压特性曲线如图 1.2.8 所示。变容二极管广泛用于高频电子电路中，例如用于谐振回路的电调谐、调频信号的产生等。

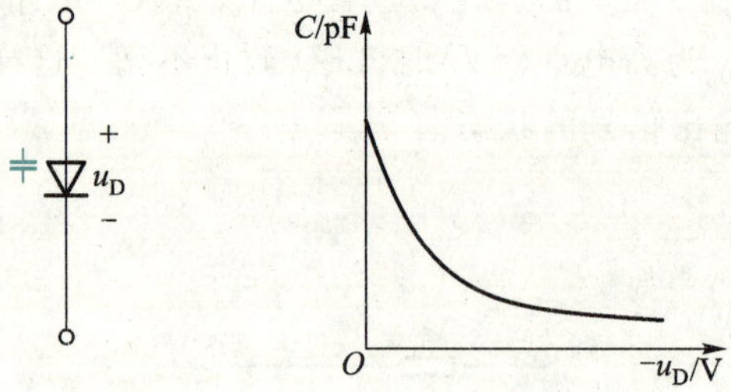

(a) 图形符号　　(b) 电容电压特性曲线

图 1.2.8　变容二极管

复习题

1. 画出几种常用特殊二极管的图形符号，并说明它们正常工作时的偏置条件。

2. 简述硅稳压二极管的工作特性，使用时硅稳压二极管和普通二极管有什么区别？

3. 发光二极管和光电二极管有何用处？使用中应注意哪些问题？

1.3　二极管的综合应用

1.3.1　二极管的使用常识

一、二极管的型号命名方法（摘自国家标准 GB249—74）

国产二极管型号由五部分组成，各组成部分的符号及其意义如下：

- 第一部分：用数字“2”表示器件有两个电极
- 第二部分：用字母表示器件的材料和极性
  - A——N 型锗材料
  - B——P 型锗材料
  - C——N 型硅材料
  - D——P 型硅材料
- 第三部分：用字母表示器件的类型
  - P——普通管
  - W——稳压管
  - Z——整流管
  - U——光电管
  - K——开关管
- 第四部分：用数字表示器件序号
- 第五部分：用字母表示规格号

示例：2CZ52B 表示硅材料整流二极管。

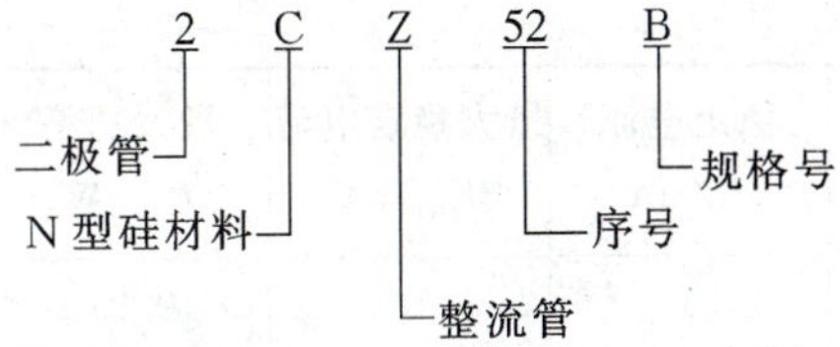

目前市场上还可见到国外型号的二极管，如 1N4001、1N54001。现将 1N4001 型号意义说明如下：

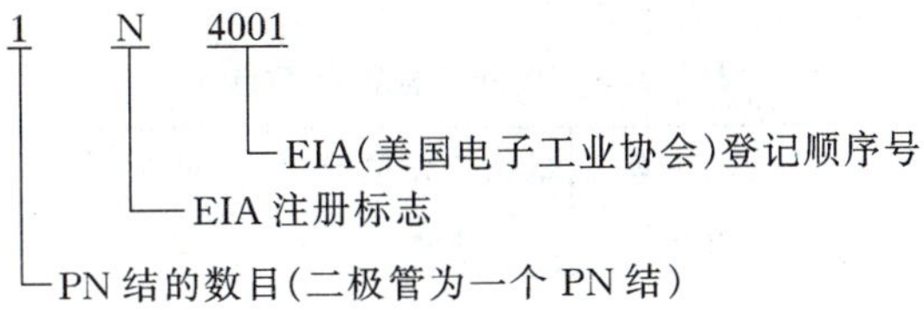

资料库　二极管参数选录

二极管的参数一般可以从半导体器件手册中查到，现选录了部分硅整流二极管、硅稳压二极管、发光二极管的参数，分别列于表 1.3.1、表 1.3.2、表 1.3.3 中，以供学习参考。

表 1.3.1　硅整流二极管参数选录

参数 / 型号	最大整流电流	反向电流（25℃）	正向压降（25℃）	最高反向工作电压(峰值)	最高工作频率
	A	μA	V	V	kHz
2CZ82A ~ M 2CZ83A ~ M	0.1 0.3	≤5 ≤10	≤1 ≤1	A:25　B:50　C:100　D:200 E:300　F:400　G:500　H:600 J:700　K:800　L:900　M:1000	3
1N4001 ~ 7	1	≤5	≤1	50　100　200　400　600　800　1000	
1N54000 ~ 8	3	≤10	≤1.2	50　100　200　300　400　500　600　800　1000	

表 1.3.2　硅稳压二极管参数选录

参数 / 型号		稳定电压 U_Z/V	稳定电流 I_Z/mA	最大稳定电流 I_{ZM}/mA	最大功耗 P_{ZM}/W	动态电阻 r_Z/Ω	温度系数 C_{TV}(×10^{-4}/℃)
1N747 ~9	2CW52	3.2 ~ 4.5	10	55	0.25	<70	-8
1N750、1	2CW53	4.0 ~ 5.8	10	41	0.25	<50	-6 ~ 4
1N752、3	2CW54	5.5 ~ 6.5	10	38	0.25	<30	-3 ~ 5
1N754	2CW55	6.2 ~ 7.5	10	33		<15	6
1N755、6	2CW56	7.0 ~ 8.8	5	27	0.25	<15	7

续表

型号	参数	稳定电压 U_Z/V	稳定电流 I_Z/mA	最大稳定电流 I_{ZM}/mA	最大功耗 P_{ZM}/W	动态电阻 r_Z/Ω	温度系数 $C_{TV}(\times10^{-4}/℃)$
1N757	2CW57	8.5～9.5	5	26	0.25	<20	8
1N4739A	2CW107	8.5～9.5	5	100	1	<10	8
2DW7A	2DW230	5.8～6.6	10	30	0.2	<25	±0.05

表1.3.3 发光二极管参数选录

型号 \ 参数	颜色	耗散功率 mW	最大工作电流 mA	正向电压 V	反向电压 V	外形
BT102	红	50	20	2.5	≥5	$\phi 3$
BT103	绿	50	20	2.5	≥5	$\phi 3$
BT104	黄	50	20	2.5	≥5	$\phi 3$

二、二极管的选用与检测

1. 二极管的选用

一般根据设备及电路技术要求，查阅半导体器件手册，选用参数满足要求的二极管，在挑选过程中，应尽量选用经济、通用、市场容易买到的器件。具体选用时应注意以下几点：

(1) 查阅手册时应注意器件的离散性以及参数测试条件，同型号管子的实际参数可能有较大的差别，当工作条件发生较大变化时，参数值也可能有较大的改变，所以选用时要考虑留有一定的裕量。

(2) 根据使用场合来确定二极管的型号，若用于整流电路，应选用整流二极管；若用于高频检波电路，应选用点接触型锗管；若用于高速开关电路，应选用开关二极管；若用于稳压电路，应选用稳压二极管；若用于电路状态指示，应选用发光二极管等。

(3) 所选用二极管极限参数应大于实际可能产生的最大值，特别注意不要超过最大工作电流（或最大功耗）和最高反向工作电压，并留有足够的余量。

(4) 尽管选用反向电流小、正向压降小的管子。

2. 二极管的识别与检测

(1) 二极管正、负极性的识别

使用中二极管正、负极性不可接反，否则有可能造成二极管的损坏。通常二极管外壳上有型号的标记，标记有箭头、色环和色点三种方式，如图1.3.1(a)、(b)、(c)所示，箭头所指方向或靠近色环的一端为二极管的负极（K），另一端为正极（A）；有色点的一端为正极（A），另一端为负极（K）；对于金属封装的二极管正、负极性很容易从其外形来判断，如图1.3.1(d)所示；对于发光二极管、变容二极管等，引脚引线较长的为正极，引脚引线短的为负极。

若不能由标记（如标记不清）来判断正、负极，则可用万用表来检测、判断。

(2) 用模拟万用表检测判断

将万用表置于×1k挡，调零后用表笔跨接于二极管两个引脚，如图1.3.2所示，读取电

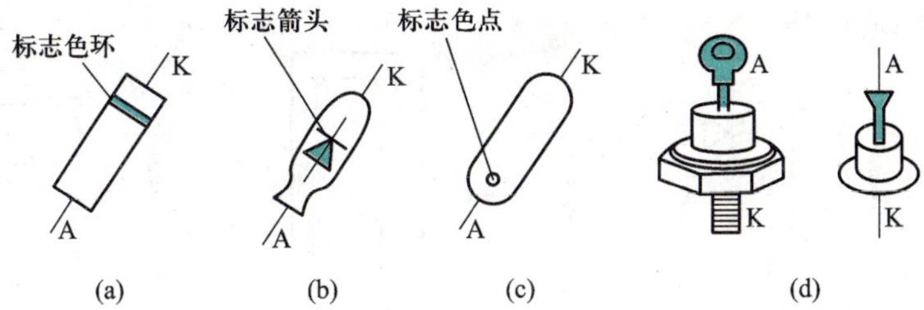

图 1.3.1 二极管正、负极标志

阻值，然后将表笔位置互换再读一次电阻值，正常情况下应分别读得大、小两个电阻值，其中小电阻为二极管的正向电阻，如图 1.3.2(a)所示；大电阻为二极管反向电阻，如图 1.3.2(b)所示。由于模拟万用表置电阻挡时，黑表笔连接的为表内电池正极，红表笔连接的为表内电池负极，所以测得正向电阻时，与黑表笔相连的引脚为二极管的正极(A)，红表笔所接的引脚为负极(K)。若正、反向电阻值相差不大，则为劣质管；若正、反向电阻阻值都非常大，则表明管子内部已断路；若正、反向电阻阻值都很小，则表明管子内部已短路。出现断路或短路时，表明二极管已损坏。若正向电阻为几千欧，则为硅管；若正向电阻为几百欧，则为锗管。

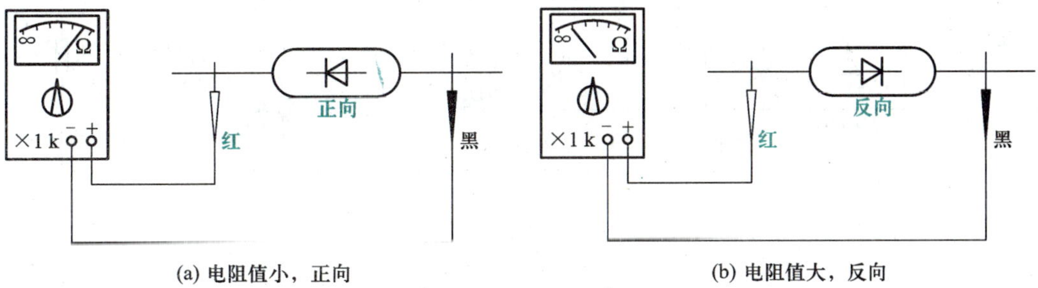

图 1.3.2 用模拟万用表检测二极管

(3) 用数字万用表检测判断

将数字万用表置于二极管挡，两表笔任意连接二极管两引脚，表面显示 0.2～0.7V 范围内的某数值，或显示超量程；然后将两表笔位置互换，表面显示与上次相反，如图 1.3.3 所示。表面显示 0.2～0.7V 是二极管的正向压降，由于数字万用表红表笔连接表内电池正极，黑表笔连接表内负极，所以此时与红表笔相连的引脚为二极管的正极，如图 1.3.3(a)所示，示值为 0.2V 左右的是锗管，示值为 0.5～0.7V 的是硅管，若两次测量都显示超量程，说明二极管已断；若两次测量都显示为 0，则二极管已短路。一般不用数字表的电阻挡检测二极管。

发光二极管用数字万用表检测判断方法与普通二极管类似，正反两次测量电压大小应为一大一小，大的显示“1”(超量程)，二极管不发光，小的一次数值为正向压降，发光二极管微弱发光，此时红表笔所连接的引脚为二极管正极。如果两次测得均为超量程，或均为较小的电压数值，表明二极管已损坏。发光二极管一般不采用模拟万用表测量。

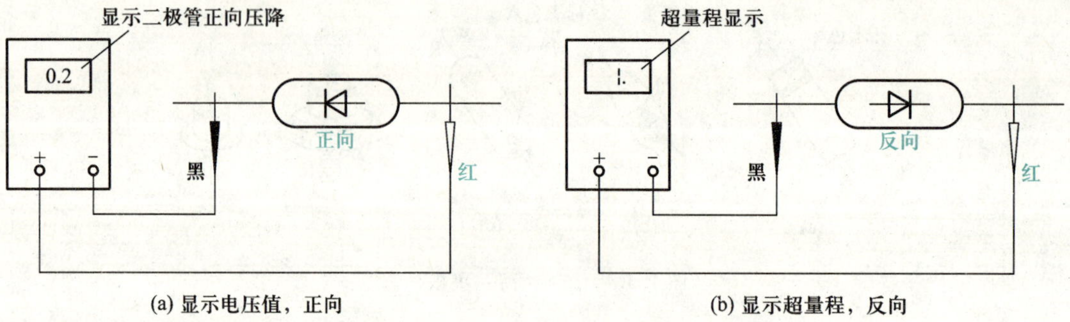

图 1.3.3 用数字万用表检测二极管

1.3.2 二极管综合应用实例

图 1.3.4 是由二极管构成的实用小功率直流稳压电源电路，输入电压由 220V 市电供给，输出直流电压为 5V，当负载电流在 5 ~ 20mA 范围内变化、输入电压±10% 范围内变化时，可维持输出电压的稳定。

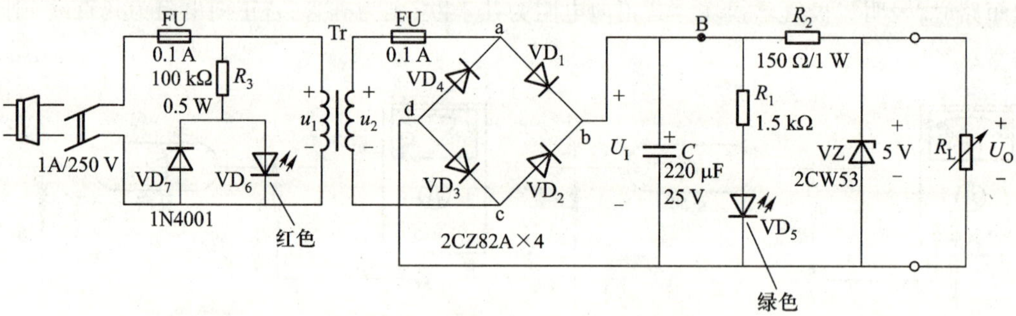

图 1.3.4 小功率直流稳压电源电路

一、电路组成与工作原则

该电路由电源变压器、整流、滤波、稳压及电源指示等几部分组成。

电源变压器 Tr 用来将 220V 市电降低为 9V 交流电压，供给整流电路。

整流电路由二极管 VD_1 ~ VD_4 构成桥式整流电路，它利用二极管的单向导电特性，将 9V 交流电压变成脉动的直流电压，其整流过程如图 1.3.5 所示。图中，R_L' 为整流电路输出端的等效负载电阻（即图 1.3.4 中的 B 点，稳压电路等效输入电阻，它由稳压电路及负载 R_L 决定）。

当 u_2 为正半周时，二极管 VD_1、VD_3 正偏导通，VD_2、VD_4 反偏截止，此时可等效为图 1.3.5(a) 所示电路，由图可知 $u_I = u_2$；当 u_2 为负半周时，二极管 VD_2、VD_4 正偏导通；VD_1、VD_3 反偏截止，可得图 1.3.5(b) 所示电路，由图可得 $u_I = -u_2$。这样可得 R_L' 上输出电压 u_I 的波形如图 1.3.5(c) 中虚线所示，可见它是单向脉动的直流电压。

滤波电路由电解电容 C 构成电容滤波电路，用来滤除整流后脉动电压中的交流成分，使之成为平滑的直流电压，如图 1.3.5(c) 中的实线所示，其平均值为 U_I，$U_I \approx 1.2U_2$（U_2 为变压二次交流电压的有效值），由于 $U_2 = 9V$，所以 $U_I = 10.8V$。

稳压电路由限流电阻 R_2 和稳压二极管 VZ 构成，当输入电压 U_I 或负载 R_L 变化时，可

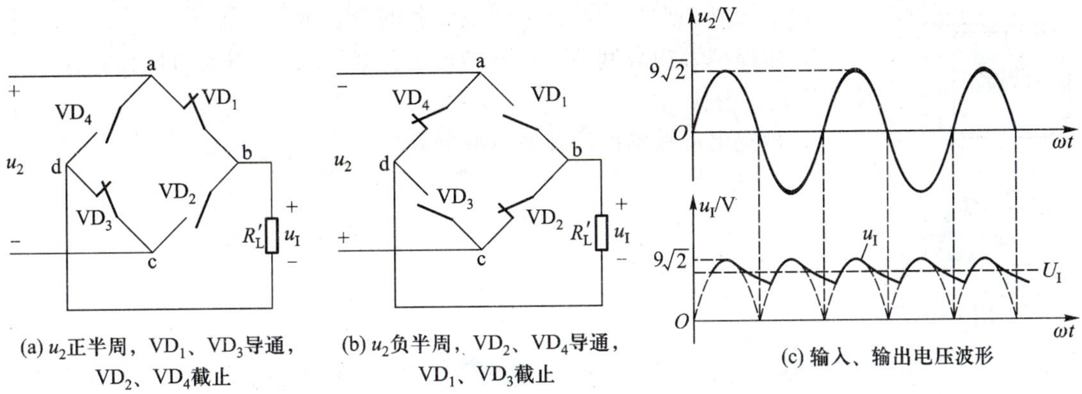

(a) u_2正半周，VD_1、VD_3导通，VD_2、VD_4截止

(b) u_2负半周，VD_2、VD_4导通，VD_1、VD_3截止

(c) 输入、输出电压波形

图 1.3.5 桥式整流电路整流过程

使输出电压 U_O 稳定。

交流电源指示电路由 R_3、发光二极管 VD_6 和普通二极管 VD_7 等构成，当合上电源开关，VD_6 发出红光；直流电压输出指示电路由 R_1 和发光二极管 VD_5 构成，当直流电压输出正常，VD_5 发出绿光。

另外，图中 FU 为过流保护熔丝，当电路发生故障，使流过熔丝的电流大于熔丝的额定电流时，熔丝烧断，切断电源，使电路其他元器件得到保护并使电路故障不至于扩大。

二、使用注意问题

图 1.3.4 所示直流稳压电源有电路结构简单、负载短路时稳压二极管不会损坏等优点，但它的输出电压不能调节，负载电流小且变化范围不大，稳压性能较差，所以它仅适用于输出电压固定和要求不高的场合，如用于基准电压源。该直流稳压电源使用时应注意以下几点：

(1) 合上交流电源应注意观察电路中有无异常现象，特别是新安装的电路，更应该如此。如指示灯是否亮，熔丝是否烧断，元器件有无焦煳味等。若出现异常现象，应立即拔出电源插头，并对电路进行检查，待消除故障后，方可再接通交流电源。

(2) 桥式整流电路中，四个二极管的特性应相同，且正向压降越小越好，焊装时四个二极管的正、负极性不能接反，否则通电后二极管将会被烧坏。

(3) 由于滤波电容 C 是采用有极性的电解电容器，使用时，电容的正极必须接直流高电位，负极接直流低电位，否则容易使电解电容发热烧坏。另外，电解电容器 C 失效后会使输出电压产生较大的波动，这时应更换性能好的电容器。

(4) 电源变压器应有较小的空载电流。变压器一次侧通电，二次侧开路，若变压器温升变化平稳，即说明变压器空载电流正常；若变压器温升过快，则说明变压器空载电流过大，质量不合要求需更换。另外为了防止漏电，以保证人身和设备的安全，要求变压器一次、二次绕组间的绝缘电阻应大于 1 000 MΩ 以上(用兆欧表进行测量)。

(5) 电源出现故障，要认真对待。在进行内部检查或检修时，一定要先关断交流电源，严禁用手触摸电源进线部分的元器件。由于故障产生的原因很多，情况也很复杂，在进行故障处理时应先分析故障然后动手修理，切不能盲目乱拆、乱换；先断电检查确认没有问题后，方可再通电检测。

复习题

1. 二极管的型号由几部分组成？各部分表示什么含义？

2. 用模拟万用表判断二极管的极性及好坏时，万用表的量程应置于什么位置？为什么？

3. 检查电源故障时应注意哪些问题？

本章小结

1. 导电能力介于导体和绝缘体之间的物质称为半导体，纯净的不含杂质的半导体称为本征半导体，常用的半导体材料有硅和锗。采用一定工艺在本征半导体中掺入微量杂质元素后成为杂质半导体，根据掺入的杂质元素不同，杂质半导体有P型半导体和N型半导体两种类型。

2. 采用掺杂工艺，在同一块半导体基片上的两边分别形成P型和N型半导体，在这两种半导体的交界面处形成一个很薄的空间电荷区，称为PN结。它是构成各种半导体器件的核心。把一个PN结封装起来并引出金属电极便构成了二极管。

3. 二极管的基本特性是单向导电，硅管的死区电压 $U_{th}=0.5V$，导通电压 $U_{D(on)}=0.7V$；锗管的死区电压 $U_{th}=0.1V$，导通电压 $U_{D(on)}=0.2V$。二极管的主要参数是最大整流电流 I_F、最高反向工作电压 U_{RM}，使用中还应注意二极管的反向电流 I_R 和最高工作频率 f_M 等，这些参数均可在有关手册中查到。

4. 二极管广泛应用于整流、限幅、开关电路中，在理想化条件下，二极管正偏导通时管压降为零，相当于开关闭合；反偏时截止，电流近似为零，相当于开关断开。

5. 稳压二极管、发光二极管、光电二极管和变容二极管等是几种常用的特殊二极管。稳压二极管正常工作时，工作在反向击穿区，用于稳压，在电路中必须串接合适的限流电阻。发光二极管使用时应加正偏电压，它能将电信号转换为光信号，用作指示灯或显示器件；光电二极管使用时应加反偏电压，它能将光信号转换为电信号，主要用于光敏器件、光的检测，将发光二极管和光电二极管配合使用可实现光电耦合或光电传输；变容二极管的PN结电容会随反向电压的增加而减小，利用这一特征常将它作为可变电容，如在高频电路中，将它作为压控电容来使用。

自我评价题

1.1 填空题

1. 纯净的不含杂质的半导体称为________半导体；杂质半导体有________型和________型两种。
2. PN结加正向电压是指电源正极接________区；电源负极接________区。
3. 二极管按材料分有________管和________管。
4. 在整流电路中，利用二极管的________性，可将交流电变成________直流电。
5. 稳压二极管正常工作时必须工作在________区，光电二极管工作必须加________偏压，发光二极管正常工作时必须加________偏压。

1.2 判断题(正确的在括号内打"√",错误的在括号内打"×")

1. 二极管只要加正向电压便能导通。(　　)
2. 二极管只要反向击穿就会损坏。(　　)
3. 稳压二极管工作时必须串联限流电阻。(　　)
4. 二极管的反向电流越小,其单向导电性越好。(　　)
5. 温度升高时,二极管的管压降会跟着升高。(　　)
6. 二极管的反向电流会因温度升高而显著增加。(　　)

1.3 单项选择题(选择正确的答案填在括号内)

1. P 型半导体为杂质半导体,其特点是(　　)。

A. 有单向导电性　　B. 空穴为多数载流子

C. 自由电子为多数载流子　　D. 带正电

2. 在下列 A、B、C、D 四个二极管中,单向导电特性最好的是(　　)。

管子 电流	A	B	C	D
反向电流	2 μA	0.5 μA	5 μA	10 μA
加相同正向电压后的电流	5 mA	15 mA	8 mA	5 mA

3. 二极管型号为 2CZ31D,它的类型为(　　)。

A. N 型硅整流管　　B. P 型硅整流管

C. 普通锗二极管　　D. N 型硅稳压二极管

4. 某发光二极管指示电路如图 T1.1 所示,若输入 u_i 为一定频率的正弦信号,则 LED_1、LED_2 的指示情况是(　　)。

A. 红灯亮

B. 绿灯亮

C. 红灯、绿灯均亮

D. 红灯、绿灯均不亮

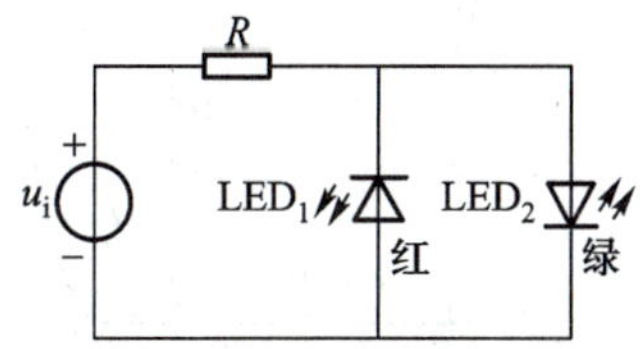

图 T1.1

5. 下列二极管中可将光信号转变为电信号的是(　　)二极管。

A. 整流　　B. 发光　　C. 光电　　D. 变容

6. 变容二极管在电路中主要用作(　　)。

A. 整流　　B. 稳压　　C. 可变电阻　　D. 可变电容

练习题

[题 1.1] 在图 P1.1 所示电路中,设二极管 VD 的导通电压为 0.7 V,试求输出电压 U_{O1}、U_{O2} 的大小各为多少?

[题 1.2] 在图 P1.2 中,设二极管 VD_1、VD_2、VD_3 的正向导通电压均为 0.7 V,试求电路中电流 I_1、I_2、I_3 的大小。

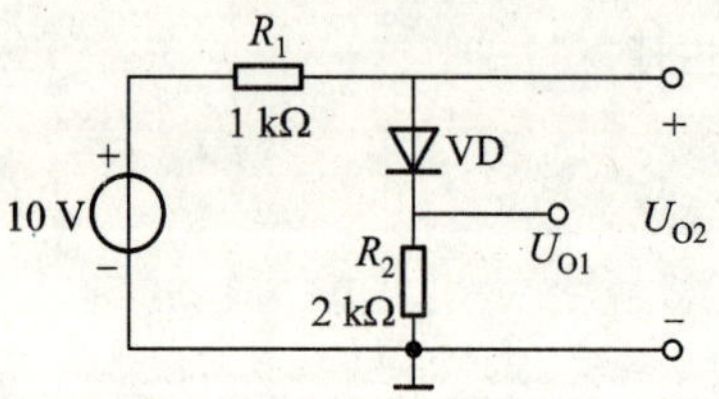

图 P1.1

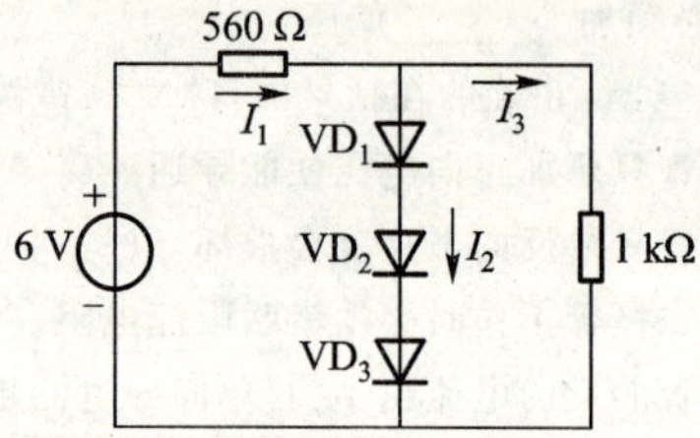

图 P1.2

［题 1.3］ 在图 P1.3 中，已知 u_i 为正弦信号，VD_1 ~ VD_3 均为理想二极管，L_1 ~ L_3 为三个相同的指示灯，试判断 L_1、L_2、L_3 哪个最亮？为什么？

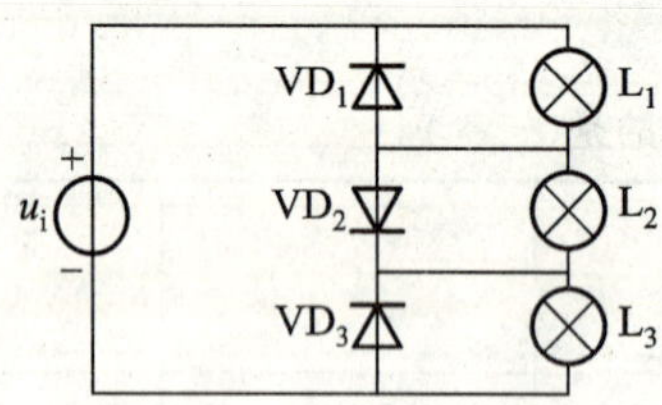

图 P1.3

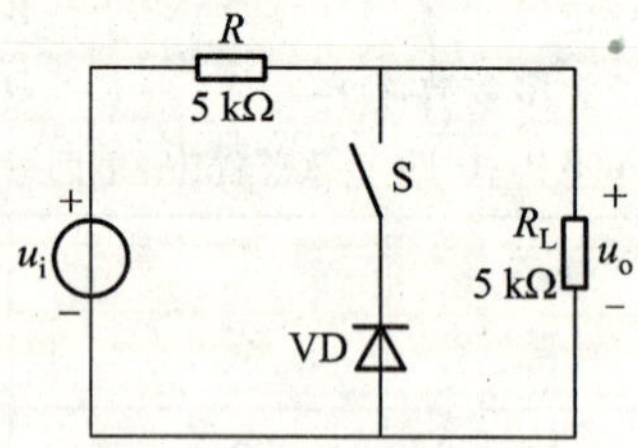

图 P1.4

［题 1.4］ 在图 P1.4 中，设 $u_i = 10\sin(\omega t)$ V，且二极管具有理想特性，当开关 S 闭合和断开时，试对应画出 u_o 波形。

［题 1.5］ 在图 P1.5 所示二极管伏安特性曲线中，实线是在 $T=25$℃ 时测得的，试求该二极管的死区电压 U_{th}、反向击穿电压 $U_{(BR)}$ 和反向电流 I_S 的大小；当温度 T 由 25℃ 变为 T_1 时的特性曲线如图中虚线所示，试问 T_1 是大于 25℃ 还是小于 25℃？

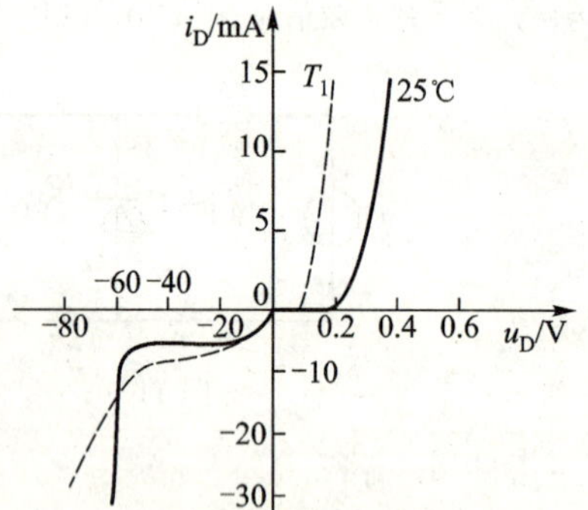

图 P1.5

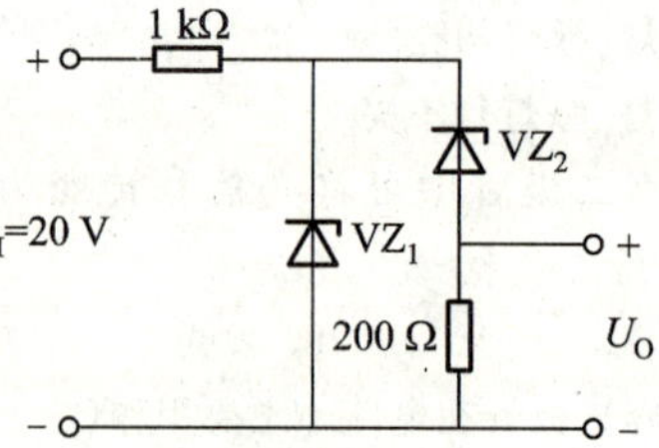

图 P1.6

［题 1.6］ 在图 P1.6 中，已知稳压二极管 VZ_1 的稳定电压为 U_{Z1} = 7 V，VZ_2 的稳定电压 U_{Z2} = 6 V，试求输出电压 U_O 的大小。

［题 1.7］ 电路如图 P1.7 所示，已知发光二极管的导通电压为 1.6 V，正向电流≥5 mA 即可发光，最大正向电流为 20 mA，为使发光二极管安全发光，试求电路中 R 的取值范围。

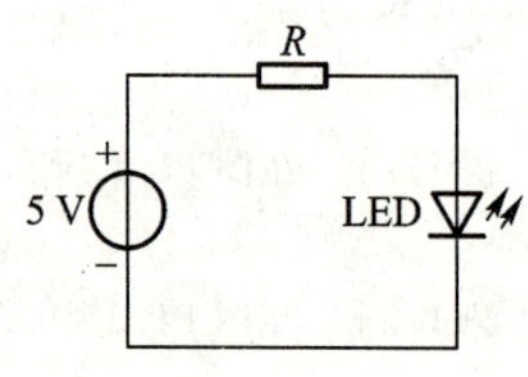

图 P1.7

第2章　半导体三极管及其应用

教学目标

1. 了解双极型和单极型三极管的结构，正确识别各种三极管图形符号。

2. 理解三极管的工作原理、伏安特性及主要参数，熟悉三极管的放大作用。

3. 理解三极管直流电路近似估算方法，熟悉三极管放大、截止、饱和状态的判别。

4. 理解三极管放大电路的组成和主要元件的作用，熟悉直流通路、交流通路的作用、画法和放大倍数的估算。

5. 熟悉三极管的使用知识，会使用万用表判别三极管的引脚和质量的优劣。

引　言

半导体三极管是电子电路中重要的器件之一，它具有放大和开关作用。按结构和工作原理分有双极型和单极型两种类型，双极型半导体三极管通常简称晶体管或BJT，它有空穴和自由电子两种载流子参与导电，故称为双极型半导体三极管；单极型半导体三极管通常称为场效应管，简称FET，是一种利用电场效应控制输出电流的半导体器件，它只有一种载流子(多数载流子)参与导向，故称为单极型半导体三极管。

本章先讨论晶体管，再讨论场效应管，分别介绍它们的结构、工作原理、特性曲线、主要参数、基本应用电路及其使用知识。重点介绍晶体管的放大原理、放大电路的组成、直流通路、交流通路以及放大电路的估算。对于场效应管仅着重于结构、图形符号、工作原理及基本应用进行讨论。

2.1 晶体管的结构、特性及参数

2.1.1 晶体管的结构与电流放大作用

一、晶体管的结构与类型

晶体管是通过一定的工艺将两个 PN 结相结合所构成的器件。按制造材料的不同，分为硅管和锗管；按结构的不同，分为 NPN 型管和 PNP 型管。

NPN 型晶体管的结构示意图如图 2.1.1(a) 所示，它由三层杂质半导体制成，中间是一层很薄的 P 型半导体，称为基区，两边各有一块 N 型半导体，其中高掺杂的一块（标 N^+）为发射区，另一块为集电区；从各区引出的电极相应地称为基极 B、发射极 E 和集电极 C。由于两块不同类型的半导体结合在一起时，其交界处会形成 PN 结，因此晶体管有两个 PN 结，发射区和基区间的称为发射结，集电区和基区间的称为集电结。NPN 型晶体管的图形符号如图 2.1.1(b) 所示，图中箭头方向表示发射极位置和发射结正偏时发射极电流的方向。

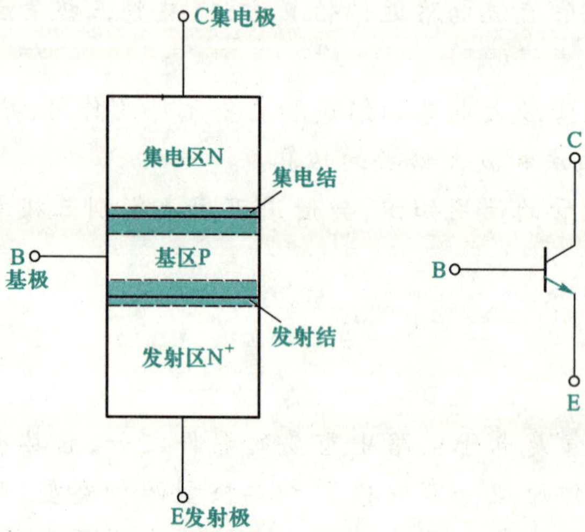

(a) 结构示意图　　(b) 图形符号

图 2.1.1　NPN 型晶体管的结构与图形符号

PNP 型晶体管的结构和图形符号如图 2.1.2 所示，由图可见，它的结构与 NPN 型管完全对应，因此它们的工作原理和特性也是对应的，但各电极的电压极性和电流流向正好相反，所以在图形符号中，NPN 型管的发射极电流是流出的，而 PNP 型管的发射极电流则是流入的。

晶体管的发射区掺杂浓度很高，基区很薄且掺杂浓度很低，集电区掺杂浓度较低但集电结面积很大，这些制造工艺和结构的特点是晶体管起电流放大作用所必须具备的内部条件。

考虑到 NPN 型硅管目前使用更广泛，所以下面讨论中大多采用 NPN 型硅管为例。

二、晶体管的电流放大原理

晶体管放大作用的实现需外接直流电源，使晶体管的发射结正偏、集电结反偏，图 2.1.3 所示为晶体管直流电源的接法。图中，基极偏置电源 V_{BB} 经限流电阻 R_B 形成发射结输入回路，并使基极 B 和发射极 E 之间加上电压 $U_{BE}>0$，即使发射结正偏；集电极直流电源 V_{CC} 经

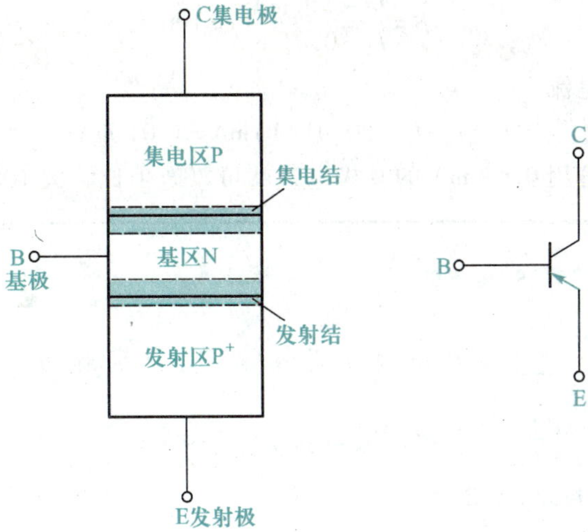

(a) 结构示意图　　(b) 图形符号

图 2.1.2　PNP 型晶体管的结构与图形符号

集电极电阻 R_C、集电结、发射结形成输出回路，并使集电极 C 和基极 B 之间加上电压 $U_{CB}>0$，即使集电结反偏。由于图中发射极 E 为输入、输出回路的公共端，故把这种连接方式称为共发射极接法。

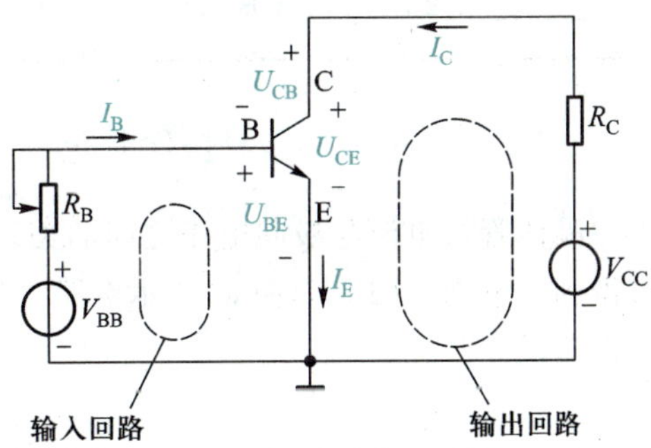

图 2.1.3　晶体管各极电流

电路接通电源 V_{BB}、V_{CC} 后，晶体管各电极便形成电流。图中，I_B 为基极电流，I_C 为集电极电流，I_E 为发射极电流，由图可见

$$I_E=I_B+I_C \tag{2.1.1}$$

式(2.1.1)说明，I_B、I_C 是由 I_E 分配得到的，即晶体管三个电极电流之间的关系符合基尔霍夫电流定律。

调节 R_B，可改变 I_B 的大小，此时 I_C 也跟随成正比变化，其比例系数为

$$\bar{\beta}=\frac{I_C}{I_B} \tag{2.1.2}$$

$\bar{\beta}$ 称为晶体管的共发射极直流电流放大系数，当晶体管制成后，$\bar{\beta}$ 也就确定了，且 $\bar{\beta}>>1$。

由式(2.1.1)和式(2.1.2)可得晶体管各极电流关系为

$$I_C=\bar{\beta}I_B \tag{2.1.3}$$

$$I_E=I_B+I_C=(1+\bar{\beta})I_B\approx I_C \tag{2.1.4}$$

由此可见，当输入基极电流 I_B 有微小变化时，就能得到输出集电极电流 I_C 很大的变化，这种以小电流控制大电流的作用，就称为晶体管的电流放大作用。

【例 2.1.1】　测得某晶体管的基极电流 $I_B=0.01$ mA，$I_C=1$ mA，试求晶体管的 $\bar{\beta}$ 和 I_E。

解：晶体管的共发射极直流放大系数为

$$\bar{\beta}=\frac{I_C}{I_B}=\frac{1\ \mathrm{mA}}{0.01\ \mathrm{mA}}=100$$

晶体管的发射极电流

$$I_E=I_B+I_C=(0.01+1)\ \mathrm{mA}=1.01\ \mathrm{mA}$$

此例说明该晶体管用0.01 mA 的基极电流就可以产生比它大100 倍的集电极电流。

讨论题

1. 晶体管由________层杂质半导体制成，分别称为________、________、________。

2. 晶体管有________个 PN 结，分别称为________和________。

3. 晶体管按结构分，可分为________和________两种类型，它工作时有________种载流子参与导电。

4. 晶体管具有电流放大作用的内部条件是：基区________掺杂浓度________，发射区掺杂浓度________，集电结面积________。

5. 晶体管具有电流放大使用的外部电路条件是：发射结________，集电结________，电流放大关系为________。

2.1.2 晶体管的伏安特性曲线

晶体管极电流与极间电压之间的关系曲线称为晶体管的伏安特性曲线，它可以通过测量得到。下面以图 2.1.4(a)所示电路讨论 NPN 型晶体管共发射极接法的输入和输出伏安特性曲线。

一、输入特性曲线

输入特性曲线是描述 u_{CE} 为某一常数时，晶体管的输入电流 i_B 与输入电压 u_{BE} 之间的函数关系，即

$$i_B=f(u_{BE})\Big|_{u_{CE}=\text{常数}} \tag{2.1.5}$$

图 2.1.4(b)所示为某 NPN 型硅管的输入特性曲线，对应一个 u_{CE} 值可画出一根曲线，因此输入特性曲线由一簇曲线构成。由图可见：

(1) 晶体管输入特性与二极管特性类似，在发射结电压 u_{BE} 大于死区电压时才导通，导通后 u_{BE} 很小的变化将引起 i_B 很大的变化，而且具有恒压特性，u_{BE} 近似为常数。

(2) 当 u_{CE} 由零增大为 1 V 时，曲线明显右移，而当 $u_{CE}\geq 1$ V 后，曲线重合为同一根线。在实际使用中，多数情况下满足 $u_{CE}\geq 1$ V，因此通常用的是最右边这根曲线。由该曲线可知，硅管的死区电压约为 0.5 V，导通电压（用 $u_{BE(on)}$ 表示）约为 0.6～0.8 V，通常取 0.7 V。对于锗管，则死区电压约为 0.1 V，导通电压为 0.2～0.3 V，通常取 0.2 V。

二、输出特性曲线

输出特性曲线是描述 i_B 为某一常数时，晶体管的输出电流 i_C 与输出电压 u_{CE} 之间的函数关系，即

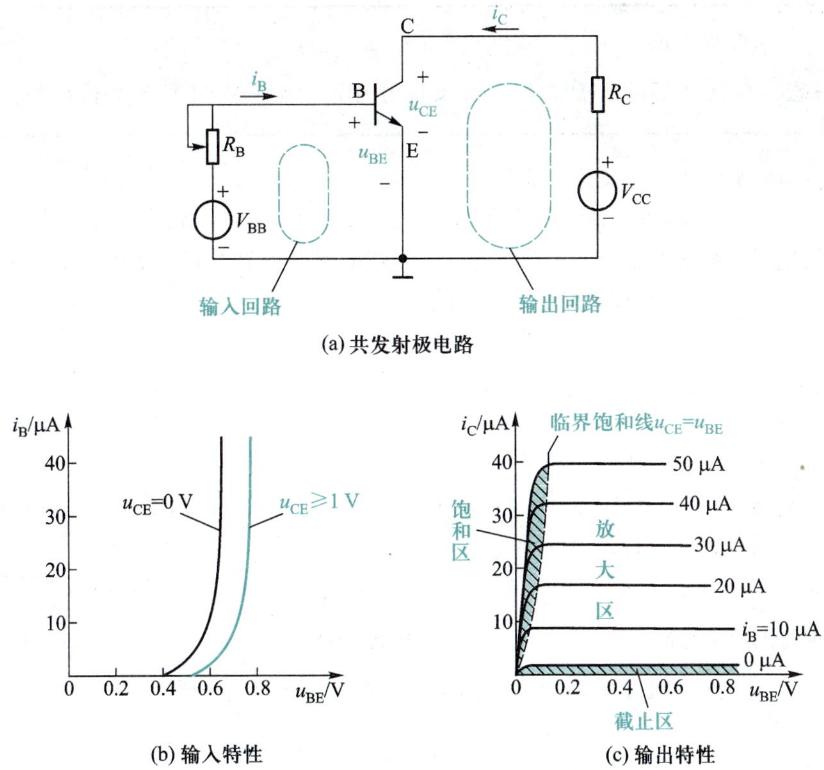

图 2.1.4 NPN 型硅晶体管的共发射极接法特性曲线

$$i_C = f(u_{CE})\Big|_{i_B=\text{常数}} \tag{2.1.6}$$

对应一个 i_B 值可画出一根曲线,因此输出特性曲线也由一簇曲线构成,如图 2.1.4(c)所示。通常将输出特性曲线划分为放大、饱和和截止三个区域,也就是晶体管对应的三种工作状态。

(1) **放大区**,即图中 $i_B>0$,且 $u_{CE}>u_{BE}$ 的区域,为一簇几乎和横轴平行(略向上倾斜)的间隔均匀的直线。当发射结正偏导通,集电结反偏时晶体管就工作于这个区域。这时 $i_C=\bar{\beta}i_B$,说明 i_C 正比于 i_B,管子具有线性放大作用,而且 i_C 与 u_{CE} 无关,管子具有恒流特性。

(2) **饱和区**,即图中 $i_B>0$ 且 $u_{CE}<u_{BE}$ 的区域,为一簇紧靠纵轴而且很陡的曲线。当发射结正偏导通,集电结正偏时管子就工作于这个区域。这时管子不具有放大作用,$i_C\neq\bar{\beta}i_B$,i_C 基本不受 i_B 控制,而随着 u_{CE} 的减小迅速减小。饱和时 C、E 之间的压降称为饱和压降,记为 $U_{CE(sat)}$,对于小功率 NPN 型硅管,$U_{CE(sat)}\approx0.3$ V。当 $u_{CE}=u_{BE}$ 时,管子工作于放大和饱和的分界点,称为临界饱和,临界饱和时仍具有放大作用。

(3) **截止区**,即图中 $i_B\leqslant0$ 的区域。当发射结零偏或反偏时,管子就工作于这个区域。这时管子截止,$i_B\approx0$,$i_C\approx0$。

由饱和和截止特性可见,晶体管的 C、E 之间可等效为一个开关,饱和时 C、E 间的电压近似为零(仅为饱和压降 $U_{CE(sat)}$),等效为开关合上;截止时 C、E 间的电流近似为零,等效为开关断开。

想一想 如何理解晶体管工作在放大区时可等效为一个可控的电流源？

三、PNP 型晶体管的伏安特性曲线

图 2.1.5 所示为某 PNP 型锗晶体管的共发射极电路及伏安特性曲线。图中，PNP 型管工作电压极性接法和电流流向均与图 2.1.4 中 NPN 型管电路相反；PNP 型锗管的伏安特性曲线与图 2.1.4 中 NPN 型硅管特性曲线变化规律相似，但它们的导通电压大小不同，电压极性相反。

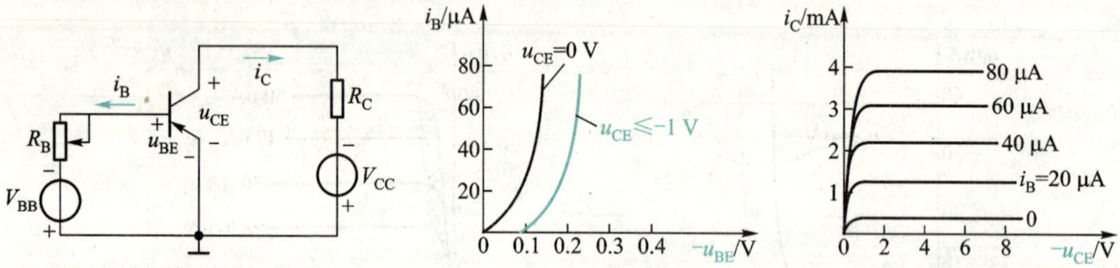

(a) 共发射极接法电路 (b) 输入特性 (c) 输出特性

图 2.1.5 PNP 型锗晶体管的共发射极接法特性曲线

【例 2.1.2】 某电路中晶体管工作于放大状态，用万用表直流电压挡测得三个引脚对地电压分别为 3 V、2.3 V、5 V，试判别此管的三个电极，说明是 NPN 型管还是 PNP 型管，是硅管还是锗管？

解：当晶体管工作于放大状态时，必定满足发射结正偏、集电结反偏，因此三个电极对地电压大小，对于 NPN 型管为 $u_C>u_B>u_E$，对于 PNP 型管为 $u_C<u_B<u_E$，故中间电压者（即 3 V）为基极 B，由 3 V−2.3 V=0.7 V 可知，对应于 2.3 V 者为发射极 E，那么 5 V 者必然对应于集电极 C。由于极间电压 U_{BE}、U_{CE} 均为正，且 U_{BE}=0.7 V，所以该管为 NPN 型硅管。

讨论题

1. 晶体管的输出特性曲线通常分为三个区域，分别是________、________、________。

2. 晶体管处于饱和状态时，发射结________，集电结________，这时 i_C ________，C、E 间相当于________。

3. 发射结和集电结均为反偏，则晶体管处于________状态，这时 i_C ________，C、E 间相当于________。

4. 三个电极对地电压分别为 U_B、U_C、U_E，对于 NPN 型管处于放大状态时，三个电压的关系为________。对于硅管，B、E 间的电压 u_{BE} 应近似为________ V。

2.1.3 晶体管的主要参数

晶体管的主要参数有电流放大系数、极间反向电流、极限参数等，前两者反映管子的性能优劣，后者表示管子安全工作范围，它们是选用晶体管的依据。

一、电流放大系数

电流放大系数反映晶体管的电流放大能力，常用的是共发射极电流放大系数，它定义有直流和交流放大系数，前面已介绍了共发射极直流放大系数 $\bar{\beta}$。

共发射极交流电流放大系数用 β 表示，它定义为共发射极电路集电极输出电流变化量 Δi_C 与基极输入电流变化量 Δi_B 之比，即

$$\beta=\left.\frac{\Delta i_C}{\Delta i_B}\right|_{u_{CE}=\text{常数}} \tag{2.1.7}$$

β 与 $\bar{\beta}$ 的含义不同，前者反映动态电流之比，后者反映静态电流之比。由于目前多数管子在放大状态时，β 和 $\bar{\beta}$ 基本相等，且为常数，因此在使用时一般可不加区分，都用 β 表示，在手册中有时用 h_{fe} 表示，其值通常在 20～200 之间。

二、极间反向电流

极间反向电流有 I_{CBO} 和 I_{CEO}，它们反映晶体管的温度稳定性。

I_{CBO} 称为集电极——基极反向饱和电流，它是发射极开路时流过集电结的反向饱和电流，如图 2.1.6 所示，室温下，小功率硅管的 I_{CBO} 小于 1 μA，锗管的 I_{CBO} 约为几微安至几十微安。

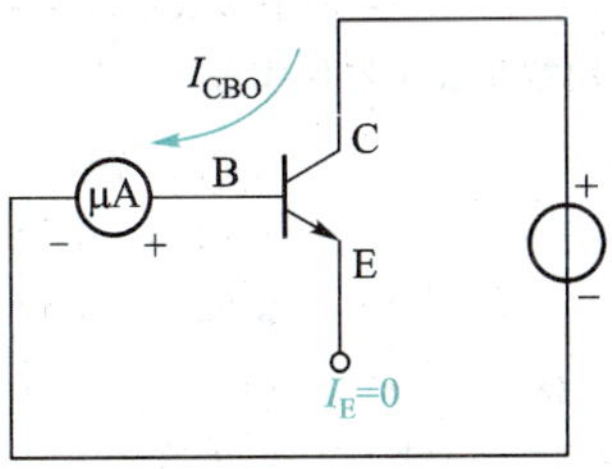

图 2.1.6 I_{CBO} 测量电路

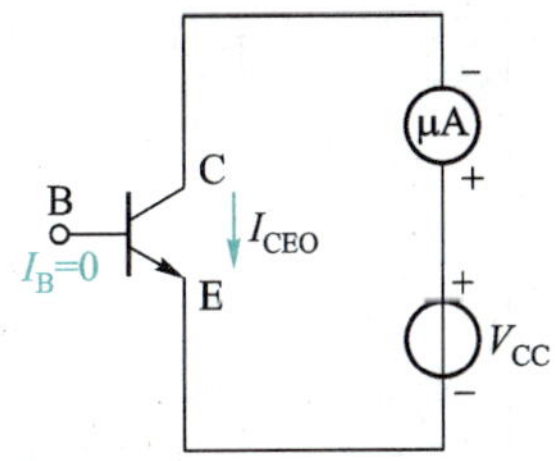

图 2.1.7 I_{CEO} 测量电路

I_{CEO} 称为穿透电流，它是基极开路（$I_B=0$），从集电极直通到发射极的电流，如图 2.1.7 所示。可以证明

$$I_{CEO}=(1+\bar{\beta})I_{CBO} \tag{2.1.8}$$

I_{CBO}、I_{CEO} 均随温度上升而增大，其值越小，晶体管工作时受温度影响就越小，其温度稳定性就越好。硅管的 I_{CBO}、I_{CEO} 远小于锗管，因此实用中多采用硅管。当 β 大时，I_{CEO} 会较大，因此实用电路中 β 不宜选过高，一般选用 $\beta=40\sim120$ 的管子。

三、极限参数

极限参数主要指允许最高极间电压、最大工作电流和最大管耗，它们确定了管子安全工作范围。

1. 集电极最大允许电流 I_{CM}

集电极电流若超过此值，晶体管 β 值将明显下降，但不一定损坏管子，若电流过大，则会

损坏管子。

2. 集电极最大允许功率损耗 P_{CM}

晶体管的损耗功率主要为集电结功耗，通常用集电极功耗 P_C 表示，$P_C=i_C u_{CE}$。若 $P_C>P_{CM}$，管子性能将变坏，甚至过热烧坏。

3. 反向击穿电压 $U_{(BR)CEO}$、$U_{(BR)CBO}$、$U_{(BR)EBO}$

$U_{(BR)CEO}$ 指基极开路时，集电极-发射极间的击穿电压；

$U_{(BR)CBO}$ 指发射极开路时，集电极-基极间的反向击穿电压；

$U_{(BR)EBO}$ 指集电极开路时，发射极-基极间的反向击穿电压。

$U_{(BR)EBO}<U_{(BR)CEO}<U_{(BR)CBO}$。

四、温度对晶体管特性的影响

温度对晶体管的影响主要有导通电压、β 和 I_{CBO}。当温度升高时，导通电压减小，β 和 I_{CBO} 增大，其变化规律为：温度每升高 1℃，导通电压减小 2～2.5 mV，β 约增大 0.5%～1%；温度每升高 10℃，I_{CBO} 约增加一倍。

2.1.4　晶体管的使用常识

一、晶体管型号命名方法（摘自国家标准 GB 249—74）

国产晶体管型号由五部分组成，各部分的符号及意义如下：

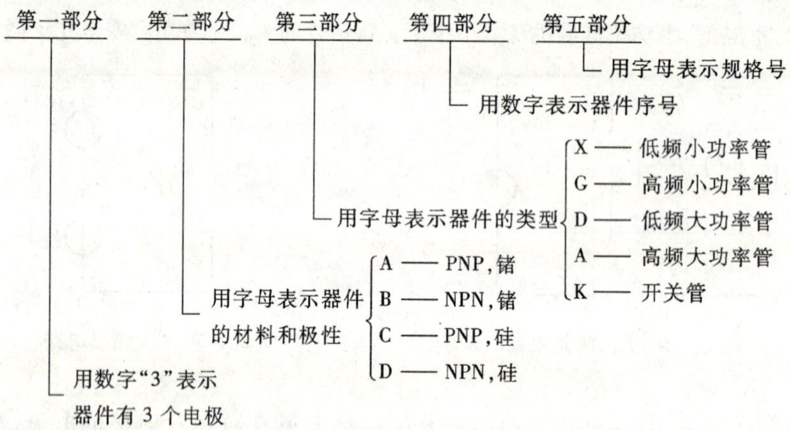

示例：3DG100A 表示为 NPN 型硅材料高频小功率晶体管。

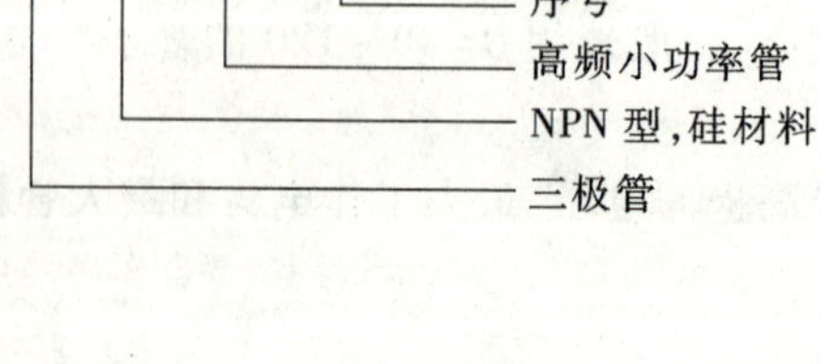

知识拓展 2N 系列、2S 系列晶体管型号举例

目前市场上还见到国外型号的晶体管，如 2N 系列（美国）、2S 系列（日本）等，现举例说明如下：

2 N 2944

- 2944 —— EIA（美国电子工业协会）登记顺序号
- N —— EIA 注册标志
- 2 —— 三极管（2 个 PN 结）

2 S A 940

- 940 —— 日本电子工业协会登记顺序号
- A —— PNP 高频管（B 为 PNP 低频，C 为 NPN 高频，D 为 NPN 低频）
- S —— 日本电子工艺协会注册产品
- 2 —— 三极管（2 个 PN 结）

资料库 小功率晶体管参数选录

晶体管的参数一般都可以从有关器件手册中查到，表 2.1.1 选录了部分小功率晶体管的参数，以供学习参考。

表 2.1.1 部分小功率晶体管参数选录

型号 \ 参数	极性	P_{CM} /mW	I_{CM} /mA	$U_{(BR)CEO}$ /V	h_{FE}	I_{CBO} /μA	f_T /MHz	C_{oh} /PF
3AX31A	PNP（锗）	125	125	≥12	40～180	≤20	0.5	
3BX31B	NPN（锗）	125	125	≥12	40～180	≤20		
3CX3200A	PNP（硅）	300	300	≥12	55～400	≤1		
3DX3200A	NPN（硅）	300	300	≥12	55～400	≤1		
3AG55A	PNP（锗）	150	50	≥15	40～180		≥100	≤8
3BG1	NPN（锗）	50	20	≥15	20～150			
3CG100A	PNP（硅）	100	30	≥15	≥25	≤0.1	≥100	≤4.5
3DG100A	NPN（硅）	100	20	≥20	≥30	≤0.1	≥150	≤4
3DG6	NPN（硅）	100	20	≥20	25	0.01	250	≤3.5
9011	NPN（硅）	300	30	≥30	28～198	≤0.1	150	
9012	PNP（硅）	625	500	≥20	64～202	≤0.1	150	
9013	NPN（硅）	625	500	≥20	64～202	≤0.1	150	
9014	NPN（硅）	450	100	≥45	60～1000	≤0.05	150	≤2.5
9015	PNP（硅）	450	100	45	60～600		100	
9016	NPN（硅）	400	25	20	28～198		620	
9018	NPN（硅）	400	50	15	28～198		700	

二、晶体管的外形与引脚排列

晶体管的封装主要有玻璃封装、塑料封装和金属封装等，常见的封装外形及引脚排列如图 2.1.8 所示。需要指出，图中的引脚排列方式只是一般规律，对于外壳上无引脚标志的，应以器件手册或以测量为准。

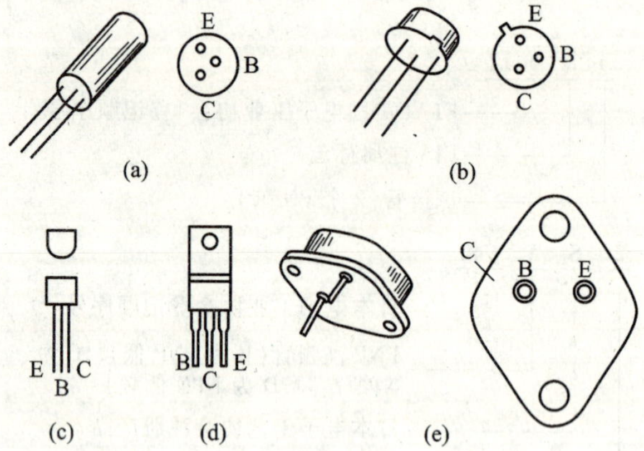

图 2.1.8 常见晶体管的外形及引脚排列

三、晶体管的识别与检测

利用万用表可识别晶体管的引脚、管型及性能好坏；利用晶体管特性测试仪或测试电路可测量晶体管的伏安特性。下面介绍如何用模拟万用表进行识别与检测。

1. 基极的判别

将万用表置于 $R\times1\ \text{k}\Omega$ 挡，用两表笔去搭接晶体管的任意两引脚，如果阻值很大（几百千欧以上），将表笔对调再测一次，如果电阻也很大，则说明所测的两个引脚为集电极 C 和发射极 E，因为 C、E 间是两个背靠背相接的 PN 结，故无论 C、E 间的电压是正还是负，总有一个 PN 结截止，使 C、E 间的阻值很大，因此剩下的那个引脚必为基极 B。

2. 类型的判别

晶体管基极确定后，用万用表黑表笔（即表内电池正极）接基极，红表笔（即表内电池负极）接另外两个引脚中的任意一个，如果测得的电阻值很大（几百千欧以上），则该管是 PNP 型管；如果测得的电阻值较小（几千欧以下），则该管是 NPN 型管。硅管、锗管的判别方法同二极管，即硅管 PN 结正向电阻约为几千欧，锗管 PN 结正向电阻约为几百欧。

3. 集电极的判别及 β 值的测量

基极和管子类型确定后，在基极以外的两个电极中设任一个为集电极，然后将晶体管正确插入万用表的晶体管测量插座中，将万用表置于测量 β（或 h_{FE}）挡，并进行校正。若万用表的 β 值读数较大，则说明假设正确，万用表的 β 值读数就是晶体管的共发射极电流放大系数。若 β 值读数较小，则改将另一引脚设为集电极，重新测量 β 值，这时若 β 值读数较大，则这次的假设是正确的，若 β 值读数仍很小，则说明被测晶体管放大能力很弱，为劣质管。

4. 穿透电流 I_{CEO} 及热稳定性检测

穿透电流可以用在晶体管集电极与电源之间串接直流电流表的办法来测量；也可用万用表测晶体管 C、E 间电阻的方法来定性检测。如图 2.1.9 所示，测量时万用表置于 $R\times$

1 kΩ 挡，红表笔与 NPN 型晶体管的发射极相连，黑表笔与集电极相连，基极悬空。所测 C、E 间的电阻越大，则漏电流就越小，管子的性能也就越好。

在测试 I_{CEO} 的同时，用手捏住晶体管的管帽，受人体温度的影响，C、E 间反向电阻会有所减小。若万用表指针变化不大，则该管的热稳定性能较好；若指针迅速右偏，则该管的热稳定性能较差。

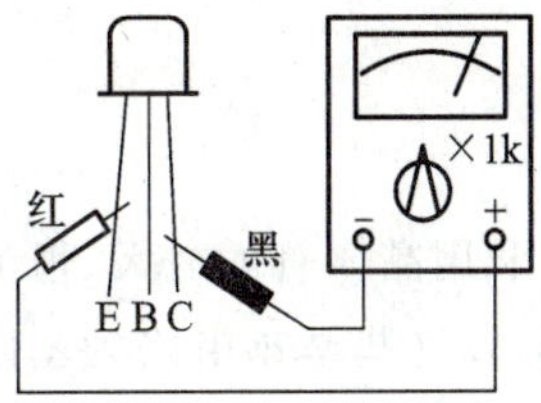

图 2.1.9 测 C、E 间漏阻及晶体管的热稳定性

四、晶体管的选用

选用晶体管既要满足设备及电路的要求，又要符合节约的原则。根据用途不同，一般应考虑以下几个因素：频率、集电极电流、耗散功率、反向击穿电压、电流放大系数、稳定性及饱和压降等。这些因素具有相互制约的关系，在选管时应抓住主要矛盾，兼顾次要因素。

首先根据电路工作频率确定选用低频管还是高频管，低频管的特征频率 f_T 一般在 3 MHz 以下，而高频管的 f_T 达几十兆赫、几百兆赫，甚至更高。选管时应使 f_T 为工作频率的 3～10 倍以上。原则上讲高频管可以代替低频管，但高频管的功率一般比较小，动态范围窄，在替代时应注意功率要求。

其次，根据晶体管实际工作的最大集电极电流 i_{Cmax}、最大管耗 P_{Cmax} 和电源电压 V_{CC} 选择合适的管子。要求晶体管的极限参数满足 $P_{CM}>P_{Cmax}$、$I_{CM}>i_{Cmax}$、$U_{(BR)CEO}>u_{CEmax}$。需要注意：小功率管的 P_{CM} 值是在常温(25℃)下测得的。对于大功率管则是在常温下加规定规格散热片的情况下测得的，若温度升高或不满足散热要求，P_{CM} 将会下降。

对于 β 值的选择，不是越大越好。β 太大容易引起自激振荡，且一般高 β 管的工作多不稳定，受温度影响大。通常 β 选 40～120 之间。不过对于低噪声、高 β 值的管子，如 9014 等，β 值达数百时温度稳定性仍然较好。另外，对整个电路来说还应从各级的配合来选择 β。例如前级用高 β 的管子，后级就可以用低 β 的管子；反之，前级用低 β 的管子，后级就可以用高 β 的管子。

应尽量选用穿透电流 I_{CEO}、饱和压降小的管子，I_{CEO} 越小，电路的温度稳定性就越好。通常硅管的稳定性比锗管好得多，但硅管的饱和压降比锗管大。目前电路中多采用硅管。

复习题

1. 画出晶体管的结构及图形符号，指出各部分的名称。
2. 简述晶体管的三种工作状态及其特点。
3. 简述晶体管工作在放大区，如果基极电流从 10 μA 变化至 20 μA 时，集电极电流从 1 mA 变为 1.99 mA，则该晶体管的交流电流放大系数 β 为多大？
4. 某晶体管的极限参数为：$I_{CM}=20$ mA、$P_{CM}=100$ mW、$U_{(BR)CEO}=30$ V。当工作电压 $U_{CE}=10$ V 时，晶体管工作电流 I_C 不得超过多大？当工作电压 $U_{CE}=1$ V 时，I_C 不得超过多大？当工作电流 $I_C=2$ mA 时，U_{CE} 不得超过多大？
5. 试说明温度升高时，晶体管参数 β、I_{CBO} 和导通电压的变化。
6. 说明 3DG6 符号的含义并列出其主要参数值。

2.2 晶体管的基本应用

利用晶体管的放大、恒流、开关等特性，可构成放大电路、恒流源电路、开关电路等基本电路，以这些基本电路为基础，又可以构成很多功能电路，因此晶体管应用非常广泛。

2.2.1 电流源电路

用晶体管构成的电流源原理电路如图 2.2.1 所示，V_{BB}、R_B 构成晶体管基极偏置电路，提供固定的基极偏置电流 I_B，R_L 为输出负载，它可在一定范围内变化，V_{CC}为集电极电源，I_C为电流源输出电流。

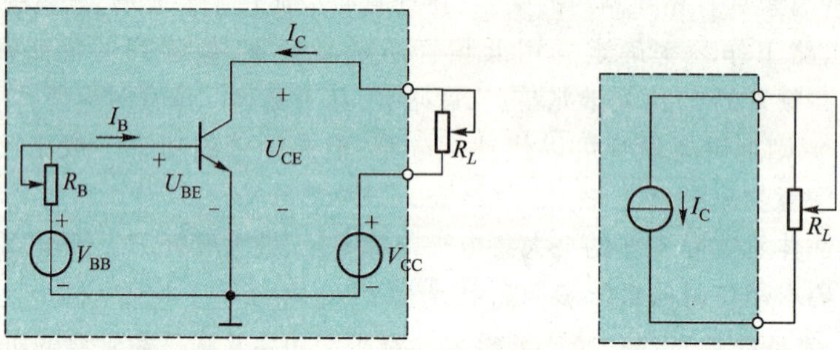

(a) 电路　　(b) 等效电路

图 2.2.1　晶体管电流源电路

由图 2.2.1(a)可列出基极回路直流方程为

$$V_{BB}=I_BR_B+U_{BE}$$

由此得

$$I_B=\frac{V_{BB}-U_{BE}}{R_B} \tag{2.2.1}$$

若晶体管电流放大系数为β，可求得电流源电路输出电流 I_C 为

$$I_C=\beta I_B$$

只要输出负载电路能保证 $u_{CE}>U_{CE(sat)}$，管子工作在放大区，输出电流将不受 R_L 大小的影响(即 I_C 与 u_{CE}无关)，为一恒定值βI_B。因此常将该电路作为输出恒值电流的电流源来使用，并用图 2.2.1(b)所示的符号表示。但需要说明这个电流源不是实际提供电流的源，它的电流是由含有电压源的输出负载电路提供的，受控器件的作用仅仅是由输入控制量来确定这个电流值。

【例 2.2.1】 已知图 2.2.1(a)电路中，$V_{BB}=V_{CC}=6\ \text{V}$，$R_B=178\ \text{k}\Omega$，晶体管采用硅管，$\beta=100$，$U_{CE(sat)}\approx 1\ \text{V}$，$R_L$ 在 0～1.5 kΩ 内变化。试分析该电路能否在 0～1.5 kΩ 内变化时保证输出电流不变，并求出输出电流 I_C 的大小。

解：对于硅管，B、E 间的导通电压 $U_{BE}=0.7\ \text{V}$，所以可求得基极电流 I_B 为

$$I_B=\frac{V_{BB}-U_{BE}}{R_B}=\frac{(6-0.7)\ \text{V}}{178\ \text{k}\Omega}=0.03\ \text{mA}$$

由此可求得

$$I_C = \beta I_B = 100\times 0.03\ \text{mA} = 3\ \text{mA}$$

当 $R_L = 1.5\ \text{k}\Omega$ 时，C、E 间的压降为

$$U_{CE} = V_{CC} - I_C R_L = 6\ \text{V} - 3\ \text{mA}\times 1.5\ \text{k}\Omega = 1.5\ \text{V} > U_{CE(sat)}$$

可见，当负载 R_L 在 0～1.5 kΩ 内变化时，该电流源电路可保证 3 mA 电流输出。

知识拓展　晶体管镜像电流源电路

图 2.2.2 所示为实用晶体管电流源电路，它由两个特性相同的晶体管构成，并公用一个直流电源 V_{CC}。晶体管 VT_2 为电流源的输出电路，I_C 为电流源输出电流，R_L 为负载电阻；晶体管 VT_1 将集电极与基极短接后与电阻 R 串联构成 VT_2 的基极偏置电路。由图 2.2.2 中 V_{CC}、R、VT_1 的 B、E 回路可得

$$I_{REF} = \frac{V_{CC} - U_{BE}}{R} \tag{2.2.2}$$

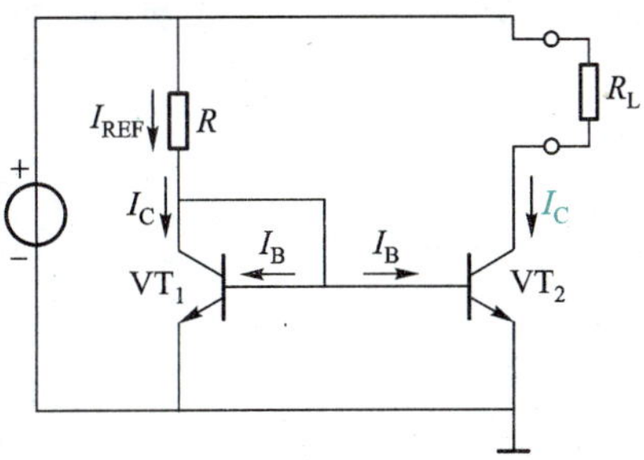

图 2.2.2　晶体管镜像电流源电路

由于 VT_1、VT_2 两管特性相同，发射结电压也相同，所以两者的集电极电流相等。当 $\beta \gg 1$，基极电流 I_B 很小，则电流源输出电流 $I_C = I_{REF}$。只要 VT_2 工作在放大区，I_C 将不受 R_L 的影响，保证为恒值 I_{REF}。若需调节电流源输出电流，可改变电阻 R 的大小来实现。因此将 I_{REF} 称为电流源基准电流。又因流过 VT_1、VT_2 两管的电流完全相等，这种电流源电路常称为镜像电流源电路，它在差分电路以及模拟集成电路中应用十分广泛。

2.2.2　晶体管开关电路

利用晶体管的饱和和截止特性可构成开关电路，图 2.2.3(a) 所示为用以控制发光二极管 LED 的开关电路。图中符号“⊥”是作为信号与直流电源的参考零电位，$+V_{CC}$ 表示小圆圈与地之间接有 V_{CC} 的直流电源，“⊥”作为电源的“-”端，因“-”端作为参考零电位，所以不再标明其极性。

在图 2.2.3(a) 中，当输入电压 u_I 为高电平 U_{IH} 时，晶体管 VT 工作在饱和状态，C、E 间等效为开关闭合，LED 导通发光，如图 2.2.3(b) 所示；当输入 u_I 为低电平 0 V 时，晶体管截止，C、E 间等效为开关断开，LED 不能导通发光，如图 2.2.3(c) 所示。可见晶体管起到一个开关作用，是一个受基极输入电压 u_I 控制的电子开关，用以驱动发光二极管 LED 的亮与不亮。那么为什么不将 u_I 直接加到 LED 上来驱动呢？这是因为点亮 LED 需要一定的驱动电流，典型值约为 10 mA，当信号源驱动电流能力不够时，利用晶体管 $I_C > I_B$ 的电流放大作用，便可提高信号源的驱动灵敏度。

【例 2.2.2】 图 2.2.4(a) 所示晶体管开关电路中，已知晶体管 $\beta = 50$，输入电压为一方波，如图 2.2.4(b) 所示，试对应 u_I 画出输出电压 u_O 的波形。

解： 当 $u_I = 0$ V 时，晶体管发射结零偏而截止，$i_C \approx 0$，故 $u_O = 5$ V；当 $u_I = 3.6$ V 时，晶体管

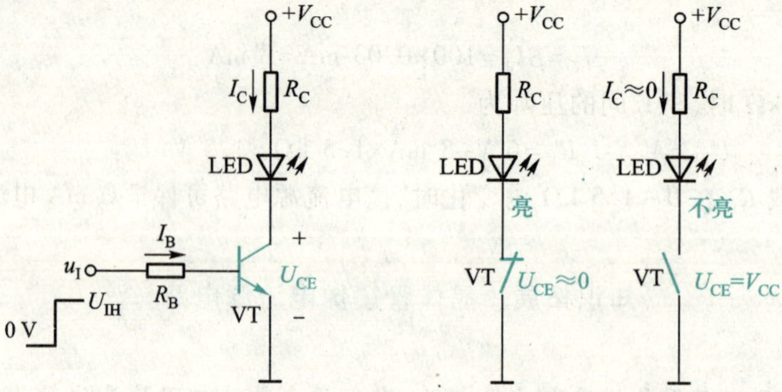

(a) 晶体管开关电路 (b) 晶体管饱和LED亮 (c) 晶体管截止LED不亮

图 2.2.3 晶体管驱动 LED 开关电路

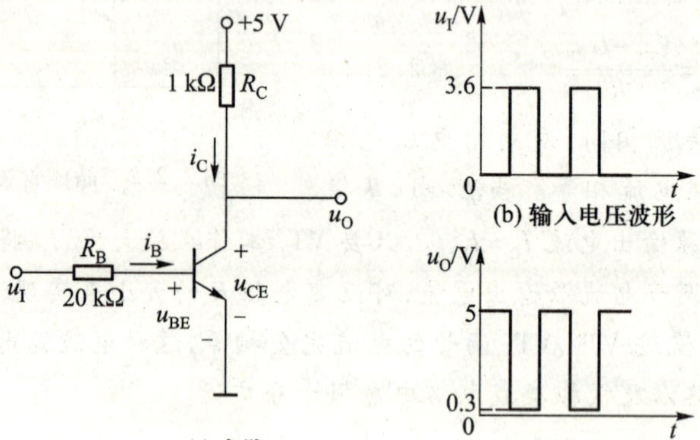

(a) 电路 (b) 输入电压波形 (c) 输出电压波形

图 2.2.4 晶体管反相器

发射结正偏导通，由图可求得晶体管的基极电流 i_B 为

$$i_B=\frac{u_I-U_{BE}}{R_B}=\frac{(3.6-0.7)\ \text{V}}{20\ \text{k}\Omega}=0.145\ \text{mA}$$

若晶体管工作在饱和导通状态，并设管子的饱和压降 $U_{CE(sat)}=0.3\ \text{V}$，由此求得晶体管集电极饱和电流 I_{CS} 为

$$I_{CS}=\frac{V_{CC}-U_{CE(sat)}}{R_C}=\frac{(5-0.3)\ \text{V}}{1\ \text{k}\Omega}=4.7\ \text{mA}$$

由此可得晶体管临界基极电流（即晶体管饱和所需最小基极电流）I_{BS} 为

$$I_{BS}=\frac{I_{CS}}{\beta}=\frac{4.7\ \text{mA}}{50}=0.094\ \text{mA}$$

由于 $i_B>I_{BS}$，因此晶体管处于饱和导通状态，输出电压 $u_O=U_{CE(sat)}=0.3\ \text{V}$。

根据上述分析结果，可画出输出电压 u_O 的波形，如图 2.2.4(c)所示，由于输出电压 u_O 与输入电压 u_I 反相，故该电路称为反相器，又称非门电路。

想一想 如何判断电路中晶体管的工作状态?

2.2.3 晶体管放大电路

1. 晶体管放大电路的组成

放大电路是电子电路中应用最为广泛的基本电路,其作用是将输入信号进行不失真放大。由晶体管组成的基本放大电路如图 2.2.5 所示,它为由 NPN 型管子组成的共发射极放大电路。图中,u_i 为待放大的输入电压,u_o 为放大后的输出电压。基极直流电源 V_{BB} 经 R_B 给晶体管发射结加正向偏置电压,集电极直流电源 V_{CC} 经 R_C 给晶体管集电结加反向偏置电压,从而使晶体管工作于放大区。R_C 称为集电极直流负载电阻,利用它的降压作用,将集电极电流的变化转变为集电极电压的变化,从而实现电压信号的放大;C_1、C_2 用以隔断直流、耦合交流,称为隔直电容或耦合电容,其容量应足够大,使其对交流信号的容抗近似为零。图中符号“⊥”为电路的公共端,即为信号和直流电源的参考零电位,称为“地”。

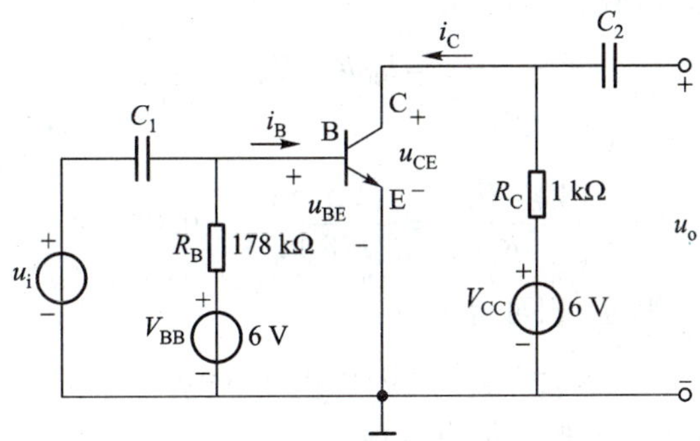

图 2.2.5 共发射极基本放大电路

2. 放大电路的工作原理

放大电路中,为了便于区别各种电压、电流量,通常对其符号作如下约定:以发射结电压和基极电流为例,直流量用 U_{BE}、I_B 表示;静态量用 U_{BEQ}、I_{BQ} 表示;交流量的瞬时值用 u_{be}、i_b 表示;交流量的幅值用 U_{bem}、I_{bm} 表示;信号总量用 u_{BE}、i_B 表示。

(1) 静态工作状态与直流通路

当放大电路接通直流电源而输入信号为零时,其工作状态称为静态,这时电路中电压、电流只有直流量。由于电容有隔直作用,可将图 2.2.5 中的电容 C_1、C_2 断开,如图 2.2.6(a)所示,将它称为电路的直流通路(即直流电源作用形成的电流通路)。在图中画出了基极和集电极静态电流 I_{BQ}、I_{CQ} 的流通途径,并标出基极与发射极、集电极与发射极间的静态电压 U_{BEQ}、U_{CEQ}。U_{BEQ}、I_{BQ}、I_{CQ}、U_{CEQ} 在晶体管的输入、输出特性曲线上可以确定一个点 Q,如图 2.2.6(b)、(c)所示。Q 点称为放大电路的静态工作点,故在它们符号的下标中标记为 Q。由于晶体管导通后输入特性具有恒压特性,所以工程上小功率管常取硅管 $U_{BEQ}=U_{BE(on)}=0.7$ V,锗管取 $U_{BEQ}=0.2$ V。

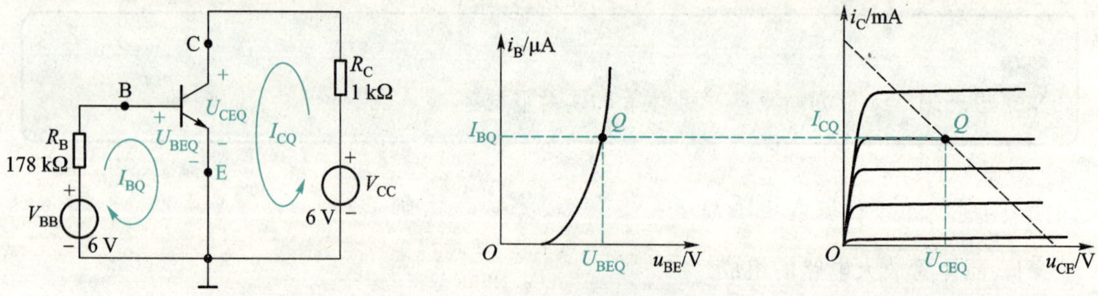

(a) 直流通路　　(b) 输入特性中Q点　　(c) 输出特性中Q点

图 2.2.6　放大电路静态工作点

【例 2.2.3】 在图 2.2.6(a)中,晶体管采用硅管,$\beta=100$,求该放大电路的静态工作点 U_{BEQ}、I_{BQ}、I_{CQ} 和 U_{CEQ}。

解:由于发射结正偏导通,所以

$$U_{BEQ}=U_{BE(on)}=0.7\ V$$

由图 2.2.6(a)的基极回路可列出方程

$$V_{BB}=I_{BQ}R_B+U_{BEQ}$$

由此可得

$$I_{BQ}=\frac{V_{BB}-U_{BEQ}}{R_B}=\frac{(6-0.7)\ V}{178\ k\Omega}=0.03\ mA$$

当晶体管工作于放大状态,则可得到

$$I_{CQ}=\beta I_{BQ}=100\times0.03\ mA=3\ mA$$

由图 2.2.6(a)的集电极回路可列出方程

$$V_{CC}=I_{CQ}R_C+U_{CEQ}$$

由此可得

$$U_{CEQ}=V_{CC}-I_{CQ}R_C=6\ V-3\ m\times1\ k\Omega=3\ V$$

由于 $U_{CEQ}=3\ V>U_{BEQ}(0.7\ V)$,所以晶体管工作于放大状态,上述计算结果有效,即放大电路静态工作点为:$U_{BEQ}=0.7\ V$、$I_{BQ}=0.03\ mA$、$I_{CQ}=3\ mA$、$U_{CEQ}=3\ V$。

知识拓展　放大电路静态工作点的图解

当已知晶体管的输出特性曲线时,放大电路的静态工作点也可以通过图解求得。下面结合例题,说明静态工作点的图解方法。

【例 2.2.4】 已知图 2.2.6(a)放大电路中晶体管输出特性曲线如图 2.2.7 所示,试用图解法求放大电路的静态工作点。

解:通常先用估算法求得 $I_{BQ}=30\ \mu A$,然后再对晶体管的输出回路进行图解。根据图 2.2.6(a)所示晶体管的输出回路,可写出方程

$$u_{CE}=V_{CC}-i_C R_C \qquad (2.2.3)$$

式(2.2.3)表示晶体管输出端外电路的伏安特性是一个直线方程，由该方程可以在输出特性曲线上作一条直线，称为晶体管输出回路的直流负载线，由此可在图 2.2.7 中作一条斜率为 $-1/R_C$ 的直线 MN。令 $i_C=0$，则 $u_{CE}=V_{CC}=6$ V，可得横轴截点 M(6 V、0 mA)；令 $u_{CE}=0$，得 $i_C=V_{CC}/R_C=6$ mA，可得纵轴截点 N(0 V、6 mA)。该直线与 $I_{BQ}=30$ μA 对应的输出特性曲线的交点为 Q，如图 2.2.7 所示，由 Q 点的坐标可得 $I_{CQ}=3$ mA，$U_{CEQ}=3$ V。可见，与例 2.2.3 用估算法所得结果一致。同时由图2.2.7 可直观地看到此时 Q 点处于放大区。Q 点的位置很重要，只有当 Q 点处于放大区时，放大电路才具有放大作用。

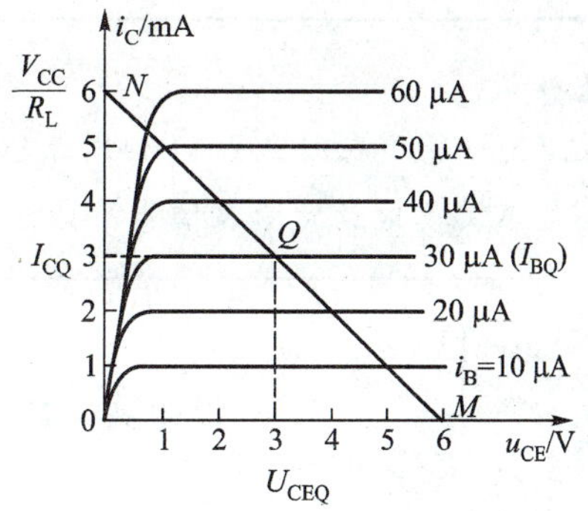

图 2.2.7　放大电路静态工作点的图解

(2) 动态工作波形

有信号输入时电路的工作状态称为动态。设输入电压 u_i 为小信号正弦波，它通过 C_1 加到晶体管的基极后，各极电流和极间电压均在直流量的基础上叠加了一个随 u_i 而变化的交流量，如图2.2.8 所示。由于 u_i 很小，略去其失真，各极电压、电流的直流量为放大电路的静态工作点 U_{BEQ}、I_{BQ}、I_{CQ} 和 U_{CEQ}，交流量均为与 u_i 相同的正弦信号。

图 2.2.8(a)为放大电路输入回路的工作波形，图 2.2.8(b)为输出回路的工作波形。图 2.2.8(a)中基极电流 i_B 经过晶体管放大后变为图 2.2.8(b)中集电极电流 i_C，图中 $I_{CQ}=\beta I_{BQ}$，$i_c=\beta i_b$。

输出回路中，由于集电极负载电阻 R_C 的降压作用，使晶体管 C、E 间的电压 $u_{CE}=V_{CC}-i_C R_C$，i_C 增大时，u_{CE} 反而减小，电压波形变化与 i_C 波形变化反相。

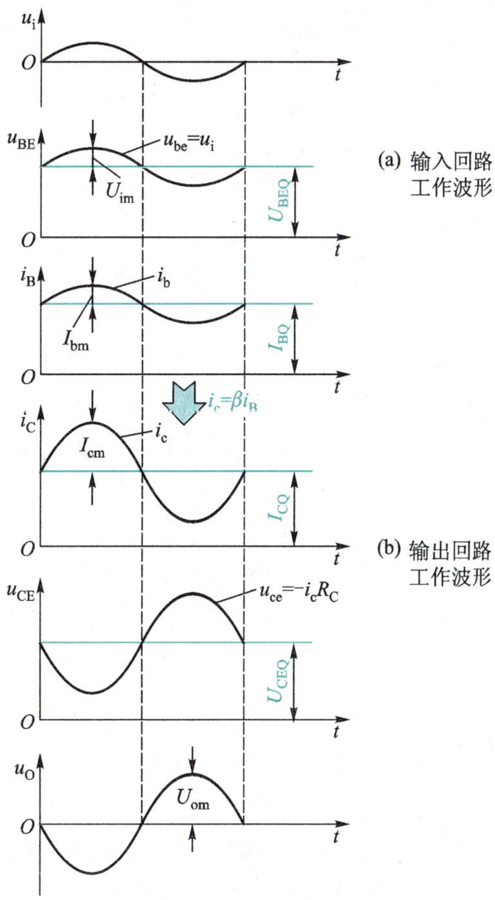

图 2.2.8　共发射极放大电路的工作波形

u_{CE}经 C_2 隔除直流电压 U_{CEQ}后，得到输出电压 $u_o=u_{ce}=-i_c R_C$。显然放大电路输出电压 u_o 为与输入电压 u_i 反相的正弦波信号，它等于负载电阻 R_C 上交流压降的负值。只要电路参数选择合适，u_o 可比 u_i 大得多，从而实现了信号的放大作用。

想一想 在图 2.2.8(a)所示输入回路工作波形中，如果 $U_{BEQ}<U_{im}$，放大电路还能不能不失真地放大输入信号？为什么？

知识拓展 放大电路的饱和失真和截止失真

放大电路的静态工作点不合适，将会引起输出电压波形的失真。对于 NPN 型管共发射极放大电路，当静态工作点 I_{CQ} 过大，将会导致在输入信号 u_i 正半周的一段时间内，动态工作点进入晶体管的饱和区，这时 i_C 将不随 i_B 增大而正比增大，使输出电压 u_o 负半周波形的底部被削平，如图 2.2.9(b)所示，产生了饱和失真。当静态工作点 I_{CQ} 过小时将会导致在输入信号 u_i 负半周的一段时间内，动态工作点进入晶体管的截止区，这时输出电压 u_o 正半周波形的顶部被削平，如图 2.2.9(c)所示，产生了截止失真。

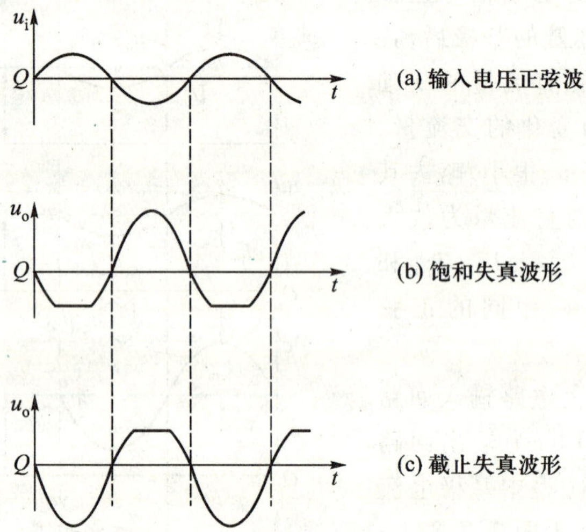

图 2.2.9 放大电路饱和失真和截止失真

(3) 放大电路的交流通路与放大倍数

由上述讨论可清楚地看到，在放大电路中，既要加上直流电源，又要接入交流信号源，晶体管各极电流和极间电压都是在直流量上叠加随输入信号变化的交流量，放大电路处于交直流并存的状态。当交流输入信号幅度很小时，放大电路工作在线性放大状态。因此可用线性电路中的叠加定理，把放大电路人为分成直流通路和交流通路，利用直流通路可求得电路的静态工作点，这在前面已作了分析；交流通路是指放大电路在输入交流信号源的作用下所形成的电流通路。

对图 2.2.5 所示的放大电路，其交流电流流通的路径如图 2.2.10(a)所示。由于 C_1、C_2 对交流信号可视为短路；直流电源 V_{CC}、V_{BB} 的内阻很小，对交流也可视为短路，则图 2.2.10

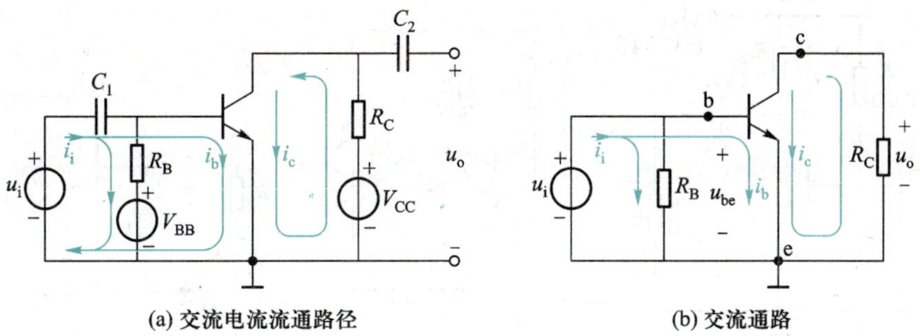

图 2.2.10　共发射极基本放大电路交流通路

(a)可简化为图 2.2.10(b)所示的交流通路。图中,晶体管三个电极用小写字母 b、c、e 标出,电流、电压均用交流瞬时值表示。由图可见,在交流输入电压 u_i 的作用下,在输入回路产生交流输入电流 i_i 和基极电流 i_b 及交流电压 u_{be},通过晶体管的放大,在放大电路的输出回路产生交流电流 i_c 及交流输出电压 u_o。由图不难得到

$$u_o = -i_c R_C = -\beta i_b R_C \tag{2.2.4}$$

放大电路的输入电压 u_i 为

$$u_i = u_{be} = i_b r_{be} \tag{2.2.5}$$

式中,r_{be}为晶体管 b、e 之间的交流等效电阻,称为晶体管共发射极输入电阻,其大小与晶体管静态工作点电流 I_{EQ}有关,工程上可用下式估算

$$r_{be} = r_{bb'} + (1+\beta)\frac{U_T}{I_{EQ}} \tag{2.2.6}$$

式中,$r_{bb'}$为晶体管的基区体电阻,不同型号管子的 $r_{bb'}$值不相同,从几十欧到几百欧,可以从器件手册中查到。对低频小功率管,一般可取 $r_{bb'}$为 300 Ω。U_T 为温度电压当量,在室温(300 K)时,其值约为 26 mV,这样式(2.2.6)可写成

$$r_{be} = 300\ \Omega + (1+\beta)\frac{26\ \text{mV}}{I_{EQ}\ \text{mA}} \tag{2.2.7}$$

需要指出,实验表明 I_{EQ}在 0.1 ~5 mA 范围内,上式计算结果误差比较小。

电压放大倍数是用来衡量放大电路性能的最重要技术指标,它定义为输出电压 u_o 与输入电压 u_i 之比,即

$$A_u = \frac{u_o}{u_i} \tag{2.2.8}$$

由式(2.2.4)和式(2.2.5)可得共发射极基本放大电路的电压放大倍数为

$$A_u = \frac{-\beta i_b R_C}{i_b r_{be}} = -\beta\frac{R_C}{r_{be}} \tag{2.2.9}$$

式中,负号说明放大电路输出电压 u_o 与输入电压 u_i 相位相反。

【例 2.2.5】 由 NPN 型硅管组成的放大电路如图 2.2.11 所示,R_S 为信号源内阻,R_L 为放大电路外接负载电阻,C_1、C_2 为耦合电容,它们对交流信号的容抗近似为零。已知晶体管 $\beta=100$,当 $u_s=10\sin(\omega t)$mV 时,试求:(1) 放大电路的静态工作点;(2) 放大电路的输入电压 u_i、输出电压 u_o 以及电压放大倍数 A_u。

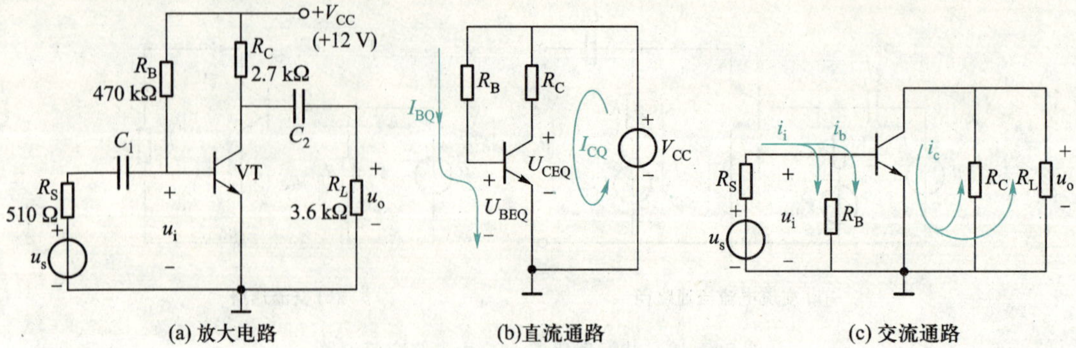

图 2.2.11 实用共发射极放大电路

解:(1) 求静态工作点

图 2.2.11(a)中,C_1、C_2 对直流可视为开路,因此可画出直流通路如图 2.2.11(b)所示,由图可得

$$I_{BQ}=\frac{V_{CC}-U_{BEQ}}{R_B}=\frac{(12-0.7)\ \text{V}}{470\ \text{k}\Omega}=0.024\ \text{mA}$$

$$I_{CQ}=\beta I_{BQ}=100\times0.024\ \text{mA}=2.4\ \text{mA}$$

$$U_{CEQ}=V_{CC}-I_{CQ}R_C=12\ \text{V}-2.4\ \text{mA}\times2.7\ \text{k}\Omega=5.5\ \text{V}$$

(2) 求 u_i、u_o 和 A_u

由于 C_1、C_2 对交流信号可视为短路,直流电源 V_{CC} 内阻很小,可视为短路,电源端视为交流接地,则可画出图 2.2.11(a)的交流通路如图 2.2.11(c)所示。由于

$$I_{EQ}=I_{BQ}+I_{CQ}=\frac{I_{CQ}}{\beta}+I_{CQ}\approx I_{CQ}=2.4\ \text{mA}$$

则
$$r_{be}=300\ \Omega+(1+\beta)\frac{26(\text{mV})}{I_{EQ}(\text{mA})}=300\ \Omega+101\times\frac{26\ \text{mV}}{2.4\ \text{mA}}\approx1.4\ \text{k}\Omega$$

因此,由图 2.2.11(c)可求得

$$u_i=\frac{u_s(R_B/\!/r_{be})}{R_S+R_B/\!/R_S}=\frac{10\sin(\omega t)\frac{470\times1.4}{470+1.4}}{0.51+\frac{470\times1.4}{470+1.4}}\ \text{mV}=7.3\sin(\omega t)\,\text{mV}$$

$$i_b=\frac{u_i}{r_{be}}=\frac{7.3\sin(\omega t)\,\text{mV}}{1.4\ \text{k}\Omega}=5.2\sin(\omega t)\,\mu\text{A}$$

$$u_o=-i_c(R_C/\!/R_L)=-\beta i_b(R_C/\!/R_L)=-100\times5.2\sin(\omega t)\frac{2.7\times3.6}{2.7+3.6}\ \text{V}$$
$$=-0.8\sin(\omega t)\,\text{V}$$

放大电路的电压放大倍数为

$$A_u=\frac{u_o}{u_i}=\frac{-\beta i_b(R_C/\!/R_L)}{i_b r_{be}}=-\beta\frac{R_C/\!/R_L}{r_{be}}=-100\times\frac{\frac{2.7\times3.6}{2.7+3.6}}{1.4}\approx-110$$

知识拓展　**晶体管 H 参数小信号等效电路**

当输入交流信号很小时，放大电路中晶体管各极电压、电流的关系近似为线性关系，这样就可以把晶体管特性线性化，用一个小信号等效电路来等效。在低频常采用简化 H 参数小信号等效电路，如图 2.2.12 所示。图中，晶体管输入端（b、e 间）等效为动态电阻 r_{be}，输出端（c、e 间）等效为受控电流源 βi_b，其大小和方向均由 i_b 决定。小信号等效电路也称为微变等效电路。这样晶体管处于低频小信号放大状态时，可用图 2.2.12(b) 所示等效电路分析计算电路的交流性能，从而使复杂的电路计算大为简化。

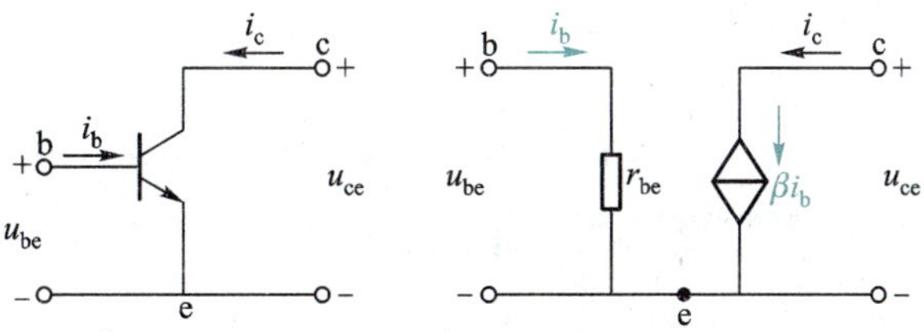

(a) 晶体管双口网络　　(b) H参数简化小信号电路模型

图 2.2.12　晶体管的 H 参数小信号等效电路

复习题

1. 晶体管电流源电路有何特点？电流源电路中晶体管工作在什么状态？
2. 何谓晶体管的开关作用？如何判断晶体管工作在开关状态？
3. 何谓直流通路和交流通路？直流通路和交流通路有何用途？画直流通路、交流通路的要点是什么？
4. 晶体管的输入电阻 r_{be} 如何估算？它与静态工作点有何关系？r_{be} 的大小对放大电路的放大倍数有何影响？

2.3　场效应管及其基本应用

场效应管即单极型三极管，简称 FET。与晶体管相比，场效应管具有输入阻抗非常高、噪声低、热稳定性好、功耗低、抗辐射能力强等优点，而且制造工艺简单、占有芯片面积小、器件特性便于控制、功耗小，特别适宜于大规模集成，因此在大规模和超大规模集成电路中得到广泛应用。

根据结构的不同，场效应管主要有两大类：结型场效应管（简称 JFET，即 Junction type Field Effect Transistor）和金属－氧化物－半导体场效应管（简称 MOSFET，即 Metal－Oxide－Semiconductor type Field Effect Transistor）。结型场效应管和 MOS 场效应管都有 N 沟道和 P 沟道之分，MOS 场效应管还有增强型和耗尽型之分，所以场效应管共分六种类型。

2.3.1　场效应管的结构、符号及其工作原理

一、N 沟道增强型 MOS 管

1. 结构与图形符号

N 沟道增强型 MOS 管简称为 NEMOS（EMOS 即 Enhancement MOS）管，其结构示意图如图 2.3.1(a)所示。它以一块掺杂浓度较低的 P 型硅片作衬底，在衬底上面的左、右两侧利用扩散的方法形成两个高掺杂的 N^+ 区，并用金属铝引出两个电极，称为源极 S 和漏极 D；然后在硅片表面生长一层很薄的二氧化硅（SiO_2）绝缘层，在漏源之间的绝缘层上再喷一层金属铝作为栅极 G；另外在衬底引出衬底引线 B（它通常已在管内与源极相连）。可见这种场效应管由金属、氧化物和半导体组成，故称 MOS 管。由于栅极与源极、漏极之间均无电的接触，故称绝缘栅，显然，栅极电流为零。

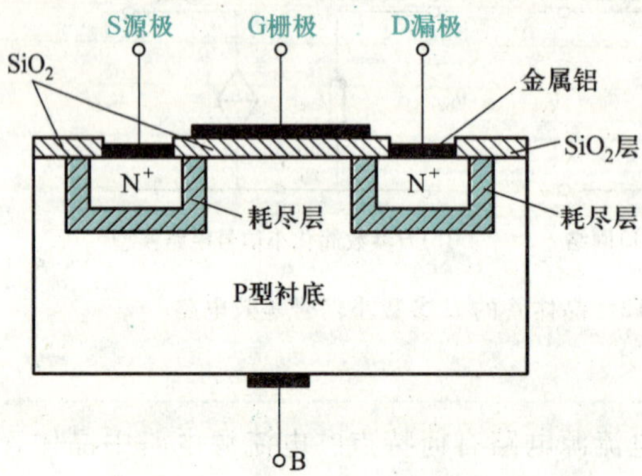

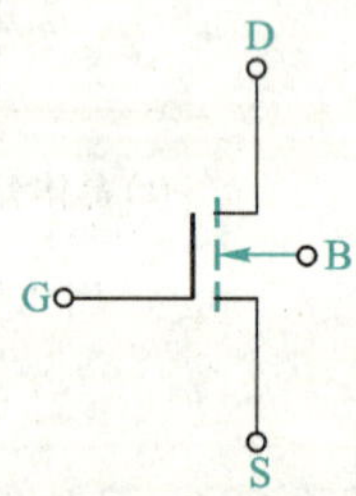

图 2.3.1　N 沟道增强型 MOS 管的结构与图形符号

N 沟道增强型 MOS 管的图形符号如图 2.3.1(b)所示，图中衬底极的箭头方向是区别沟道类型的标志，若将图 2.3.1(b)中的箭头反向，就成为 P 沟道 MOS 管的符号。场效应管中箭头的方向总是从 P 型半导体指向 N 型半导体，所以根据箭头方向就可知道衬底的类型，从而进一步判知沟道类型。读者只要在下面的学习中留意该箭头与衬底、沟道类型之间的对应关系，就不难理解这种箭头表示规律。

2. 工作原理

由图 2.3.1(a)可见，漏区（N^+型）、衬底（P 型）和源区（N^+型）之间形成两个背靠背的 PN 结，当 G、S 之间无外加电压时（即 $u_{GS}=0$），无论在 D、S 之间加何种极性的电压，总有一个 PN 结是反偏的，D、S 之间无电流流过。

若给 G、S 之间加上正电压 u_{GS}，且源极 S 与衬底 B 相连时（通常情况下，S、B 是相连的），则在正电压 u_{GS} 的作用下，栅极下的 SiO_2 绝缘层中将产生一个垂直于半导体表面的电场，其方向由栅极指向 P 型衬底，如图 2.3.2 所示。该电场是排斥空穴而吸引电子的，当 u_{GS} 足够大时，该电场可吸引足够多的电子，使栅极附近的 P 型衬底表面形成一个 N 型薄层。由于它是在 P 型衬底上形成的 N 型层，故称为反型层。这个 N 型反型层将两个 N^+ 区连通，这时只要在 D、S 之间加上正向电压，电子就会沿着反型层由源极向漏极运动，形成漏极电

流 i_D，如图 2.3.2 所示。故 N 型反型层构成了 D、S 之间的 N 型导电沟道。

将开始形成反型层所需的栅源电压称为开启电压，通常用 $U_{GS(th)}$ 表示，其值由管子的工艺参数确定。由于这种场效应管无原始导电沟道，只有当栅源电压大于开启电动 $U_{GS(th)}$ 时，才能产生导电沟道，故称为增强型 MOS 管。产生导电沟道后，若继续增大 u_{GS} 值，则导电沟道加宽，沟道电阻减小，漏极电流 i_D 增大。

综上可见，场效应管具有压控电流作用，通过控制输入电压 u_{GS}，可以控制输出电流 i_D 的有无或大小。

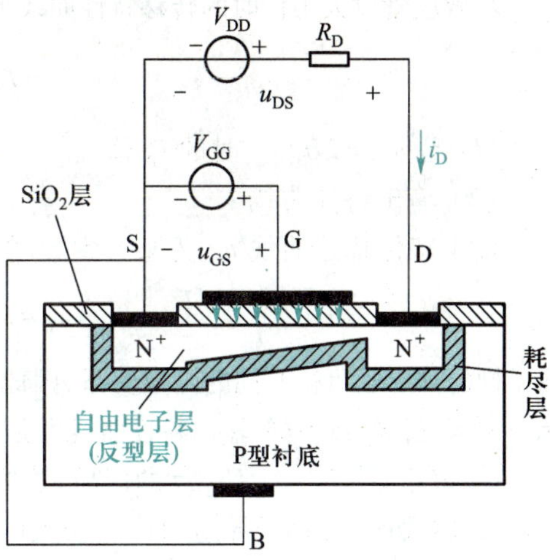

图 2.3.2 N 沟道增强型 MOS 管的导电沟道

想一想 场效应管的漏极电流 i_D 与晶体管集电极电流 i_C 有什么区别？它们分别受什么控制的？

3. 伏安特性曲线

下面按图 2.3.2 所示电路讨论 N 沟道增强型 MOS 管的伏安特性曲线。

(1) 转移特性曲线

转移特性曲线描述 u_{DS} 为某一常数时，i_D 与 u_{GS} 之间的函数关系，即

$$i_D = f(u_{GS})\Big|_{u_{DS}=\text{常数}} \tag{2.3.1}$$

它反映的正是前面讲过的输入电压 u_{GS} 对输出电流 i_D 的控制作用。

实践表明，当场效应管放大工作时，u_{DS} 对 i_D 的影响极小，对于不同的 u_{DS} 转移特性曲线基本上重合，如图 2.3.3(a)所示。在 $u_{GS} \leqslant U_{GS(th)}$ 时，因为无导电沟道，因此 $i_D = 0$；当 $u_{GS} > U_{GS(th)}$ 时，产生反型层导电沟道，因此 $i_D \neq 0$；增大 u_{GS}，则导电沟道变宽，i_D 增大。

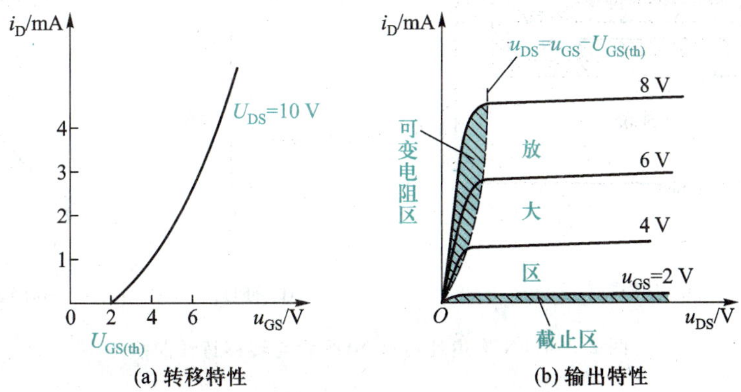

图 2.3.3 N 沟道增强型 MOS 管的特性曲线

场效应管放大工作时的转移特性曲线近似地具有平方律特性，对增强型 MOS 管可表示为

$$i_D = I_{DO}\left(\frac{u_{GS}}{U_{GS(th)}}-1\right)^2 \tag{2.3.2}$$

式中，I_{DO}是 $u_{GS}=2U_{GS(th)}$ 时的 i_D 值。

（2）输出特性曲线

输出特性描述曲线 u_{GS}为某一常数时，i_D 与 u_{DS}之间的函数关系，即

$$i_D = f(u_{DS})\Big|_{u_{GS}=\text{常数}} \tag{2.3.3}$$

取不同的 u_{GS}值，可得不同的函数关系，因此画出的输出特性曲线为一簇曲线，如图 2.3.3(b)所示。根据工作特点不同，输出特性曲线可分为三个工作区域，即可变电阻区、放大区和截止区。

① 截止区：指 $u_{GS}<U_{GS(th)}$ 的区域，这时因为无导电沟道，所以 $i_D=0$，管子截止。

② 放大区：指管子导通，且 u_{GS}较大（满足 $u_{DS}>u_{GS}-U_{GS(th)}$ 的区域），曲线为一簇基本平行于 u_{DS}轴的略上翘的直线，说明 i_D 基本上仅受 u_{GS}控制而与 u_{DS}无关。i_D 不随 u_{DS}而变化的现象在场效应管中称为饱和，所以这一区域又称为饱和区。在这一区域内，场效应管的 D、S 间相当于一个受电压 u_{GS}控制的电流源，故又称为恒流区。场效应管用于放大电路时，一般就工作于该区域，所以也称为放大区。

③ 可变电阻区（也称非饱和区）：指管子导通，但 u_{DS}较小的区域，伏安特性曲线为一簇直线，说明当 u_{GS}一定时，i_D 与 u_{DS}呈线性关系，D、S 间等效为电阻；改变 u_{GS}可改变直线的斜率，也就是控制了电阻值，因此 D、S 间可等效为一个受电压 u_{GS}控制的可变电阻，所以称为可变电阻区。图 2.3.3(b)中虚线是根据 $u_{DS}=u_{GS}-U_{GS(th)}$ 画出的，称为预夹断轨迹，它是放大区和可变电阻区的分界线，当 $u_{DS}>u_{GS}-U_{GS(th)}$时，管子工作于放大区；当 $u_{DS}<u_{GS}-U_{GS(th)}$时，则工作于可变电阻区。

二、N 沟道耗尽型 MOS 管

N 沟道耗尽型 MOS 管简称为 NDMOS 管（DMOS 即 Depletion MOS），其结构与 N 沟道增强型 MOS 管的基本相同，但在制造耗尽型 MOS 管时，通常在二氧化硅（SiO_2）绝缘层中掺入大量的正离子，由于正离子的作用，使漏源间的 P 型衬底表面在 $u_{GS}=0$ 时已感应出 N 反型层，形成导电沟道，如图 2.3.4(a)所示，耗尽型 NMOS 管的图形符号如图 2.3.4(b)所示。

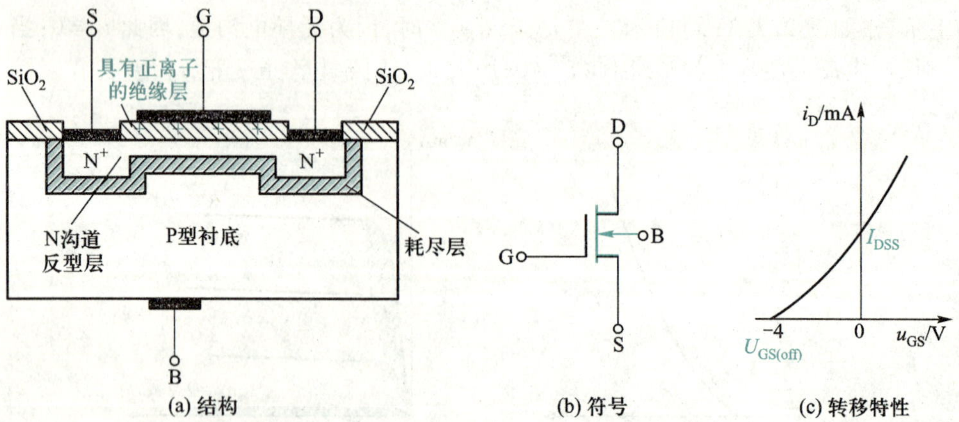

图 2.3.4 N 沟道耗尽型 MOS 管与转移特性曲线

耗尽型 NMOS 管的工作原理也与增强型的相似，具有压控电流作用。由于存在原始导电沟道，因此若在 D、S 之间加上正向电压 u_{DS}，则在 $u_{GS}=0$ 时就有电流 i_D 流通；当 u_{GS} 由零值向正值增大时，反型层增厚，i_D 增大；反之，当 u_{GS} 由零值向负值增大时，反型层变薄，i_D 减小。当 u_{GS} 负向增大到某一数值时，反型层会消失，这时 $i_D=0$，管子截止。i_D 与 u_{GS} 的关系曲线如图 2.3.4（c）所示，即为 N 沟道耗尽型 MOS 管的转移特性曲线，图中 I_{DSS} 称为漏极饱和电流，它是 $u_{GS}=0$ 时的漏电流；$U_{GS(off)}$ 称为夹断电压；它是 $i_D=0$ 时的栅源电压。由于 N 沟道耗尽型 MOS 管在 u_{GS} 为正、负、零时均可导通工作，因此应用起来比增强型管灵活方便。

当工作于放大区时，转移特性曲线可近似表示为

$$i_D = I_{DSS}\left(1-\frac{u_{GS}}{u_{GS(off)}}\right)^2 \tag{2.3.4}$$

想一想 N 沟道增强型 MOS 管和 N 沟道耗尽型 MOS 管在 $i_D=0$ 时，两者的 u_{GS} 有什么不一样？为什么？

三、P 沟道 MOS 管

P 沟道 MOS 管其结构、工作原理与 N 沟道 MOS 管相似，P 沟道 MOS 管以 N 型半导体硅为衬底，两个 P^+ 区分别为源极和漏极，导电沟道为 P 型反型层。使用时，u_{GS}、u_{DS} 的极性与 N 沟道 MOS 管的相反，漏极电流 i_D 的方向也相反，即由源极流向漏极。

P 沟道 MOS 管也有增强型和耗尽型两种，其图形符号和转移特性示于表 2.3.1 中。

表 2.3.1 各种场效应管的符号及转移特性

类型	N 沟道			P 沟道		
	MOS		结型	MOS		结型
	增强型	耗尽型	耗尽型	增强型	耗尽型	耗尽型
符号及电压极性	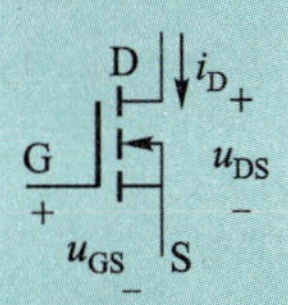	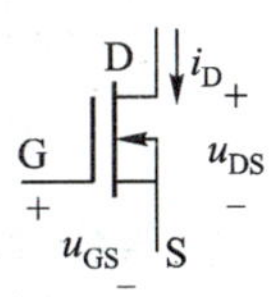	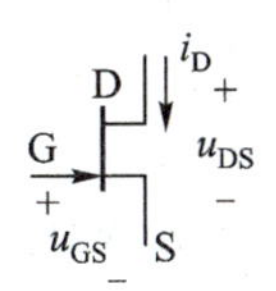	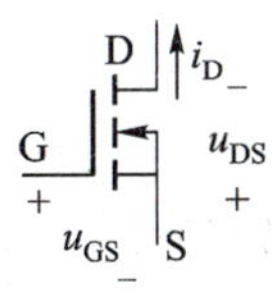	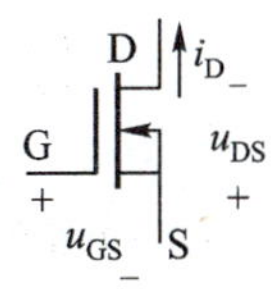	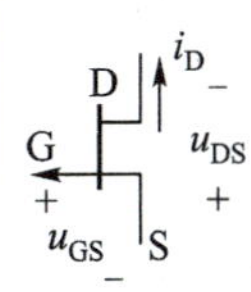
转移特性	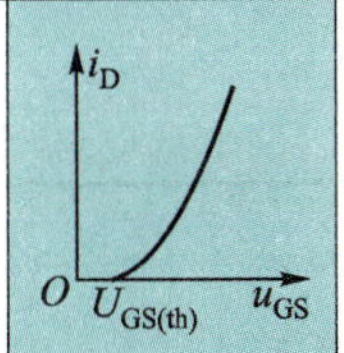	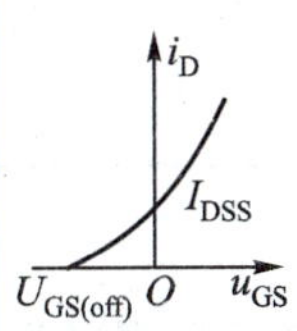	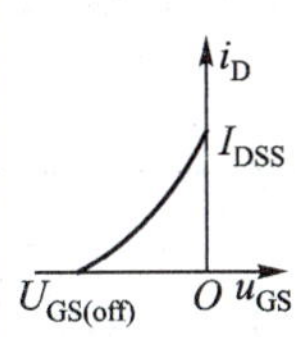	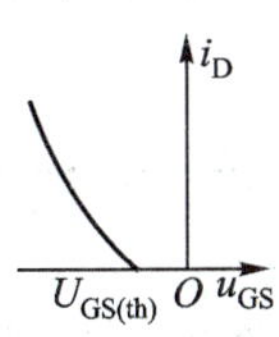	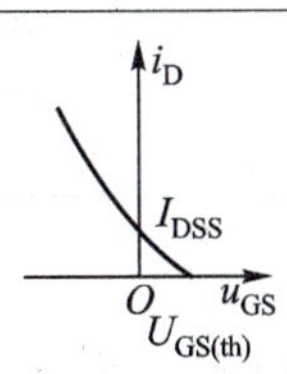	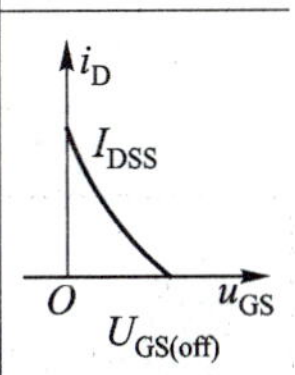

四、结型场效应管

结型场效应管的结构、工作原理与 MOS 管有所不同，但它也是利用 u_{GS} 来控制输出电流 i_D，其特性与 MOS 管类似。

结型场效应管只有 N 沟道和 P 沟道耗尽型两种，它们的图形符号及转移特性曲线均示于表 2.3.1 中。

结型场效应管的栅极不是绝缘的，为了使场效应管呈现高输入电阻，栅极电流近似为零，应使栅极与沟道间的 PN 结反偏截止。因此，对于 N 沟道结型场效应管，栅极电位不能高于源极和漏极电位，要求 $u_{GS}\leqslant 0$，$u_{DS}>0$。对于 P 沟道结型场效应管，栅极电位不能低于源极和漏极电位，要求 $u_{GS}\geqslant 0$，$u_{DS}<0$。

为便于比较，把各种场效应管的符号、电压极性、转移特性曲线对应地画在表 2.3.1 中。

【例 2.3.1】 有三种场效应管，其转移特性曲线分别如图 2.3.5(a)、(b)、(c)所示。试判断它们是何种类型的管子，并画出其图形符号，对于增强型管，求出开启电压 $u_{GS(th)}$；对于耗尽型，求出夹断电压 $U_{GS(off)}$ 和饱和漏极电流 I_{DSS}。

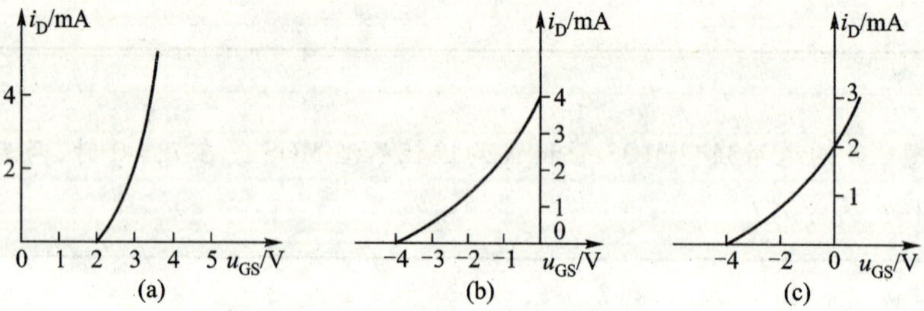

图 2.3.5 三种场效应管转移特性曲线

解：图(a)中，u_{GS}为正值，且 $u_{GS}\geqslant 2$ V 后，才有 i_D，所以它是 N 沟道增强型 MOS 管，其图形符号如图 2.3.6(a)所示，开启电压 $U_{GS(th)}=2$ V。

图(b)中，u_{GS}为零或负值，故为 N 沟道结型场效应管，图形符号如图 2.3.6(b)所示。由于 $u_{GS}=-4$ V 时，$i_D=0$，故 $U_{GS(off)}=-4$ V；由于 $u_{GS}=0$ 时，$i_D=4$ mA，故 $I_{DSS}=4$ mA。

图(c)中，u_{GS}为正、负、零，但 $U_{GS(off)}=-4$ V 时为负值，故为 N 沟道耗尽型 MOS 管，图形符号如图 2.3.6(c)所示。因 $u_{GS}=0$ 时，$i_D=2$ mA，所以 $I_{DSS}=2$ mA。

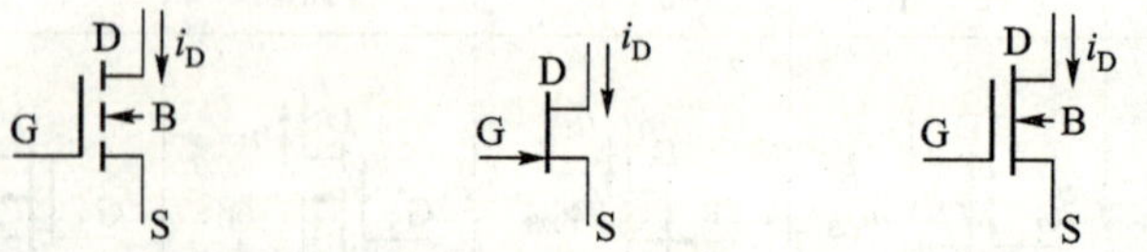

(a) N沟道增强型MOS管　(b) N沟道结型管　(c) N沟道耗尽型MOS管

图 2.3.6 图 2.3.5 所示曲线场效应管图形符号

想一想 MOS 管的三个电极分别叫什么？MOS 管可分为哪两类？

2.3.2 场效应管的主要参数

1. 开启电压 $U_{GS(th)}$ 和夹断电压 $U_{GS(off)}$

开启电压 $U_{GS(th)}$ 是增强型场效应管产生导电沟道所需的栅源电压，而夹断电压 $U_{GS(off)}$ 是耗尽型场效应管夹断导电沟道所需的栅源电压，两者的概念虽不同，却都是决定沟道有否的"门槛电压"，所以从对沟道影响的角度看，它们是同一种参数。通常，令 u_{DS} 等于某一固定值（一般为 10 V），调节 u_{GS} 使 i_D 等于某一微小电流，这时的 u_{GS} 对于增强型管为开启电压，对于耗尽型管为夹断电压。

2. 饱和漏极电流 I_{DSS}

指工作于饱和区的耗尽型场效应管在 $u_{GS}=0$ 时的漏极电流，它是耗尽型管的参数。

3. 直流输入电阻 R_{GS}

指在漏源间短路的条件下，栅源间加一定电压时的栅源直流电阻，一般大于 $10^8\ \Omega$。

4. 低频跨导 g_m（又称低频互导）

指 u_{DS} 为常数时，漏极电流的微变量和引起这个变化的栅源电压微变量之比，即

$$g_m=\left.\frac{\Delta i_D}{\Delta u_{GS}}\right|_{u_{DS}=\text{常数}} \tag{2.3.5}$$

g_m 反映了 u_{GS} 对 i_D 的控制能力，是表征场效应管放大能力的重要参数，单位为西[门子]，单位符号为 S，其值范围一般为十分之几至几毫西（mS）。

g_m 与工作点有关，其值等于转移特性曲线上工作点处切线的斜率。

5. 栅源击穿电压 $U_{(BR)GS}$

指栅源间所能承受的最大反向电压，u_{GS} 超过此值时，栅源间发生击穿。

6. 漏源击穿电压 $U_{(BR)DS}$

指漏源间能承受的最大电压，当 u_{DS} 值超过此值时，漏源间发生击穿，i_D 开始急剧增加。

7. 最大耗散功率 P_{DM}

指允许耗散在管子上的最大功率，其大小受管子最高工作温度的限制。

2.3.3 场效应管的基本应用

利用场效应管可构成放大电路、开关电路、电流源、压控电阻等，下面主要介绍基本放大电路。

一、基本放大电路

1. 电路组成

场效应管放大电路的组成原则与晶体管的类似，首先要有合适的静态工作点，使场效应管工作在放大状态，其次要有合理的交流通路，使信号能顺利传输并放大。场效应管放大电路的分析方法也与晶体管放大电路类似，先静态后动态。

由 NMOS 管构成的基本放大电路如图 2.3.7(a) 所示。图中，u_i 为待放大的输入电压，u_o 为放大电路输出电压。由于源极 S 作为输入、输出回路的公共端，所以构成共源放大电路。V_{GG} 为栅极直流电源，V_{DD} 为漏极直流电源，它们分别为场效应管提供栅源偏压和漏源偏压，以设置合适的静态工作点，保证管子工作于饱和区；R_D 为漏极负载电阻，起到将输出电流转变为输出电压的作用；R_G 为栅极电阻，用以提供栅源间直流通路；C_1、C_2 为隔直耦合电

容,它们对交流信号的容抗近似为零。

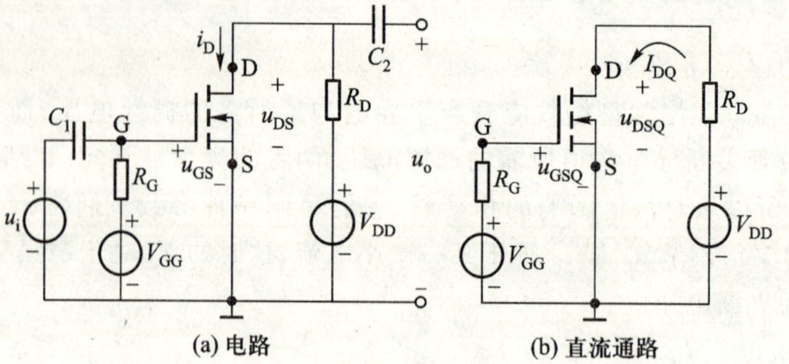

图 2.3.7 场效应管基本放大电路

2. 工作原理

(1) 静态工作点

当输入信号为零时,放大电路处于静态,断开 C_1、C_2 则得直流通路如图 2.3.7(b)所示。由于 MOS 管栅极电流为零,所以由图可求得静态工作点为

$$\left.\begin{aligned} U_{GSQ} &= V_{GG} \\ I_{DQ} &= I_{DO}\left(\frac{U_{GSQ}}{U_{GS(th)}}-1\right)^2 \\ U_{DSQ} &= V_{DD}-I_{DQ}R_D \end{aligned}\right\} \tag{2.3.6}$$

(2) 信号的放大

放大电路输入小信号正弦波电压 u_i,由于耦合电容 C_1 对交流信号可视为短路,因此 u_i 直接加至 G、S 之间与静态时的电压 U_{GSQ} 相叠加,即 $u_{GS}=U_{GSQ}+u_i$,其波形如图 2.3.8 中的①所示。

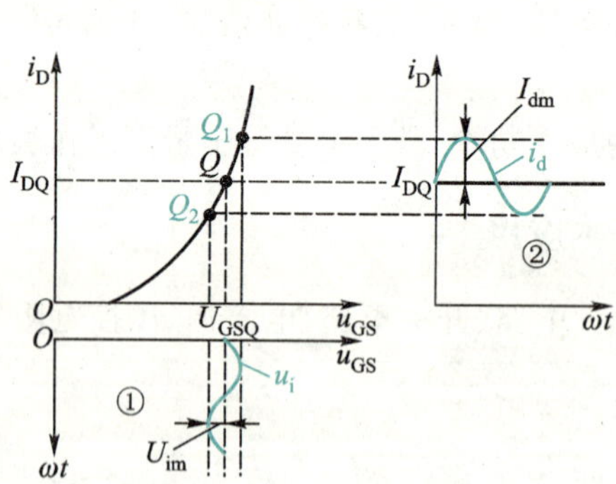

图 2.3.8 场效应管放大电路动态工作波形

设静态工作点取值合适,能保证管子工作于饱和区,则可在转移特性曲线上根据 u_{GS} 变化规律画出对应的 i_D 波形,如图 2.3.8 中②所示。可见,i_D 也由直流量和交流量叠加而成。由于 u_i 幅值很小,所以可将动态工作范围内的这一段曲线 Q_1Q_2 近似看成工作点 Q 处的切线,因此 i_d 与 u_i 成正比。由低频跨导的定义可得 $i_d=g_m u_{gs}=g_m u_i$,由此可见,由正弦信号 u_i 产生的漏极交流电流 i_d 也为正弦信号。这样可得漏极电流 $i_D=I_{DQ}+i_d$。

由图 2.3.7(a)可得场效应管 D、S 间的电压 u_{DS} 为

$$u_{DS}=V_{DD}-i_D R_D=V_{DD}-(I_{DQ}+i_d)R_D$$
$$=U_{DSQ}+u_{ds} \tag{2.3.7}$$

式中，$U_{DSQ}=V_{DD}-I_{DQ}R_D$，$u_{ds}=-i_d R_D$。可见 u_{DS} 也由直流量和交流量叠加而成，其交流量 u_{ds} 也为正弦信号，但与 u_i、i_d 相反。

u_{DS} 经 C_2 隔除直流 U_{DSQ} 后得输出电压为

$$u_o=u_{ds}=-i_d R_D=-g_m u_i R_D \tag{2.3.8}$$

只要电路参数选择合适，交流输出电压 u_o 可比交流输入电压 u_i 大，从而实现信号的放大。由此不难求得放大电路的电压放大倍数为

$$A_u=\frac{u_o}{u_i}=\frac{-g_m u_i R_D}{u_i}=-g_m R_D \tag{2.3.9}$$

可见，电压放大倍数与场效应管的跨导 g_m 成正比。

3. 交流通路

与晶体管放大电路一样，场效应管工作在小信号放大状态时，也可以等效为一个线性电路，并可应用叠加定理，对于交流信号，可画出交流通路进行讨论。由于耦合电容 C_1、C_2 对交流信号可视为短路，直流电源 V_{GG}、V_{DD} 对交流信号也可视为短路，由此可画出图 2.3.7(a) 所示场效应管放大电路的交流通路如图 2.3.9 所示。

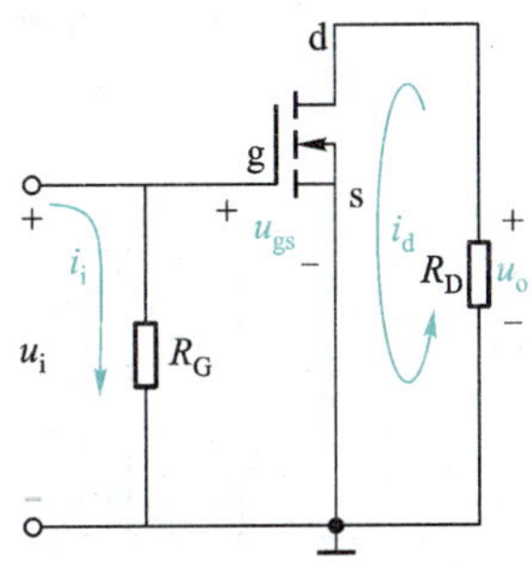

图 2.3.9 场效应管放大电路的交流通路

【例 2.3.2】 图 2.3.7(a) 所示电路中，已知场效应管的 $I_{DO}=10$ mA，$U_{GS(th)}=5$ V，$V_{GG}=6.5$ V，$V_{DD}=20$ V，$R_D=15$ kΩ，试求该电路的静态工作点。

解：由已知参数可求得静态工作点为

$U_{GSQ}=V_{GG}=6.5$ V

$$I_{DQ}=I_{DO}\left(\frac{U_{GSQ}}{U_{GS(th)}}-1\right)^2=10\times\left(\frac{6.5}{5}-1\right)^2 \text{ mA}=0.9 \text{ mA}$$

$U_{DSQ}=V_{DD}-I_{DQ}R_D=(20-0.9\times15)$ V $=6.5$ V

【例 2.3.3】 由结型场效应管构成的放大电路如图 2.3.10(a) 所示，电路中电容 C_1、C_2、C_3 对交流信号均可视为短路，输入信号 $u_i=20\sin(\omega t)$ mV。已知场效应管在工作点上的跨导 $g_m=1.2$ mS，试画出电路的交流通路，求出输出电压 u_o 及电压放大倍数 A_u。

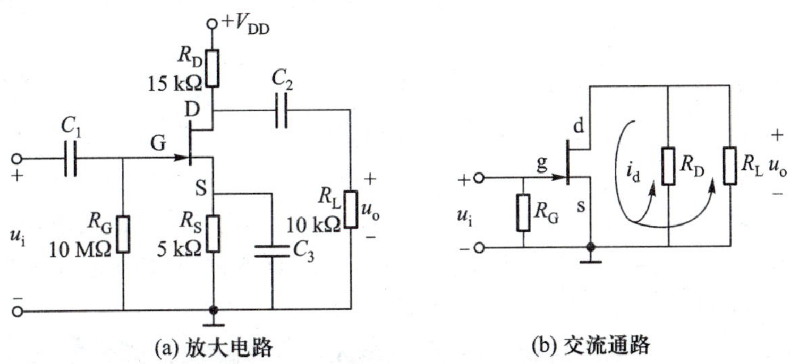

(a) 放大电路　　(b) 交流通路

图 2.3.10 结型场效应管放大电路

解:由于电容 C_1、C_2、C_3 对交流信号可视为短路,直流电源$+V_{DD}$端交流接地,由此可画出交流通路如图 2.3.10(b)所示。由图可得放大电路的输出电压为

$$u_o = -i_d(R_D /\!/ R_L) = -g_m u_i (R_D /\!/ R_L)$$
$$= -1.2\times\frac{15\times10}{15+10}\times20\times10^{-3}\ \sin(\omega t)\ \text{V} = -0.144\ \sin(\omega t)\ \text{V}$$

电压放大倍数为

$$A_u = \frac{u_o}{u_i} = \frac{-g_m u_i (R_D /\!/ R_L)}{u_i} = -g_m(R_D /\!/ R_L)$$
$$= -1.2\times10^{-3}\times6\times10^3 = -7.2$$

知识拓展 CMOS 反相器

利用场效应管的导通和截止可构成开关电路,在数字电路中应用很广。下面以图 2.3.11(a)所示 CMOS 反相器电路为例介绍场效应管的开关作用。

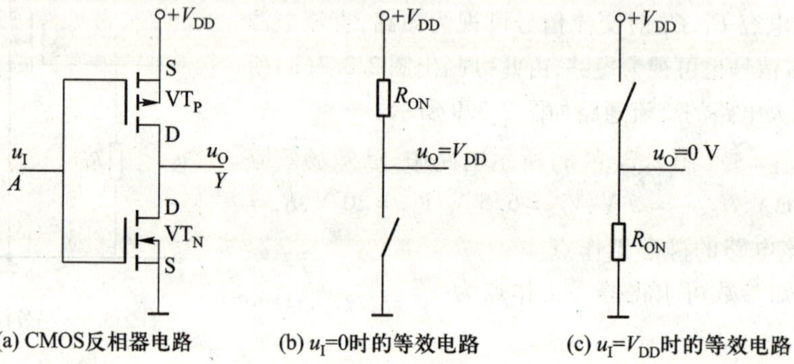

图 2.3.11 场效应管的开关作用

CMOS 反相器由增强型 NMOS 管 VT_N 和增强型 PMOS 管 VT_P 构成,两管栅极连在一起作输入端,加输入电压 u_I,其值为低电平 0V 或高电平 V_{DD};漏极连在一起作输出端,输出为电压 u_O;VT_P 的源极接电源 V_{DD},VT_N 源极接地。为使 CMOS 反相器能正常工作,要求 $V_{DD}>U_{GS(th)N}+|U_{GS(th)P}|$,且 $U_{GS(th)N}=-U_{GS(th)P}$。$U_{GS(th)N}$ 和 $U_{GS(th)P}$ 分别为 VT_N 和 VT_P 管的开启电压,$U_{GS(th)N}$ 为正值,$U_{GS(th)P}$ 为负值。

输入 $u_I=0V$ 时,VT_N 的栅源电压 $u_{GSN}=0V<U_{GS(th)N}$,VT_N 截止,D、S 间等效为开关断开;VT_P 的栅源电压 $u_{GSP}=0V-V_{DD}<U_{GS(th)P}$,$VT_P$ 导通,D、S 间等效为电阻 R_{ON},因此原电路等效为图 2.3.11(b)所示,$u_O=V_{DD}$。

输入 $u_I=V_{DD}$时,VT_N 的栅源电压 $u_{GSN}=V_{DD}>U_{GS(th)N}$,$VT_N$ 导通,D、S 间等效为电阻 R_{ON};VT_P 的栅源电压 $u_{GSP}=V_{DD}-V_{DD}=0V>U_{GS(th)P}$,$VT_P$ 截止,D、S 间等效为开关断开,因此原电路等效为图 2.3.11(c)所示,$u_O=0V$。

可见,该电路在输入低电平时输出高电平,输入高电平时输出低电平,输出与输入反相,所以构成了 CMOS 反相器,它是构成数字电路中 CMOS 集成门电路的基本单元。

二、场效应管使用常识

1. 场效应管型号命名方法

国产场效应管的型号有两种命名方法。第一种方法与双极型晶体管相同，第三位字母J代表结型场效应管，O代表绝缘栅场效应管；第二位字母代表材料，D是P型硅材料制成的N沟道管，C是N型硅材料制成的P沟道管。例如3DJ6D是N沟道结型场效应管，3DO6C是N沟道绝缘栅场效应管。第二种方法是用字母CS代表场效应管，其后缀数字和字母代表型号的序号和同一型号中的不同规格。

资料库

场效应管参数选录

场效应管的参数可以从有关器件手册中查到，现选录部分场效应管参数，列于表2.3.2中，供学习参考。

表2.3.2 场效应管参数选录

型号	类型	I_{DSS} /mA	$U_{GS(off)}$ 或 $U_{GS(th)}$ /V	g_m /mS	C_{gs} /pF	C_{gd} /pF	$U_{(BR)DS}$ /V	$U_{(BR)GS}$ /V	P_{DM} /mW	I_{DM} /mA	低频噪声系数 /dB
CS4868	NJFET	1 ~ 3	−1 ~ −3	1 ~ 3	<25	<5	40	−40	300		<1
CS187	NDMOS	5 ~ 30	−0.5 ~ −4	>7	4 ~ 8.5	<0.03	20	±6.5 ~ 12	330	50	4.5
3CO1	PEMOS		−2 ~ −6	0.5 ~ 3			15	20	100	15	
3DJ6H	NJFET	6 ~ 10	<|−9|	>1	≤5	≤2	≥20	≥20	100	15	≤5

2. 场效应管使用注意事项

(1) **MOS场效应管在任何情况下，其栅极不得悬空**，否则会在外电场的作用下而损坏。因此，MOS管保存时应将三个引脚短接；安装时应先将三个引脚短接，待电路焊装完毕，并确认栅源之间有直流通路后，方可拆去短接线；MOS管不能用万用表进行检测，必须用专用测试仪测量，并且要在接入测试仪后才可去掉各引脚的短接线，测量完毕取下管子时则应先将各引脚短接再取下。

(2) **结型场效应管栅源电压不能接反，即栅源间的PN结必须反偏**，否则容易损坏PN结。

(3) **场效应管焊接时，电烙铁外壳必须装有外接地线**，以防止由于电烙铁带电而损坏管子。也可以将电烙铁烧热后拔下插头或切断电源后焊接，要特别注意MOS管必须断电焊接。

(4) 结型场效应管可用万用表判断其引脚和管子的好坏。将万用表置于×1 k电阻挡，用黑表笔接任一引脚，用红表笔分别接另两个引脚，若测得的阻值均比较小(约5 ~ 10 kΩ)，则黑表笔所接引脚就是栅极，另外两个引脚为漏极和源极(漏极和源极可以互换)，且该管为 N 沟道结型场效应管；若红表笔两次测得的阻值均很大，该管为 P 沟道结型场效应管，黑表笔所接引脚为栅极。

将万用表置于×1 k 电阻挡，用红、黑表笔分别交替接源极和漏极，阻值均比较小，然后将黑表笔接栅极，红表笔分别接源极和漏极，对于 N 沟道管，阻值应很小；对于 P 沟道管，阻值应很大；再将红、黑表笔对调，测得阻值大小相反，这样可以判断管子基本上是好的。

复习题

1. 场效应管为什么叫做单极型半导体三极管，它的三个电极分别称为什么？

2. 场效应管有哪几种类型？分别画出它们的图形符号。

3. 场效应管具有放大能力，其放大能力的大小是用什么参数表示的？它是如何定义的？单位是什么？

4. 简述开启电压 $U_{GS(th)}$、夹断电压 $U_{GS(off)}$ 的含义，并说明如何在转移特性曲线上确定其值。

5. 场效应管的输入电阻非常高，这是为什么？

6. N 沟道结型场效应管的栅、源之间能否加正向电压？为什么？

本章小结

1. 半导体三极管是具有放大作用的半导体器体，根据结构及工作原理的不同可分为双极型和单极型两类。双极型半导体三极管简称晶体管或 BJT，它有 NPN 型和 PNP 型两类；单极型三极管通常称为场效应管或 FET，它有 MOS 管和结型管两类。

2. 晶体管因偏置条件不同，有放大、截止、饱和三种工作状态。① 放大状态：其偏置条件是发射结正偏、集电结反偏，工作特点是 $i_C=\beta i_B$，i_C 具有恒流特性；② 截止状态：其偏置条件是发射结零偏或反偏，工作特点是 $i_B\approx 0$、$i_C\approx 0$，集-射极间等效为开关断开；③ 饱和状态：其偏置条件是发射结正偏、集电结正偏，工作特点是 $i_C\neq\beta i_B$，u_{CE}值很小，集-射极间等效为开关闭合。

利用晶体管放大状态，可构成晶体管放大电路；利用晶体管的截止和饱和状态，可构成晶体管开关电路。

3. 晶体管的主要参数有电流放大系数 β、极间反向电流 $I_{CBO}(I_{CEO})$，极限参数 I_{CM}、P_{CM}、$U_{(BR)CEO}$等。其中 β、$I_{CBO}(I_{CEO})$表示管子性能的优劣，β 越大，则管子的电流放大能力越强，但实用中 β 也不宜过高；$I_{CBO}(I_{CEO})$应越小越好，这样管子的温度稳定性越好。极限参数表示了管子的安全工作范围，晶体管工作时应满足：$i_C<I_{CM}$、$P_C<P_{CM}$、$u_{CE}<U_{(BR)CEO}$。

4. 晶体管的重要应用是用来构成放大电路，为了保证放大电路能不失真地放大输入信号，放大电路要有一个合适的直流通路（称为直流偏置电路），以提供合适的静态工作点，使晶体管具有较大的线性工作范围；同时要有让信号顺利传输的交流通路。这些是构成晶体管放大电路的基本原则。

5. 晶体管的种类、型号很多,外形也各不相同,在实际应用中要正确识别型号、引脚排列,掌握晶体管的检测方法,学会用器件手册合理选用管子等是十分重要的。

晶体管的选用,根据用途不同,主要考虑以下几点:① 根据电路工作频率确定选用高频管或低频管;② 为了保证工作安全,要求所选晶体管的极限参数值应大于其实际所承受的数值;③ β 大小适中,I_{CBO}(I_{CEO})、饱和压降越小越好;④ 硅管的稳定性比锗管好得多,通常都选用硅管。

6. 根据结构不同,场效应管有 MOS 管和结型管两大类;根据导电沟道的性质分为 N 沟道和 P 沟道两种;根据有无原始导电沟道又分为增强型和耗尽型两种。因此场效应管共有六种类型。学习中请注意它们图形符号的区别以及工作电压极性的要求。

存在原始导电沟道的称为耗尽型场效应管,其主要参数有夹断电压 $U_{GS(off)}$、饱和漏极电流 I_{DSS} 和低频跨导 g_m 等;无原始导电沟道的称为增强型场效应管,其主要参数有开启电压 $U_{GS(th)}$ 和 g_m 等。

场效应管可用来构成放大电路、开关电路等,它在大规模和超大规模集成电路中得到广泛应用。场效应管放大电路组成原则与晶体管放大电路类似,同样具有交直流并存的特点。

自我评价题

2.1 填空题

1. 晶体管从结构上可以分为________型和________型两种类型,它们工作时有________和________两种载流子参与导电。

2. 场效应管从结构上可以分为________和________两大类型,它们工作时仅有________载流子参与导电。

3. 晶体管和场效应管都是电流放大器件,晶体管的输出电流 i_C 受________控制;场效应管输出电流 i_D 受________控制。

4. 当温度升高时,晶体管的参数 β________,I_{CBO}________,发射结导通电压________。

5. 晶体管的特性用________曲线和________曲线表示;场效应管的特性用________曲线和________曲线表示。

6. 耗尽型场效应管参数 $U_{GS(off)}$ 称为________,增强型场效应管参数 $U_{GS(th)}$ 称为________。

2.2 判断题(正确的在括号内打“√”,错误的在括号内打“×”)

1. 由于三极管具有放大作用,所以用三极管构成的电路,只要加上直流电源,该电路就有放大作用。( )

2. 晶体管工作在饱和状态时,发射结反偏。( )

3. 场效应管的栅极电流近似为零,所以它的输入电阻极大。( )

4. 在晶体管共发射极放大电路中,如果输出电压 u_o 波形正半周的顶部被削平,说明静态工作点太低,出现了截止失真。( )

5. 放大电路的电压放大倍数是输出电压 u_o 与输入电压 u_i 之比,它与输出波形失真无关。( )

6. 晶体管正常工作时应使发射结正偏,结型场效应管正常工作时应使栅源间的 PN 结反偏。( )

2.3 单项选择题(将正确的答案填在括号内)

1. 有一晶体工作在放大区，当 i_B 从 10 μA 变到 20 μA 时，i_C 则从 1 mA 变为 1.99 mA，则该晶体管的交流电流放大系数 β 约为(　　)。

A. 10　　B. 99　　C. 2　　D. 1 000

2 已知晶体管函数关系式为 $i_C=f(u_{CE})\big|_{i_B=\text{常数}}$，它代表(　　)特性。

A. 共射输入　　B. 共基输入　　C. 共射输出　　D. 共基输出

3. 某晶体管的极限参数 $P_{CM}=100$ mW，$I_{CM}=20$ mA，$U_{(BR)CEO}=30$ V。当工作电压 $U_{CE}=10$ V 时，I_C 不得超过(　　)mA。

A. 20　　B. 100　　C. 30　　D. 10

4. 根据国产半导体器件型号命名方法可知，3DG6 为(　　)。

A. NPN 型低频大功率硅晶体管　　B. NPN 型高频小功率硅晶体管

C. PNP 型低频小功率锗晶体管　　D. NPN 型低频小功率硅晶体管

5. 用万用表判别放大电路处于正常工作的某一晶体管的类型(NPN 型还是 PNP 型)和三个电极时，最为方便的方法是(　　)。

A. 测出电源电压 V_{CC}　　B. 测出各极间电阻

C. 测出各极对地的电位　　D. 测出各极电流

6. 已知某场效应管的夹断电压 $U_{GS(off)}=-4$ V，饱和漏电流 $I_{DSS}=3$ mA，则该管子的类型为(　　)。

A. N 沟道耗尽型　　B. N 沟道增强型　　C. P 沟道耗尽型　　D. P 沟道增强型

练习题

［题 2.1］　图 P2.1 所示各晶体管均为硅管，试分别判断它们的工作状态。

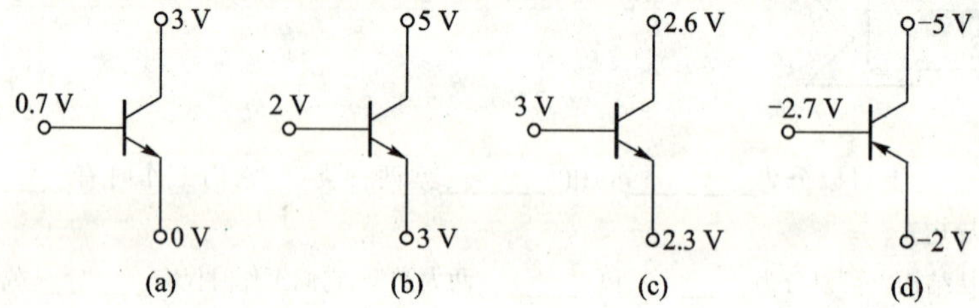

图 P2.1

［题 2.2］　放大电路如图 P2.2 所示，试指出电路中各元件的作用；若要使晶体管静态 U_{CEQ} 增大，说明 R_P 应如何调整？

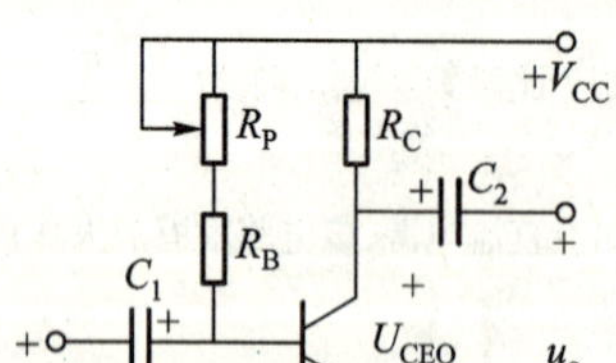

图 P2.2

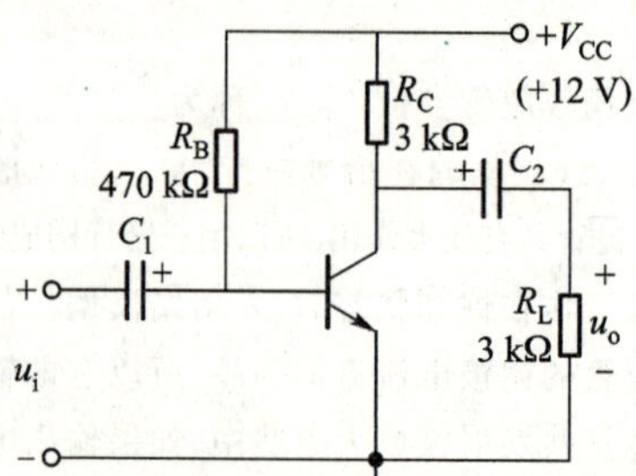

图 P2.3

［题 2.3］　放大电路如图 P2.3 所示，已知晶体管 $\beta=100$，$U_{BEQ}=0.7$ V，试画出该电路的直流通路，并

计算静态工作点 I_{BQ}、I_{CQ}、U_{CEQ}。

[题 2.4]　放大电路如图 P2.3 所示，试画出交流通路并求 A_u。

[题 2.5]　放大电路如图 P2.3 所示，若输入信号 u_i 为正弦波。试对应 u_i 波形定性画出 u_{BE}、i_B、i_C、u_{CE}、u_o 的工作波形。

[题 2.6]　硅晶体管电路如图 P2.4(a)所示，已知晶体管 $\beta=50$，导通电压 $U_{BE(on)}=0.7$ V，饱和压降 $U_{CE(sat)}=0.3$ V。若输入电压为图 P2.4(b)所示的方波，试分别计算在输入低电平 0 V 和高电平 3.6 V 时晶体管的工作状态，并对应输入 u_I 的波形，画出输出电压 u_o 的波形。

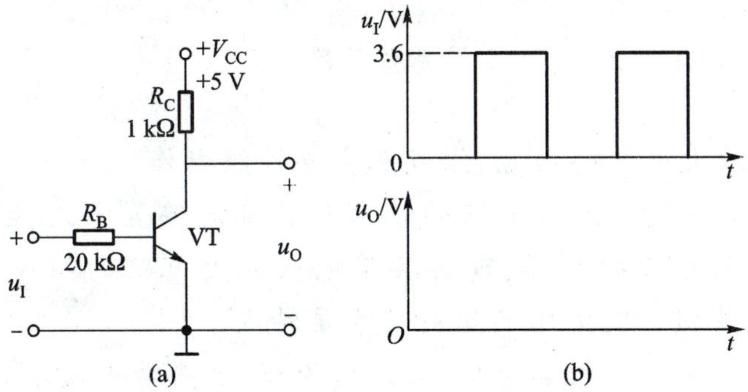

图 P2.4

[题 2.7]　图 P2.5 所示为几种场效应管的图形符号，试分别指出各场效应管的类型，并定性画出它们的转移特性曲线。

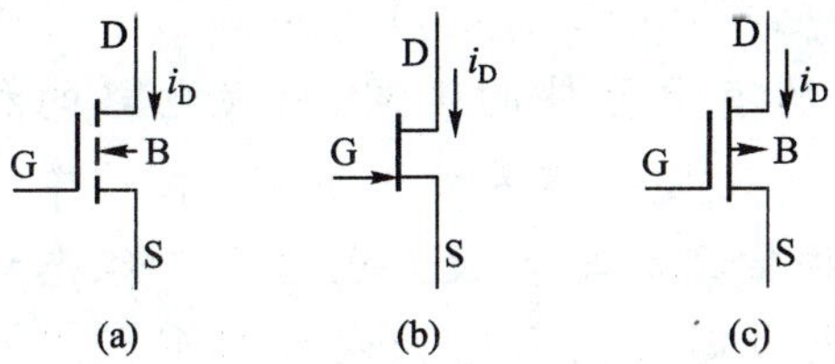

图 P2.5

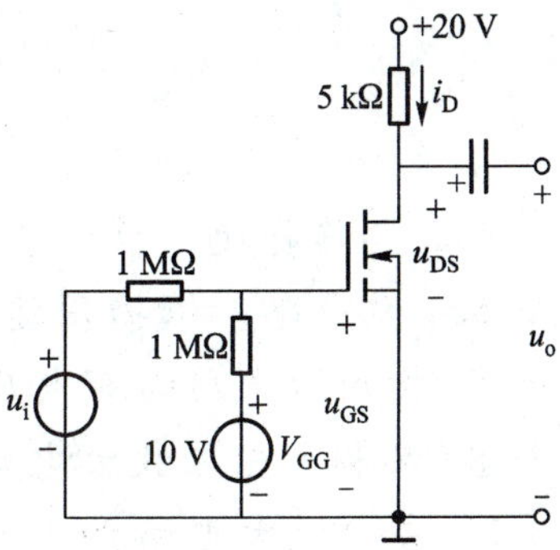

图 P2.6

[题 2.8]　场效应管放大电路如图 P2.6 所示，已知场效应管 $g_m=1.5$ mS，$U_{GS(th)}=2$ V，$I_{DO}=1$ mA，输入信号为 $u_i=0.1\sin(\omega t)$ V。求电路的静态工作点 U_{GSQ}、I_{DQ}、U_{DSQ}，输出电压 u_o 及电压放大倍数 $A_u=\dfrac{u_o}{u_i}$。

第3章 晶体管常用放大电路

教学目标

1. 熟悉放大电路的功能、组成及主要性能指标。

2. 掌握共发射极放大电路的特点及其直流偏置方式，熟悉其静态工作点、主要性能指标的估算；理解共集电极放大电路的组成、性能特点及应用；了解共基极放大电路的组成及主要特点。

3. 理解差分放大电路的组成、工作原理、性能特点及应用。

4. 熟悉互补对称功率放大电路的组成、工作原理、特点；会估算输出功率；了解OCL电路与OTL电路之间的区别及应用。

5. 了解多级放大电路的组成、常用耦合方式的特点以及零点漂移现象。

引 言

放大电路是使用最为广泛的电子电路之一，也是构成其他电子电路的基本单元电路。根据用途以及采用的有源器件的不同，放大电路的种类很多，按用途常用的有电压放大电路(又称小信号放大电路)和功率放大电路(又称大信号放大电路)；按结构常用的单元放大电路有三组态放大电路、差分放大电路和互补对称放大电路。虽然它们的电路形式以及性能指标不完全相同，但它们的基本工作原理是相同的，同时它们也是模拟集成器件中常用的基本单元电路。

本章先讨论放大电路的基本知识，然后讨论常用的以晶体管构成的电压、功率基本单元放大电路，最后讨论多级放大电路的组成、耦合方式及性能。重点讨论晶体管三组态放大电路、差分放大电路和互补对称功率放大电路的组成、静态工作点的设置、性能特点及应用。有关集成放大器件及其应用将在第4章中介绍。

3.1　放大电路的基本知识

3.1.1　放大电路的组成与放大的概念

放大电路组成框图如图 3.1.1 所示。图中，信号源是提供所需放大的电信号，它可由将非电信号物理量变换为电信号的换能器提供，也可是前一级电子电路的输出信号，但它们都可等效为图 3.1.1(b)所示的电压源或电流源电路，R_S 为它们的源内阻，u_s、i_s 分别为理想电压源和电流源，且 $u_s=i_sR_S$。

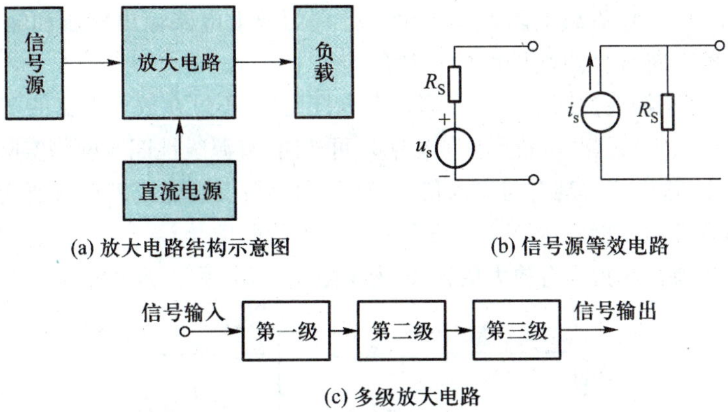

图 3.1.1　放大电路组成框图

负载是接受放大电路输出信号的元件（或电路），它可由将电信号变成非电信的输出换能器构成，也可是下一级电子电路的输入电阻，一般情况下它们都可等效为一纯电阻 R_L。

信号源和负载不是放大电路的主体，但由于实际电路中信号源内阻 R_S 及负载电阻 R_L 有可能会发生变化，因此它们都会对放大电路的工作产生影响，特别是它们与放大电路之间的连接方式（称为耦合方式）将会直接影响到放大电路的正常工作。

直流电源用以供给放大电路工作时所需要的能量，其中一部分能量转变为输出信号输出，另一部分能量消耗在放大电路中的电阻、器件等耗能元器件中。

基本单元放大电路由晶体管或场效应管构成，但由于单元放大电路性能往往达不到实际要求，所以实际使用的放大电路是由基本单元放大电路组成的多级放大电路，如图 3.1.1(c)所示，或是由多级放大电路组成的集成放大器件构成，这样才有可能将微弱的输入信号不失真地放大到所需大小。

由此可见，放大电路中除含有源器件、直流电源外，还应具有提供放大电路正常工作所需直流工作点的偏置电路，以及信号源与放大电路、放大电路与负载、级与级之间的耦合电路。要求偏置电路不仅要给放大电路提供合适的静态工作点电流和电压，同时还要保证在环境温度、电源电压等外界因素变化以及器件更换时，维持工作点不变。耦合电路应保证有效地传输信号，使之损失最小，同时使放大电路直流工作状态不受影响。

必须指出，放大电路的放大作用是针对变化量而言，是在输入信号的作用下，利用有源器件的控制作用，将直流电源提供的部分能量转换为与输入信号成比例的输出信号。因此，放大电路实质上是一个受输入信号控制的能量转换器。

按用途不同，放大电路有电压、电流、功率放大电路之分，其中电压和功率放大电路最常用。输入信号很小，要求获得不失真的足够大输出电压的称为电压放大电路，也称小信号放大电路；输入信号比较大，要求输出足够功率的称为功率放大电路，也称大信号放大电路。

3.1.2 放大电路的主要性能指标

一个放大电路性能如何，可以用许多性能指标来衡量。为了说明各指标的含义，将放大电路用图3.1.2所示有源线性四端网络表示。图中，1-1′端为放大电路的输入端，R_S 为信号源内阻，u_S 为信号源电压，此时放大电路的输入电压和电流分别为 u_i 和 i_i。2-2′端为放大电路的输出端，接实际负载电阻 R_L，u_o 和 i_o 分别为放大电路输出电压和输出电流。图中，电压、电流的参考方向符合四端网络的一般约定。

一般来说，上述有源线性四端网络中均含有电抗元件，不过在放大电路的实际工作频段（通常将该频段称为中频段），这些电抗元件的影响均可忽略，有源线性四端网络实际上是电阻性的。在线性电阻网络中，输出信号具有与输入信号相同的波形，仅幅度或极性有所变化。因此，为了使符号具有普遍意义，不论输入信号是正弦信号还是非正弦信号，各电量统一用瞬时值表示。

放大电路的主要性能指标有放大倍数、输入电阻、输出电阻等，现根据图3.1.2说明如下。

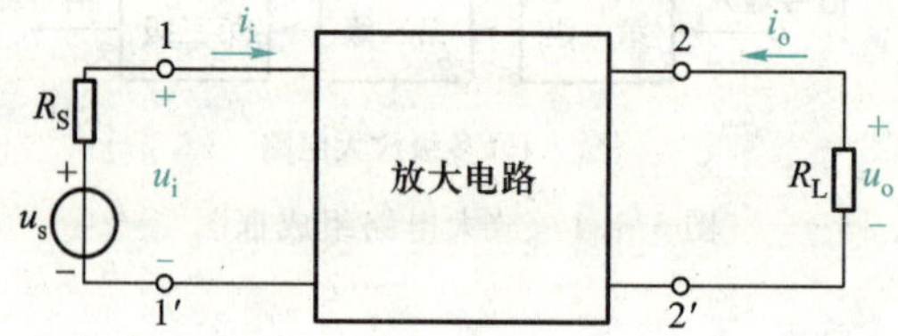

图3.1.2 放大电路的四端网络表示

一、放大倍数

放大倍数是衡量放大电路放大能力的指标，它有电压放大倍数、电流放大倍数和功率放大倍数等表示方法，其中电压放大倍数应用最多。

放大电路的输出电压 u_o 与输入电压 u_i 之比，称为电压放大倍数 A_u，即

$$A_u=\frac{u_o}{u_i} \tag{3.1.1}$$

放大电路的输出电流 i_o 与输入电流 i_i 之比，称为电流放大倍数 A_i，即

$$A_i=\frac{i_o}{i_i} \tag{3.1.2}$$

放大电路的输出功率 P_o 与输入功率 P_i 之比，称为功率放大倍数 A_p，即

$$A_p=\frac{p_o}{p_i} \tag{3.1.3}$$

工程上常用分贝(dB)来表示放大倍数，称为增益，它们的定义分别为

$$\left.\begin{aligned}&\text{电压增益 } A_u(\text{dB})=20\lg|A_u|\\&\text{电流增益 } A_i(\text{dB})=20\lg|A_i|\\&\text{功率增益 } A_p(\text{dB})=10\lg A_p\end{aligned}\right\} \tag{3.1.4}$$

例如，某放大电路的电压放大倍数 $|A_u|=100$，则电压增益为 40 dB。

二、输入电阻

放大电路输出端接实际负载电阻 R_L 后，从输入端 1-1′向放大电路内看进去的等效动态电阻，称为输入电阻。它等于放大电路的输入电压 u_i 与输入电流 i_i 之比，即

$$R_i=u_i/i_i \tag{3.1.5}$$

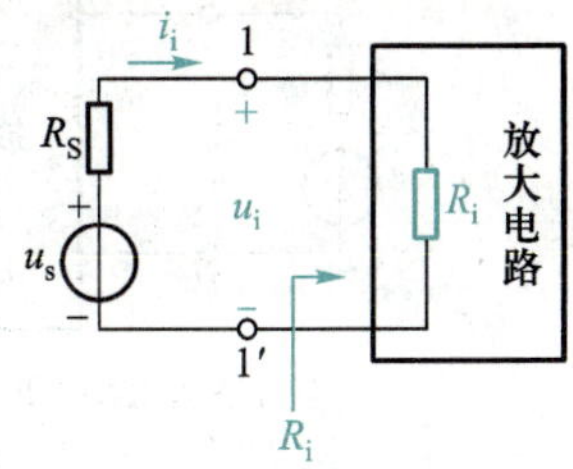

图 3.1.3 放大电路输入等效电路

对于信号源来说，R_i 就是它的等效负载，如图 3.1.3 所示。由图可得

$$u_i=u_s\frac{R_i}{R_S+R_i} \tag{3.1.6}$$

可见，R_i 的大小反映了放大电路对信号源的影响程度。

【例 3.1.1】 已知信号源 $u_s=20$ mV，$R_S=600\ \Omega$。当 R_i 分别等于 6 kΩ、600 Ω、60 Ω 时，试求输入电流 i_i 和输入电压 u_i 的大小。

解：当 $R_i=6$ kΩ 时

$$i_i=\frac{u_s}{R_S+R_i}=\frac{20\ \text{mV}}{0.6\ \text{k}\Omega+6\ \text{k}\Omega}=3\ \mu\text{A}$$

$$u_i=\frac{u_sR_i}{R_S+R_i}=\frac{20\ \text{mV}\times 6\ \text{k}\Omega}{0.6\ \text{k}\Omega+6\ \text{k}\Omega}=18.2\ \text{mV}$$

当 $R_i=600\ \Omega$ 时

$$i_i=\frac{20\ \text{mV}}{600\ \Omega+600\ \Omega}=16.7\ \mu\text{A}$$

$$u_i=\frac{20\ \text{mV}\times 600\ \Omega}{600\ \Omega+600\ \Omega}=10\ \text{mV}$$

当 $R_i=60\ \Omega$ 时

$$i_i=\frac{20\ \text{mV}}{600\ \Omega+60\ \Omega}=30.3\ \mu\text{A}$$

$$u_i=\frac{20\ \text{mV}\times 60\ \Omega}{600\ \Omega+60\ \Omega}=1.82\ \text{mV}$$

例 3.1.1 说明，R_i 越大，放大电路从信号源吸取的电流（即输入电流 i_i）就越小，信号源内阻 R_S 上的压降就越小，其实际输入电压 u_i 就越接近于信号源电压 u_s，当 $R_i \gg R_S$ 时，$u_i \approx u_S$，通常称为恒压输入。反之，当要求恒流输入时，则必须使 $R_i \ll R_S$；若要求获得最大功率输入，则要求 $R_i=R_S$，通常称为阻抗匹配。

三、输出电阻

放大电路输入信号源电压短路（即 $u_s=0$），保留 R_S，负载 R_L 开路时，由输出端 2-2′两端向放大电路看进去的等效动态电阻 R_o，称为输出电阻，如图 3.1.4(a) 所示。对负载 R_L 而言，放大电路的输出端可等效为一个信号源，如图 3.1.4(b) 所示。图中，u_{ot} 为等效信号源电压，它等于负载 R_L 开路时，放大电路 2-2′两端的输出电压；R_o 为等效信号源内阻，即放大电路输出电阻。由图 3.1.4(b) 可知，由于 R_o 的存在，放大电路实际输出电压为

$$u_o=u_{ot}\frac{R_L}{R_L+R_o} \tag{3.1.7}$$

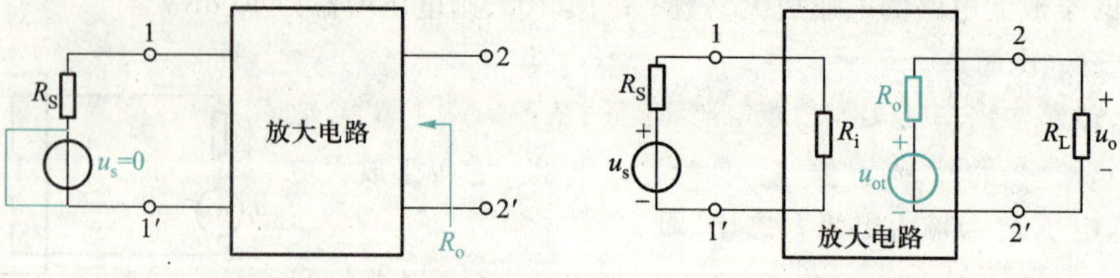

(a) 放大电路输出电阻　　(b) 放大电路等效电路

图 3.1.4 放大电路的输出电阻

式(3.1.7)表明,R_o 越小,输出电压 u_o 受负载 R_L 的影响就越小,若 $R_o=0$,则 $u_o=u_{ot}$,u_o 的大小将不受 R_L 大小的影响,称为恒压输出,当 $R_L \ll R_o$ 时即可得到恒流输出。因此,R_o 的大小反映了放大电路带负载能力的大小。

由式(3.1.7)可得放大电路输出电阻的关系式为

$$R_o=\left(\frac{u_{ot}}{u_o}-1\right)R_L \tag{3.1.8}$$

必须指出,以上所讨论的放大电路输入电阻和输出电阻不是直流电阻,而是在线性运用情况下的动态电阻,用符号 R 带有小写字母下标 i 和 o 表示。同时,在一般情况下,放大电路的 R_i 和 R_o 不仅与电路参数有关,R_i 还与 R_L 有关,R_o 还与 R_S 有关。

放大电路除了上述性能指标外,针对不同的使用场合,还可提出一些其他指标,如通频带与频率失真、非线性失真系数、最大不失真输出电压、最大输出功率、效率等。

复习题

1. 已知放大电路的 $|A_u|=1\ 000$,$|A_i|=10$,试问该放大电路的电压增益为多少 dB?电流增益为多少 dB?

2. 放大电路的测量电路框图如图 3.1.5 所示,S 为开关。试问:(1) 开关 S 断开与闭合时测得 U_i 是否相等?为什么?若两次测得结果相等,说明什么。(2) S 闭合测得电压 U_i 近似为零,说明什么。(3) 若 $R_S=150\ \Omega$,S 断开测得 $U_i=20$ mV,S 闭合测得 $U_i=16$ mV,该放大电路的输入电阻 R_i 等于多大?

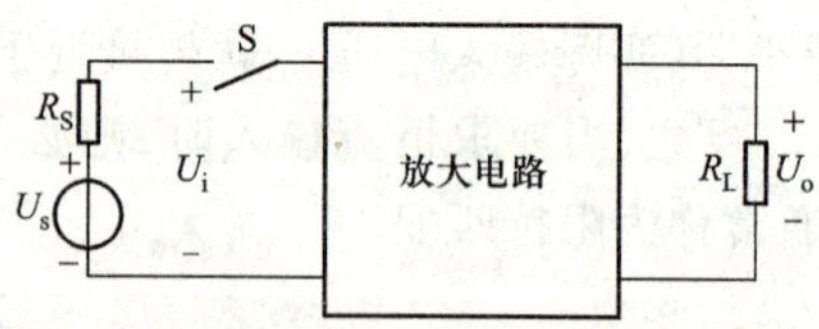

图 3.1.5 放大电路测量电路框图

3. 图 3.1.4(b)所示放大电路中,外接负载 R_L 为 1 kΩ,若接上 R_L 测得 2-2′端输出电压为 u_o。R_L 开路时测得 2-2′端输出电压为 u_{ot}。试根据下列几种测量结果,说明放大电路输出电阻的大小。(1) $u_o=u_{ot}$;(2) $u_o=\frac{1}{2}u_{ot}$;(3) $u_o=2$ V、$u_{ot}=2.8$ V。

3.2 三种基本组态放大电路

由晶体管可构成共发、共集、共基三种基本组态放大电路。与此相对应，由场效应管可构成共源、共漏、共栅三种组态放大电路，其中共栅放大电路应用较少。下面分别对三种组态放大电路的性能进行分析。

3.2.1 共发射极放大电路

一、电路的组成

由 NPN 型晶体管构成的典型共发射极放大电路如图 3.2.1 所示。待放大的信号源接到放大电路的输入端 1–1′，通过电容 C_1 与放大电路相耦合，放大后的输出信号通过电容 C_2 的耦合，输送到负载 R_L，C_1、C_2 起到耦合交流的作用，为了使交流信号顺利通过，要求它们在输入信号频率下的容抗很小，因此，它们的容量均取得较大。在低频放大电路中，常采用有极性的电解电容器，这样，对于交流信号，C_1、C_2 可视为短路。为了不使信号源及负载对放大电路直流工作点产生影响，则要求 C_1、C_2 的漏电流应很小，即 C_1、C_2 同时具有隔断直流的作用。

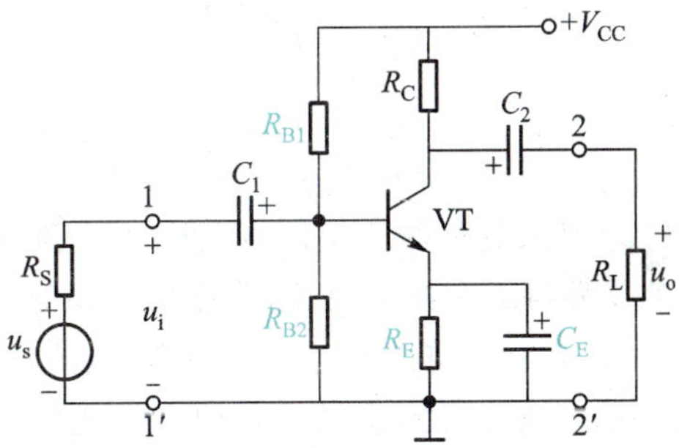

图 3.2.1 典型共发射极放大电路

直流电源 V_{CC} 通过 R_{B1}、R_{B2}、R_C、R_E 使晶体管获得合适的偏置，为晶体管的放大作用提供必要的条件，R_{B1}、R_{B2} 称为基极偏置电阻，R_E 称为发射极电阻，R_C 称为集电极负载电阻，利用 R_C 的降压作用，将晶体管集电极电流的变化转换成集电极电压的变化，从而实现信号的电压放大。与 R_E 并联的电容 C_E 称为发射极旁路电容，用以短路交流，使 R_E 对放大电路的电压放大倍数不产生影响，故要求它对信号频率的容抗越小越好，因此，在低频放大电路中 C_E 通常也采用容量较大的电解电容器。

二、静态工作点

将图 3.2.1 所示电路中所有电容均断开，即可得到该放大电路的直流通路，如图 3.2.2 (a) 所示，可将它改画成图 3.2.2 (b) 所示。由图可见，晶体管的基极偏置电压是由直流电源 V_{CC} 经 R_{B1}、R_{B2} 的分压而获得，常把它称为分压式偏置电路。

当流过 R_{B1}、R_{B2} 的直流电流 I_1 远大于基极电流 I_{BQ} 时，可得到晶体管直流电压 U_{BQ} 为

$$U_{BQ} \approx \frac{R_{B2}}{R_{B1}+R_{B2}} V_{CC} \tag{3.2.1}$$

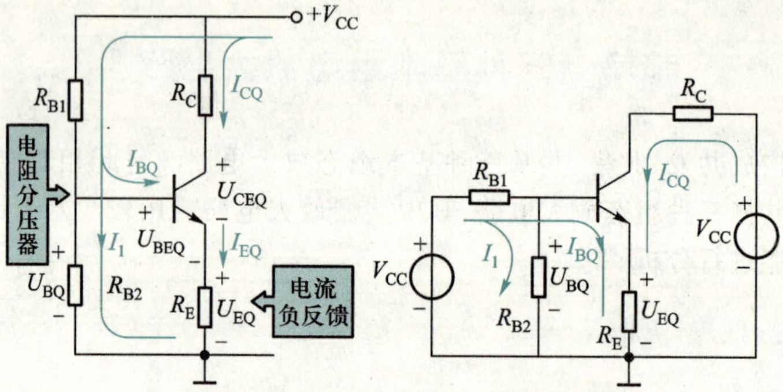

(a) 直流通路　　(b) 直流通路的等效电路

图 3.2.2　典型共发射极放大电路的直流通路

由于 $U_{EQ}=U_{BQ}-U_{BEQ}$，所以晶体管发射极直流电流为

$$I_{EQ}=\frac{U_{BQ}-U_{BEQ}}{R_E} \tag{3.2.2}$$

晶体管集电极、基极的直流电流分别为

$$I_{CQ}\approx I_{EQ}, I_{BQ}\approx\frac{I_{EQ}}{\beta} \tag{3.2.3}$$

晶体管 C、E 之间的直流压降为

$$U_{CEQ}=V_{CC}-I_{CQ}R_C-I_{EQ}R_E\approx V_{CC}-I_{CQ}(R_C+R_E) \tag{3.2.4}$$

式(3.2.1) ~ 式(3.2.4)为放大电路静态工作点电压、电流的近似计算公式。由于晶体管的 β、$I_{CBO}(I_{CEO})$ 和 U_{BE} 等参数都与工作温度有关，当温度升高时，β 和 $I_{CBO}(I_{CEO})$ 增大，而管压降 U_{BE} 下降。这些变化都将引起放大电路静态工作电流 I_{CQ} 的增大；反之，若温度下降，I_{CQ} 将减小。由此可见，放大电路的静态工作点会随工作温度的变化而漂移，这不但会影响放大倍数等性能，严重时还会造成输出波形的失真，甚至使放大电路无法正常工作。分压式偏置电路可以较好地解决这一问题。

若图 3.2.2 所示电路满足

$$\left.\begin{aligned}I_1&\geqslant(5\sim10)I_{BQ}\\U_{BQ}&\geqslant(5\sim10)U_{BEQ}\end{aligned}\right\} \tag{3.2.5}$$

由式(3.2.1)可知，U_{BQ} 由 R_{B1}、R_{B2} 的分压而固定，与温度无关。这样当温度上升时，由于 $I_{CQ}(I_{EQ})$ 的增加，在 R_E 上的压降 $I_{EQ}R_E$ 也要增加，$I_{EQ}R_E$ 的增加部分回送到基极–发射极回路，因 $U_{BEQ}=U_{BQ}-I_{EQ}R_E$，由于 U_{BQ} 固定，U_{BEQ} 随之减小，迫使 I_{BQ} 减小，从而牵到了 $I_{CQ}(I_{EQ})$ 的增加，使 I_{CQ} 基本维持恒定。这就是负反馈作用，它是利用直流电流 $I_{CQ}(I_{EQ})$ 的变化通过 R_E 而实现负反馈作用的，所以称为直流电流负反馈。因此将图 3.2.2 所示电路称为分压式电流负反馈偏置电路。

由以上分析不难理解，分压式电流负反馈偏置电路中，当更换不同参数晶体管时，其静态工作点电流 I_{CQ} 也可维持基本恒定。

三、主要性能指标

图 3.2.1 所示电路中，由于 C_1、C_2、C_E 的容量均较大，对交流信号可视为短路，直流电源

V_{CC}的内阻很小,对交流信号也可视为短路,这样便可得到图3.2.3所示的交流通路。由图可求得放大电路的下列性能指标关系式。

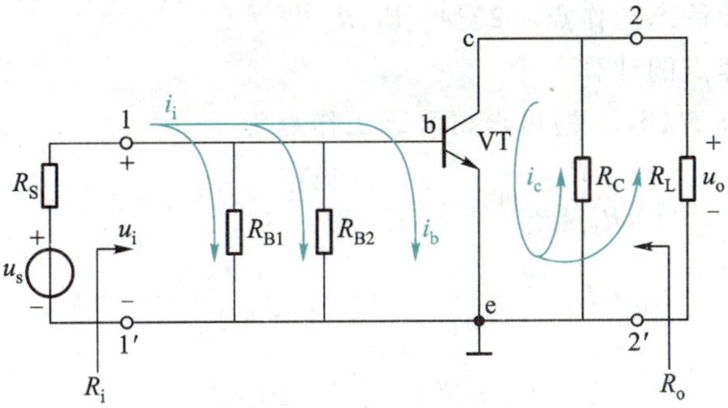

图3.2.3 典型共发射极放大电路交流通路

1. 电压放大倍数

由图3.2.3可知

$$u_o=-\beta i_b(R_C /\!/ R_L)=-\beta i_b R_L'$$

$$u_i=i_b r_{be}$$

式中,$R_L'=R_C /\!/ R_L$。所以放大电路的电压放大倍数为

$$A_u=\frac{u_o}{u_i}=-\frac{\beta i_b R_L'}{i_b r_{be}}=-\frac{\beta R_L'}{r_{be}} \tag{3.2.6}$$

式中负号说明输出电压u_o与输入电压u_i反相。

2. 输入电阻

由图3.2.3可得

$$i_i=\frac{u_i}{R_{B1}}+\frac{u_i}{R_{B2}}+\frac{u_i}{r_{be}}=u_i\left(\frac{1}{R_{B1}}+\frac{1}{R_{B2}}+\frac{1}{r_{be}}\right)$$

所以,放大电路的输入电阻为

$$R_i=\frac{u_i}{i_i}=\frac{1}{\frac{1}{R_{B1}}+\frac{1}{R_{B2}}+\frac{1}{r_{be}}}=R_{B1} /\!/ R_{B2} /\!/ r_{be} \tag{3.2.7}$$

3. 输出电阻

由图3.2.3可见,当$u_s=0$时,$i_b=0$,则$i_c=\beta i_b=0$,晶体管C、E之间可视为开路,所以由放大电路2-2′输出端看进去的等效电阻为R_C,所以放大电路的输出电阻为

$$R_o=R_C \tag{3.2.8}$$

电路点评

共发射极放大电路输出电压u_o与输入电压u_i反相,输入电阻和输出电阻大小适中。由于共发射极放大电路的电压、电流、功率增益都比较大,因而应用广泛,适用于一般放大或多级放大电路的中间级。

【例 3.2.1】 在图 3.2.1 所示电路中，已知晶体管 $\beta=100$，$r_{bb'}=300\ \Omega$，$U_{BEQ}=0.7\ V$，$R_S=1\ k\Omega$，$R_{B1}=62\ k\Omega$，$R_{B2}=20\ k\Omega$，$R_C=3\ k\Omega$，$R_E=1.5\ k\Omega$，$R_L=5.6\ k\Omega$，$V_{CC}=15\ V$，各电容容量足够大。试求：(1) 静态工作点；(2) A_u、R_i、R_o。

解：(1) 静态工作点的计算

根据式(3.2.1) ~ 式(3.2.4)可求得静态工作点为

$$U_{BQ}=\frac{R_{B2}}{R_{B1}+R_{B2}}V_{CC}=\frac{20\ k\Omega}{(62+20)\ k\Omega}\times 15\ V\approx 3.7\ V$$

$$I_{CQ}\approx I_{EQ}=\frac{U_{BQ}-U_{BEQ}}{R_E}=\frac{(3.7-0.7)\ V}{1.5\ k\Omega}\approx 2mA$$

$$I_{BQ}=\frac{I_{CQ}}{\beta}=\frac{2\ mA}{100}\approx 20\ \mu A$$

$$U_{CEQ}=V_{CC}-I_{CQ}(R_C+R_E)=15\ V-2\ mA\times(3\ k\Omega+1.5\ k\Omega)=6\ V$$

(2) A_u、R_i、R_o 的计算

先求晶体管的输入电阻。由式(2.2.7)得

$$r_{be}=r_{bb'}+(1+\beta)\frac{26\ mV}{I_{EQ}(mA)}=300\ \Omega+101\times\frac{26\ mV}{2\ mA}\approx 1.6\ k\Omega$$

由式(3.2.6) ~ 式(3.2.8)可得

$$A_u=-\beta\frac{R_C /\!/ R_L}{r_{be}}=-100\times\frac{\frac{3\times5.6}{3+5.6}\ k\Omega}{1.6\ k\Omega}\approx -122$$

$$R_i=R_{B1} /\!/ R_{B2} /\!/ r_{be}=\frac{1}{\frac{1}{62}+\frac{1}{20}+\frac{1}{1.6}}\ k\Omega\approx 1.45\ k\Omega$$

$$R_o=R_C=3\ k\Omega$$

知识拓展 用 H 参数小信号等效电路求放大电路的主要性能指标

【例 3.2.2】 在图 3.2.1 所示电路中，参数与【例 3.2.1】相同，如果发射极旁路电容 C_E 开路，画出放大电路的交流通路和 H 参数小信号等效电路，并求出电路的 A_u、R_i、R_o。

解：C_E 开路后，晶体管发射极 E 将通过 R_E 接地，因此，可得放大电路的交流通路如图 3.2.4(a)所示，然后将晶体管用简化 H 参数小信号电路模型代入，则得放大电路的小信号等效电路如图 3.2.4(b)所示。

由图 3.2.4(b)可写出放大电路输入电压和输出电压的表达式为

$$u_i=i_b r_{be}+i_e R_E=i_b[r_{be}+(1+\beta)R_E]$$

$$u_o=-\beta i_b(R_C /\!/ R_L)$$

由此可得电压放大倍数为

$$A_u=\frac{u_o}{u_i}=-\frac{\beta i_b(R_C /\!/ R_L)}{i_b[r_{be}+(1+\beta)R_E]}=-\beta\frac{R_C /\!/ R_L}{r_{be}+(1+\beta)R_E}$$

$$=-100\frac{\frac{3\times5.6}{3+5.6}\ k\Omega}{1.6\ k\Omega+101\times1.5\ k\Omega}\approx -1.3$$

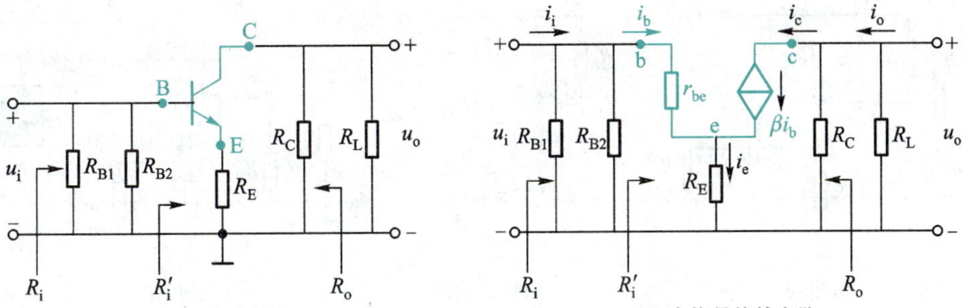

(a) 交流通路　　(b) 小信号等效电路

图 3.2.4　发射极旁路电容 C_E 开路的交流小信号等效电路

由图 3.2.4(b)可得从晶体管基极看进去的输入电阻为

$$R_i'=\frac{u_i}{i_b}=\frac{i_b r_{be}+(1+\beta)i_b R_E}{i_b}=r_{be}+(1+\beta)R_E$$

因此，放大电路的输入电阻为

$$R_i=R_{B1}/\!/R_{B2}/\!/R_i'=R_{B1}/\!/R_{B2}/\!/[r_{be}+(1+\beta)R_E]$$

$$=\frac{1}{\frac{1}{62}+\frac{1}{20}+\frac{1}{1.6+101\times1.5}}\ \text{k}\Omega\approx13.8\ \text{k}\Omega$$

由图 3.2.4(b)可见，令 $u_s=0$，即 $u_i=0$，$i_b=0$，则 $i_c=\beta i_c=0$，晶体管 C、E 间可视为开路，断开 R_L，可求得放大电路的输出电阻为

$$R_o=R_C=3\ \text{k}\Omega$$

想一想　在式(3.2.6)中，放大电路的电压放大倍数为“负”，这个负号表示什么含义？为什么？

3.2.2　共集电极放大电路

一、电路组成及静态工作点

1. 电路组成

共集电极放大电路如图 3.2.5(a)所示，图 3.2.5(b)、(c)分别是它的直流通路和交流通路。图中，R_B 为基极偏置电阻，R_E 为发射极电阻，R_L 为放大电路外接负载电阻，C_1、C_2 为交流耦合电容。交流信号由基极输入，发射极输出，集电极为交流地电位，作为输入和输出信号的公共端，所以称为共集电极放大电路。由于输出信号 u_o 取自发射极，故又称为射极输出器。

2. 静态工作点

直流电源 V_{CC} 经 R_B 给晶体管提供正偏，由图 3.2.5(b)可列出基极回路直流方程为

$$V_{CC}=I_{BQ}R_B+U_{BEQ}+I_{EQ}R_E=\frac{I_{EQ}}{1+\beta}R_B+U_{BEQ}+I_{EQ}R_E$$

由此可得共集电极放大电路的静态工作点为

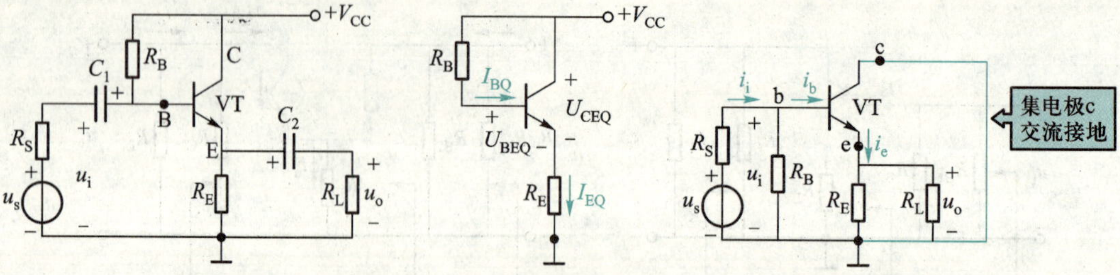

(a) 电路　(b) 直流通路　(c) 交流通路

图 3.2.5　共集电极放大电路及其等效电路

$$\left.\begin{aligned} I_{EQ} &= \frac{V_{CC}-U_{BEQ}}{R_B/(1+\beta)+R_E} \\ I_{BQ} &= \frac{I_{EQ}}{1+\beta} \\ U_{CEQ} &= V_{CC}-I_{EQ}R_E \end{aligned}\right\} \tag{3.2.9}$$

二、电路性能及应用

1. 电路性能特点

(1) 输出电压与输入电压大小近似相等、相位相同，$A_u \approx 1$。由图 3.2.5(c)交流通路可见，共集电极放大电路的输出电压 $u_o = u_i - u_{be}$。因基极电流 i_b 远小于发射极电流 i_e，一般情况下，$u_{be} \ll u_o$。所以 $u_o \approx u_i$，电压放大倍数小于 1 而近似等于 1。由于输出电压 u_o 的大小和相位跟随输入电压 u_i 变化而变化，因此又把共集电极放大电路称为射极跟随器。

(2) 输入电阻很大。共集电极放大电路能将发射极电阻扩大$(1+\beta)$倍后，折算到基极回路与 r_{be} 串联，从而显著增大了放大电路的输入电阻。由图 3.2.5(c)可得电路的输入电阻为

$$R_i = \frac{u_i}{i_i} = R_B // [r_{be} + (1+\beta)(R_E // R_L)] \tag{3.2.10}$$

(3) 输出电阻很小。共集电极放大电路可将基极回路电阻缩小$(1+\beta)$倍后，折算到发射极回路与 R_E 并联，从而使放大电路的输出电阻很小，约为几欧到几十欧。由图 3.2.5(c)分析可得共集电极放大电路的输出电阻为

$$R_o = \frac{r_{be} + R_S // R_B}{1+\beta} // R_E \tag{3.2.11}$$

电路点评

共集电极放大电路的输出电压与输入电压同相，电压放大倍数小于 1 而近似等于 1，输入电阻高，输出电阻低，虽然没有电压放大作用，但有很好的电流和功率放大能力，同时还有良好的高频特性，因而在实际电路中获得广泛应用。

2. 电路应用

(1) 用作多级放大电路的输入级。由于共集电极放大电路有很高的输入电阻，可减小对输入信号源的影响。如用于交流毫伏表、示波器等测量仪表的输入级，可减小对被测电路

的影响,从而提高了测量的准确度。

(2) 用作多级放大电路的输出级。由于共集电极放大电路的输出电阻很小,可提供恒压输出。如用于集成运放输出级,可提供较强的负载能力和较大的动态范围;用于 OCL 电路实现功率放大。

(3) 用作多级放大电路的中间级(称为缓冲级)。利用共集电极放大电路的高输入电阻和低输出电阻,隔离前后级间的影响,起到级间阻抗变换作用,有利于多级放大电路性能的改善。

知识拓展 共集电极放大电路主要性能指标的估算

下面通过例题介绍共集电极放大电路主要性能的估算。

【例 3.2.3】 在图 3.2.5(a)所示共集电极放大电路中,已知晶体管 $\beta=120$, $r_{bb'}=300\ \Omega$, $U_{BEQ}=0.7$ V, $V_{CC}=12$ V, $R_B=300$ kΩ, $R_E=R_L=R_S=1$ kΩ。试求该放大电路的静态工作点及 A_u、R_i、R_o。

解:(1) 求静态工作点

由图 3.2.5(b)可列出基极回路直流方程为

$$V_{CC}=I_{BQ}R_B+U_{BEQ}+I_{EQ}R_E=[I_{EQ}/(1+\beta)]R_B+U_{BEQ}+I_{EQ}R_E$$

由此可求得共集电极放大电路的静态工作点电流为

$$\left.\begin{aligned} I_{EQ}&=\frac{V_{CC}-U_{BEQ}}{\dfrac{R_B}{1+\beta}+R_E}\\ I_{CQ}&\approx I_{EQ}\end{aligned}\right\} \tag{3.2.12}$$

由图 3.2.5(b)集电极回路可得

$$U_{CEQ}=V_{CC}-I_{EQ}R_E \tag{3.2.13}$$

将已知数据代入则得

$$I_{EQ}=\frac{V_{CC}-U_{BEQ}}{\dfrac{R_B}{1+\beta}+R_E}=\frac{(12-0.7)\ \text{V}}{\dfrac{300}{121}\ \text{k}\Omega+1\ \text{k}\Omega}\approx 3.2\ \text{mA}$$

$$U_{CEQ}=V_{CC}-I_{EQ}R_E=12\ \text{V}-3.2\ \text{mA}\times 1\ \text{k}\Omega=8.8\ \text{V}$$

(2) 求 A_u、R_i、R_o

晶体管的输入电阻为

$$r_{be}=r_{bb'}+(1+\beta)\frac{26\ \text{mV}}{I_{EQ}(\text{mA})}=300\ \Omega+121\times\frac{26\ \text{mV}}{3.2\ \text{mA}}\approx 1.28\ \text{k}\Omega$$

由此可得电压放大倍数为

$$A_u=\frac{u_o}{u_i}\approx 1$$

输入电阻为

$$\begin{aligned} R_i&=R_B /\!/ [r_{be}+(1+\beta)R'_L]\\ &=\frac{300\times(1.28+121\times 0.5)}{300+(1.28+121\times 0.5)}\approx 51.2\ \text{k}\Omega\end{aligned}$$

输出电阻为

$$R_o = R_E // \frac{r_{be}+R'_S}{1+\beta}$$

$$= \frac{1\ k\Omega \times \dfrac{1.28\ k\Omega + \dfrac{300\times1}{300+1}\ k\Omega}{121}}{1\ k\Omega + \dfrac{1.28+\dfrac{300\times1}{300+1}\ k\Omega}{121}} \approx 18\ \Omega$$

想一想 共集电极放大电路没有电压放大能力,有没有电流和功率放大能力?为什么?

3.2.3 共基极放大电路

共基极放大电路如图 3.2.6(a)所示。由图可见,交流信号通过晶体管基极旁路电容 C_2 接地,因此输入信号 u_i 由发射极引入,输出信号 u_o 由集电极引出,它们都以基极为公共端,故称共基极放大电路,交流通路如图 3.2.6(b)所示。从直流通路看,共基极放大电路和图3.2.2(a)所示共发射极放大电路一样,也构成分压式电流负反馈偏置电路。

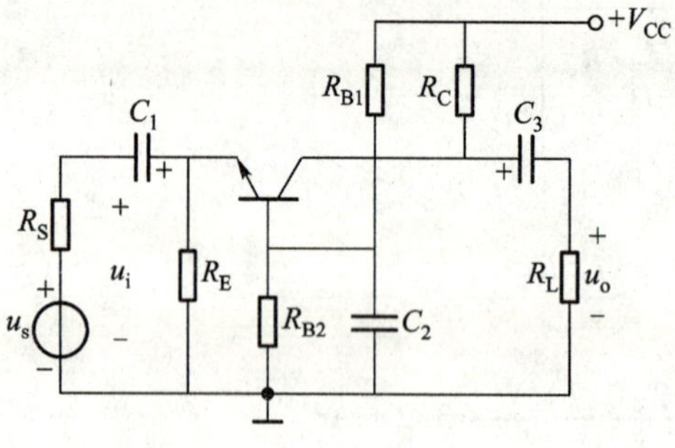

(a) 电路

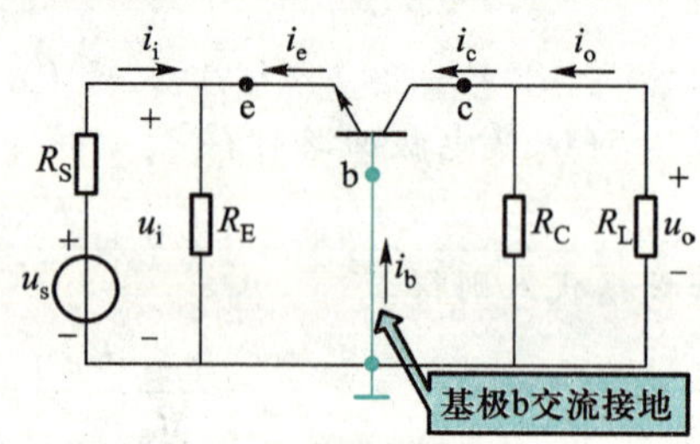

(b) 交流通路

图 3.2.6 共基极放大电路及交流通路

将图 3.2.6(a)中 C_1、C_2、C_3 短路,V_{CC}对地短接,可画出共基放大电路的交流通路如图 3.2.6(b)所示,由图可求得共基极放大电路的电压放大倍数、输入电阻和输出电阻计算公式分别为

$$\left.\begin{aligned} A_u &= \beta\frac{R_C // R_L}{r_{be}} \\ R_i &= R_E // \frac{r_{be}}{1+\beta} \\ R_o &= R_C \end{aligned}\right\} \qquad (3.2.14)$$

式中,$\frac{r_{be}}{1+\beta}=r_{eb}$,称为晶体管共基极接法输入电阻,可见其值很小,远小于 r_{be},只有几欧到几十欧。

电路点评

共基极放大电路具有输出电压与输入电压同相、电压放大倍数高、输入电阻小、输出电阻大等特点。由于共基极放大电路有较好的高频特性，故广泛用于高频及宽带放大电路中。

想一想 在共基极放大电路中，输出电压 u_o 与输入电压 u_i 的相位关系怎样？它和共发射极放大电路有什么区别？A_u 的计算公式怎样？

知识拓展 场效应管放大电路

由于场效应管也具有放大作用，如不考虑物理本质上的区别，可把场效应管的栅极(G)、源极(S)、漏极(D)分别与晶体管的基极(B)、发射极(E)、集电极(C)相对应，所以利用场效应管也可构成三种组态放大电路，它们分别称为共源、共漏和共栅放大电路。虽然场效应管放大电路的组成原则与晶体管放大电路相同，但由于场效应管是电压控制器件，且种类较多，故在电路组成上仍有其特点。

场效应管放大电路的主要优点是输入电阻极高、噪声低、热稳性好等，由于场效应管的跨导 g_m 较小，所以场效应管放大电路的电压放大倍数较低，它常用作多级放大器的输入级。

图 3.2.7(a)是采用 N 沟道耗尽型场效应管组成的共源放大电路，C_1、C_2 为耦合电容器，R_D 为漏极负载电阻，R_G 为栅极通路电阻，R_S 为源极电阻，C_S 为源极电阻旁路电容。该电路利用漏极电流 I_{DQ} 在源极电阻 R_S 上产生的压降，通过 R_G 加至栅极以获得所需的偏置电压。由于场效应管的栅极不吸取电流，R_G 中无电流流过，因此栅极 G 和源极 S 之间的偏压 $U_{GSQ}=-I_{DQ}R_S$。这种偏置方式称为自给偏压，也称为自偏压电路。

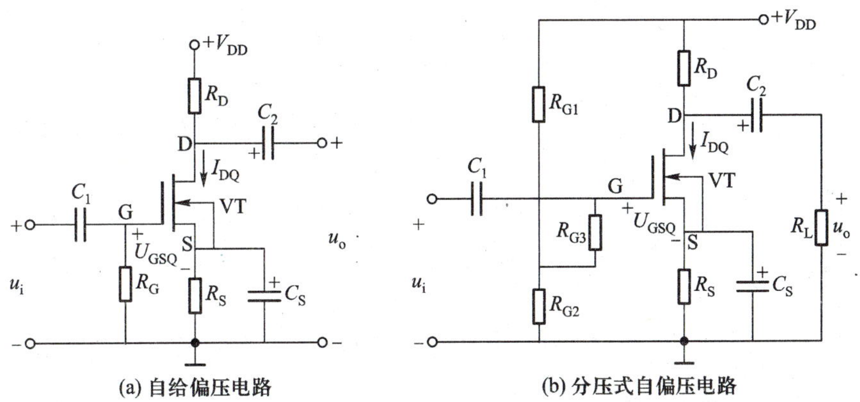

图 3.2.7 场效应管共源放大电路

必须指出，自给偏压电路只能产生反向偏压，所以它只适用于耗尽型场效应管，而不适用于增强型场效应管，因为增强型场效应管的栅源电压只有达到开启电压后才能产生漏极电流。

图 3.2.7(b)所示为采用分压式自偏压电路的场效应管共源放大电路。图中，R_{G1}、R_{G2}为分压电阻，将 V_{DD} 分压后，取 R_{G2} 上的压降供给场效应管栅极偏压。由于 R_{G3} 中没有电流，它对静态工作点没有影响，所以由图不难得到

$$U_{GSQ}=V_{DD}\frac{R_{G2}}{R_{G1}+R_{G2}}-I_{DQ}R_S \tag{3.2.15}$$

由式(3.2.15)可见，U_{GSQ} 可正、可负，所以这种偏置电路也适用于增强型场效应管。

【例 3.2.4】 已知共源放大电路如图 3.2.7(b)所示，图中 $R_{G1}=200\ \text{k}\Omega$、$R_{G2}=100\ \text{k}\Omega$、$R_{G3}=5.1\ \text{M}\Omega$、$R_D=15\ \text{k}\Omega$、$R_S=10\ \text{k}\Omega$、$R_L=20\ \text{k}\Omega$。已知场效应管在工作点上 $g_m=0.8\ \text{mS}$。试求该放大电路的 A_u、R_i、R_o。

解：画出图 3.2.7(b)所示电路的交流通路如图 3.2.8 所示。由图可求得电压放大倍数为

$$A_u=\frac{u_o}{u_i}=\frac{-i_d(R_D/\!/R_L)}{u_i}=\frac{-g_m u_i(R_D/\!/R_L)}{u_i}=-g_m(R_D/\!/R_L)$$

将已知参数代入上式，则得

$$A_u=0.8\ \text{mS}\times\frac{15\times20}{15+20}\ \text{k}\Omega=-6.9$$

由于场效应管栅极电流为零，所以放大电路的输入电阻为

$$R_i=\frac{u_i}{i_i}=R_{G3}+R_{G1}/\!/R_{G2}$$

$$=5.1\times10^3\ \text{k}\Omega+\frac{200\times100}{200+100}\ \text{k}\Omega\approx5.1\ \text{M}\Omega$$

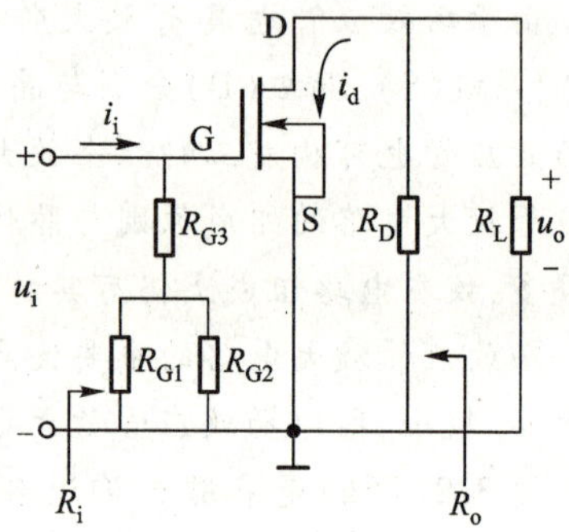

图 3.2.8　图 3.2.7(b)交流通路

由于 $R_{G3}>>R_{G1}/\!/R_{G2}$，可见 R_{G3} 是用来提高放大电路输入电阻的。

当 $u_i=0$ 时，场效应管漏极电流 $i_d=0$，即漏极 D 与源极 S 之间相当于开路，由此可求得放大电路的输出电阻为

$$R_o=R_D=15\ \text{k}\Omega$$

复习题

1. 用晶体管组成放大电路，有哪几种基本组态？它们在电路结构上有哪些异同点？

2. 试说明分压式电流负反馈偏置电路的构成特点及优点。

3. 试比较共发、共集、共基三组态电路的特点，并说出各自的主要用途。

4. 增强型场效应管构成放大电路时，能不能采用自偏压电路？为什么？

3.3 差分放大电路

差分放大电路又称差动放大电路，由于它的输出电压与两个输入电压之差成正比而得名。它是另一类基本放大电路，其电路和性能方面具有很多优点，因而广泛应用于集成电路中。

3.3.1 差分放大电路的工作原理

一、电路组成及静态工作点

图3.3.1(a)所示为基本差分放大电路，它由两个完全对称的共发射极电路组成，采用双电源 V_{CC}、V_{EE} 供电。输入信号 u_{i1}、u_{i2} 从两个晶体管的基极加入，称为双端输入，输出信号从两个集电极之间取出，称为双端输出。R_E 为差分放大电路的公共发射极电阻，用来抑制零点漂移并决定晶体管的静态工作电流。R_C 为集电极负载电阻。

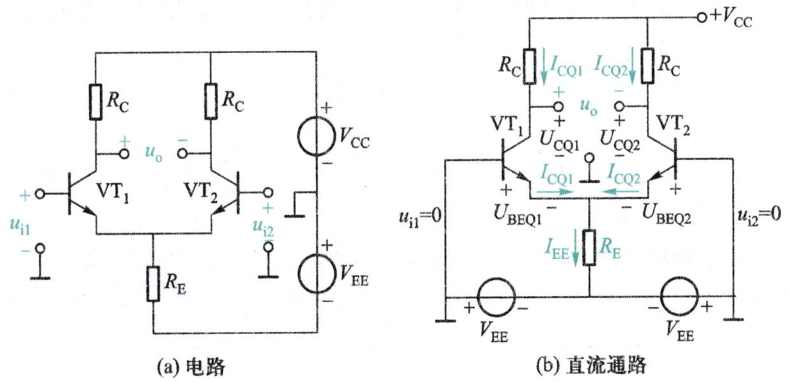

图 3.3.1 基本差分放大电路

若输入信号为零，即 $u_{i1}=u_{i2}=0$ 时，放大电路处于静态，其直流通路如图3.3.1(b)所示。由于电路对称，所以 $U_{BEQ1}=U_{BEQ2}$，$I_{BQ1}=I_{BQ2}$，$I_{CQ1}=I_{CQ2}$，$I_{EQ1}=I_{EQ2}$，流过 R_E 的电流 $I_{EE}=I_{EQ1}+I_{EQ2}$。由图3.3.1(b)可得

$$V_{EE}=U_{BEQ1}+I_{EE}R_E$$

所以

$$I_{EE}=\frac{V_{EE}-U_{BEQ1}}{R_E}\approx\frac{V_{EE}}{R_E} \tag{3.3.1}$$

因此，两管集电极电流均为

$$I_{CQ1}=I_{CQ2}\approx\frac{I_{EE}}{2}\approx\frac{V_{EE}}{2R_E} \tag{3.3.2}$$

两管集电极对地电压为

$$U_{CQ1}=V_{CC}-I_{CQ1}R_C \qquad U_{CQ2}=V_{CC}-I_{CQ2}R_C \tag{3.3.3}$$

可见，静态时两管集电极之间的输出电压为零，即

$$u_o=U_{CQ1}-U_{CQ2}=0$$

所以，差分放大电路零输入时输出电压为零，而且当温度发生变化时，I_{CQ1}、I_{CQ2} 以及 U_{CQ1}、U_{CQ2} 均产生相同的变化，输出电压 u_o 仍将保持为零。同时又由于公共发射极电阻 R_E 的负反馈作用，使得 I_{CQ1}、I_{CQ2} 以及 U_{CQ1}、U_{CQ2} 的变化也很小，因此，差分放大电路具有稳定的静态工作点和很小的温度漂移。当工作点不稳定时，就有可能造成放大电路零输入时输出电压不为零，且随时间缓慢变化，这种现象称为零点漂移。因温度变化而引起的零点漂移，称为温度漂移，简称温漂。

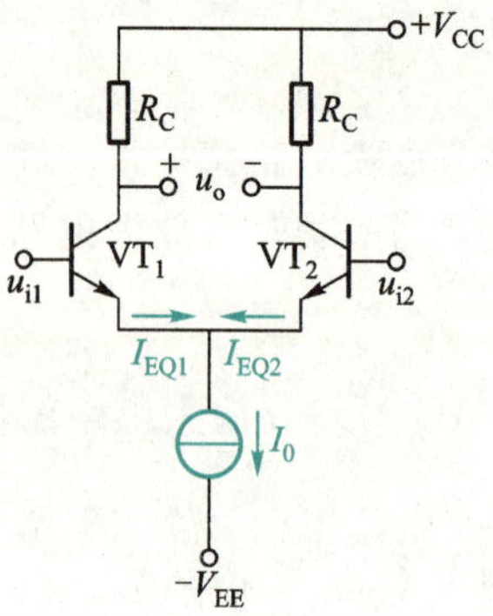

图 3.3.2 具有电流源的差分放大电路

如果差分放大电路不是完全对称，零输入时输出电压将不为零，这种现象称为差分放大电路的失调，而且这种失调还会随温度等变化而变化，这将直接影响到差分放大电路的正常工作，因此在差分放大电路中应力求电路对称，并在条件允许的情况下，增大 R_E 的值。所以在集成电路中常采用电流源代替 R_E，如图 3.3.2 所示，供给晶体管的静态工作电流为恒定的 I_0，此时

$$I_{EQ1}=I_{EQ2}=\frac{1}{2}I_0 \tag{3.3.4}$$

想一想 在差分放大电路中，发射极电阻 R_E 起何作用？其值是大好还是小好？为什么可以用电流源代替 R_E？

二、差分放大电路的差模放大特性

在差分放大电路输入端加入大小相等、极性相反的输入信号，称为差模输入，如图3.3.3(a)所示，此时 $u_{i2}=-u_{i1}$，差模信号用两个输入端之间的电压差表示，即

$$u_{id}=u_{i1}-u_{i2}=2u_{i1} \tag{3.3.5}$$

u_{id}称为差模输入电压。

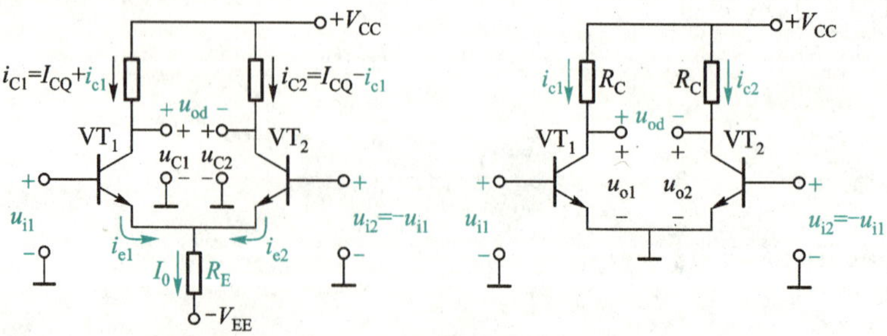

图 3.3.3 差分放大电路差模信号输入

u_{i1}、u_{i2} 经 VT_1、VT_2 放大后，u_{C1} 与 u_{C2} 的变化相反。由于 VT_1、VT_2 的特性相同，VT_1 管的

交流输出电压 u_{o1} 与 VT_2 管的交流输出电压 u_{o2} 大小相等但极性相反。因此差分电路两管集电极之间的输出电压称为差模输出电压，用 u_{od} 表示，即

$$u_{od}=u_{C1}-u_{C2}=u_{o1}-u_{o2}=2u_{o1} \tag{3.3.6}$$

由于两管发射极电流 i_{e1} 与 i_{e2} 大小相等、方向相反，两者流过 R_E 时相抵消，所以流经 R_E 的电流仍等于静态电流 I_O，也就是说，**在差模输入信号的作用下，R_E 两端压降几乎不变，即 R_E 对于差模信号来说没有影响，相当于短路**，由此可画出差分放大电路的差模信号交流通路如图 3.3.3(b) 所示。

差模输出电压 u_{od} 与差模输入电压 u_{id} 之比，称为差分放大电路的差模电压放大倍数 A_{ud}，即

$$A_{ud}=\frac{u_{od}}{u_{id}}=\frac{u_{o1}-u_{o2}}{u_{i1}-u_{i2}}=\frac{2u_{o1}}{2u_{i1}}=\frac{u_{o1}}{u_{i1}} \tag{3.3.7}$$

式(3.3.7)表明，差分放大电路双端输出时的差模电压放大倍数 A_{ud} 等于单管的电压放大倍数。由图 3.3.3(b)不难看出

$$A_{ud}=-\frac{\beta R_C}{r_{be}} \tag{3.3.8}$$

在图 3.3.3(a)所示电路中，若在两集电极之间接有负载电阻 R_L 时，VT_1、VT_2 管的集电极电位一增一减，且变化量相等，负载电阻 R_L 的中点电位始终不变，为交流零电位，因此每边电路的交流等效负载电阻 $R_L'=R_C//\frac{R_L}{2}$。这时差模电压放大倍数为

$$A_{ud}=-\beta\frac{R_L'}{r_{be}} \tag{3.3.9}$$

从差分放大电路两个输入端看进去的等效电阻，称为差分放大电路的差模输入电阻 R_{id}，由图3.3.3(b)可得

$$R_{id}=2r_{be} \tag{3.3.10}$$

差分放大电路两管集电极之间对差模信号所呈现的电阻称为差模输出电阻 R_o，由图 3.3.3(b)可得

$$R_o\approx 2R_C \tag{3.3.11}$$

【例 3.3.1】 图 3.3.1(a)所示差分放大电路中，已知 $V_{CC}=V_{EE}=12\ \text{V}$，$R_C=10\ \text{k}\Omega$，$R_E=20\ \text{k}\Omega$，晶体管 $\beta=80$，$r_{bb'}=300\ \Omega$，$U_{BEQ}=0.6\ \text{V}$，两输出端之间外接负载电阻 $R_L=20\ \text{k}\Omega$。试求：(1) 放大电路的静态工作点；(2) 放大电路的差模电压放大倍数 A_{ud}、差模输入电阻 R_{id} 和输出电阻 R_o。

解：(1) 求静态工作点

$$I_{CQ1}=I_{CQ2}=\frac{V_{EE}-U_{BEQ}}{2R_E}=\frac{(12-0.6)\ \text{V}}{2\times 20\ \text{k}\Omega}=0.285\ \text{mA}$$

$$U_{CQ1}=U_{CQ2}=V_{CC}-I_{CQ1}R_C=12\ \text{V}-0.285\ \text{mA}\times 10\ \text{k}\Omega=9.15\ \text{V}$$

(2) 求 A_{ud}

$$r_{be}=r_{bb'}+(1+\beta)\frac{26\ \text{mV}}{I_{EQ}(\text{mA})}=300\ \Omega+81\times\frac{26\ \text{mV}}{0.285\ \text{mA}}=7.69\ \text{k}\Omega$$

$$A_{ud}=-\frac{\beta R_L'}{r_{be}}=-\frac{80\times\frac{10\times 10}{10+10}\ \text{k}\Omega}{7.69\ \text{k}\Omega}=-52$$

$$R_{id}=2r_{be}=2\times7.69\ k\Omega\approx15.4\ k\Omega$$

$$R_o=2R_C=-2\times10\ k\Omega=20\ k\Omega$$

三、共模放大特性及共模抑制比

在差分放大电路的两个输入端加上大小相等、极性相同的信号，如图 3.3.4 所示，称为共模输入信号，此时令 $u_{i1}=u_{i2}=u_{ic}$，差分放大电路在共模信号作用下，由于电路是对称的，所以 VT_1、VT_2 管的发射极交流电流 $i_{e1}=i_{e2}$。由图可见，流过公共发射极电阻 R_E 的交流电流为 $2i_{e1}$（或 $2i_{e2}$），R_E 两端的交流压降 $u_e=2i_{e1}R_E=i_{e1}(2R_E)$，当 R_E 足够大时，u_e 可近似与 u_{ic} 相等。这说明 R_E 对每个晶体管的共模信号有 $2R_E$ 的负反馈效果，使得 VT_1、VT_2 对共模信号的放大倍数很小，输出电压很小。由图 3.3.4 不难得到差分放大电路双端共模输出电压为

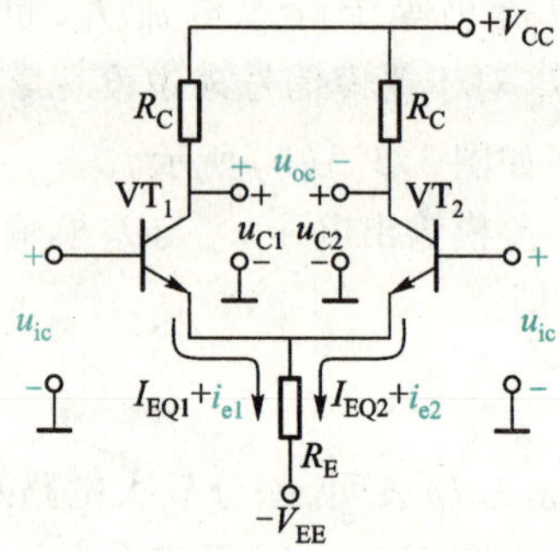

图 3.3.4 差分放大电路共模输入

$$u_{oc}=u_{C1}-u_{C2}=0 \tag{3.3.12}$$

在实际电路中，两管电路不可能完全相同，因此 u_{oc} 不等于零，但要求 u_{oc} 越小越好。将共模输出电压 u_{oc} 与共模输入电压 u_{ic} 之比，称为差分放大电路的共模电压放大倍数，用 A_{uc} 表示，即

$$A_{uc}=\frac{u_{oc}}{u_{ic}} \tag{3.3.13}$$

显然，差分放大电路完全对称时，$A_{uc}=0$。

由于温度变化或电源电压波动引起两管集电极电流的变化是相同的，因此可以把它们的影响等效地看成差分放大电路输入端加入共模信号的结果，所以差分放大电路对温度的影响具有很强的抑制作用。另外，伴随输入信号一起引入到两管基极相同的外界干扰信号，也都可以看作共模输入信号而被抑制。

实际应用中，差分放大电路两输入信号中，既有差模输入信号成分，又有无用的共模输入成分。差分放大电路应对差模信号有良好的放大能力，而对共模信号有较强的抑制能力，为了表征差分放大电路的这种能力，通常采用共模抑制比 K_{CMR} 这一指标来表示，它定义为差模电压放大倍数 A_{ud} 与共模电压放大倍数 A_{uc} 之比的绝对值，即

$$K_{CMR}=\left|\frac{A_{ud}}{A_{uc}}\right| \tag{3.3.14}$$

用分贝表示时为

$$K_{CMR}(dB)=20\lg\left|\frac{A_{ud}}{A_{uc}}\right| \tag{3.3.15}$$

K_{CMR} 值越大，表明差分放大电路抑制共模信号的性能越好，当电路两边理想对称、双端输出时，由于 $A_{uc}=0$，故 K_{CMR} 趋于无限大。一般差分放大电路的 K_{CMR} 约为 60 dB，较好的可达 120 dB。

【例 3.3.2】 已知差分放大电路的输入信号 $u_{i1}=1.01\ V$，$u_{i2}=0.99\ V$。试求差模和共模输入电压。

解：差模输入电压

$$u_{id}=u_{i1}-u_{i2}=1.01\ \text{V}-0.99\ \text{V}=0.02\ \text{V}$$

因此 VT_1 管的差模输入电压为 $u_{id}/2=0.01$ V，VT_2 管的差模输入电压为 $-u_{id}/2=-0.01$ V。

共模输入电压

$$u_{ic}=\frac{u_{i1}+u_{i2}}{2}=\frac{(1.01+0.99)\ \text{V}}{2}=1\ \text{V}$$

由此可见，当用共模和差模信号表示两个输入电压时，则有

$$u_{i1}=u_{ic}+\frac{u_{id}}{2}=1\ \text{V}+0.01\ \text{V}=1.01\ \text{V}$$

$$u_{i2}=u_{ic}-\frac{u_{id}}{2}=1\ \text{V}-0.01\ \text{V}=0.99\ \text{V}$$

【例 3.3.3】 差分放大电路双端输入电压 $u_{id}=0.02$ V，测得双端输出电压 $u_{od}=-1$ V，当输入共模输入电压 $u_{ic}=1$ V 时，测得双端输出电压 $u_{oc}=0.05$ V，试求该差分放大电路的差模、共模放大倍数及共模抑制比。

解：差模电压放大倍数为

$$A_{ud}=\frac{u_{od}}{u_{id}}=\frac{-1\ \text{V}}{0.02\ \text{V}}=-50$$

共模电压放大倍数为

$$A_{uc}=\frac{u_{oc}}{u_{ic}}=\frac{0.05\ \text{V}}{1\ \text{V}}=0.05$$

所以，共模抑制比为

$$K_{CMR}=20\ \lg\left|\frac{A_{ud}}{A_{uc}}\right|=20\ \lg\frac{50}{0.05}=60\ \text{dB}$$

想一想 差分放大电路结构上有什么特点？何谓差模、共模输入信号？差分放大电路为何能抑制零点漂移？

四、差分放大电路的单端输入、输出方式

以上讨论的差分放大电路均采用双端输入和双端输出方式，在实际使用中，有时需要单端输出或单端输入方式。当信号从一只晶体管的集电极输出，负载 R_L 一端接地时，称为单端输出方式；当两个输入端中有一个端子直接接地时，称为单端输入方式。

1. 单端输入

图 3.3.5 所示差分放大电路中，有一个输入端接地，称为单端输入方式，此时，输入信号相当于 $u_{i1}=u_i$，$u_{i2}=0$，两个输入端之间的差模输入信号就等于 u_i。由此可见，不管是双端输入方式，还是单端输入方式，差分放大电路的差模输入电压始终是两个输入电压的差值，因此差模电压放大倍数、共模抑制比等与输入端的连接方式无关。

2. 单端输出

图 3.3.5(a)所示为负载电阻 R_L 接于 VT_1 集电极的单端输出方式，由于输出电压 u_o 与输入电压 u_i 反相，称为反相输出，若负载电阻 R_L 接于 VT_2 管的集电极与地之间，如图 3.3.5

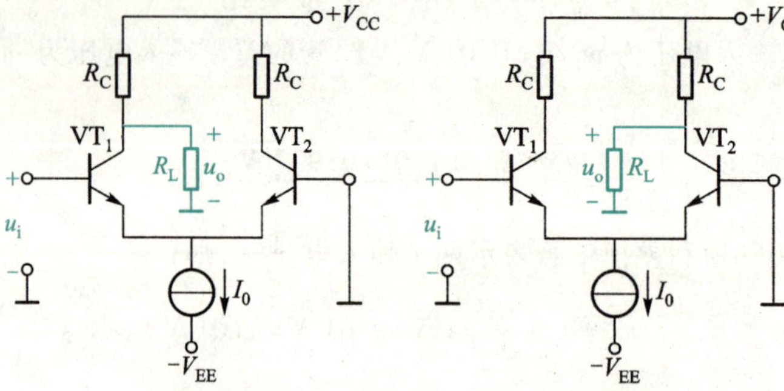

(a) 反相输出　　(b) 同相输出

图 3.3.5　差分放大电路的单端输出、单端输入

(b)所示。信号由 VT_2 管集电极输出,这时输出电压 u_o 与输入电压 u_i 同相,称为同相输出。由于差分放大电路单端输出电压 u_o 仅为双端输出电压的一半,所以单端输出电路的差模电压放大倍数将比双端输出时下降很多。同时,单端输出时两管集电极的零点漂移不能互相抵消,所以其共模抑制比也要比双端输出小,但因有发射极电流源对共模信号有很强的抑制作用,其零点漂移仍然是很小的。因此在实用中应尽量采用双端输出方式,或者需要单端输出时,可采用双端变单端电路来提高电路的性能。

3.3.2　差分放大电路的应用

差分放大电路应用十分广泛,除用于小信号放大外,还可以用它实现许多功能,现将差分放大电路的主要应用概括如下:

(1) 用作多级放大电路的输入级。特别在集成运算放大器的输入级均采用差分放大电路,利用差分电路的对称性可以减小温度漂移,提高整个电路的共模抑制比。

(2) 用以构成自动增益控制电路和模拟相乘电路。通过控制电流源电流来控制差分放大电路的增益,可实现自动增益控制;如果使电流源电流与某个输入电压成正比,即可实现两个模拟信号电压的相乘,这在变跨导集成模拟乘法器中广泛应用。

(3) 用以构成大信号限幅电路和电流开关电路。差分放大电路在大信号差模输入电压的作用下,差分放大管 VT_1、VT_2 交替工作在截止和放大状态,不会进入饱和区,从而避免了因饱和而带来的存储时间,提高了开关速度。

(4) 用以构成波形变换电路。利用差分放大电路的非线性传输特性,可将三角波变换成正弦波。

复习题

1. 差分放大电路有何特点?何谓差模、共模输入信号?若差分放大电路输入信号 $u_{i1}=2.02$ V,$u_{i2}=1.98$ V,试问差模和共模输入电压各为多大?
2. 什么叫零点漂移,差分放大电路是如何抑制零点漂移的?
3. 共模抑制比的定义是什么?差分放大电路如何提高共模抑制比?
4. 差分放大电路的输入、输出有哪几种连接方式?各有何特点?

3.4 互补对称功率放大电路

3.4.1 功率放大电路的特点与分类

在多级放大电路的末级、集成功率放大器、集成运算放大器等模拟集成电路的输出级，要求具有较高的输出功率，或要求具有较大的输出动态范围。这类主要用于向负载提供功率的放大电路称为功率放大电路。它与前面所讨论的主要用于放大小信号的电压放大电路作用不同，从而导致功率放大电路与电压放大电路在性能要求、电路组成、工作状态等方面有明显的区别。通常功率放大电路主要研究电路的输出功率和效率等问题。

放大电路按晶体管在一个信号周期内导通时间的不同，可分为甲类、乙类和甲乙类放大。在整个输入信号周期内，管子都有电流流通的，称为甲类放大，如图3.4.1(a)所示，此时晶体管的静态工作点电流I_{CQ}比较大；在一个信号周期内，管子只有半个周期有电流流通，称为乙类放大如图3.4.1(b)所示；当一个信号周期内管子有半个多周期内有电流流通，称为甲乙类放大，如图3.4.1(c)所示。

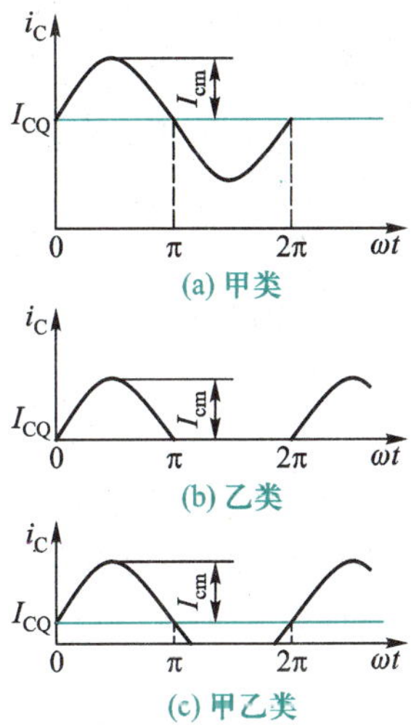

图3.4.1 放大电路的工作状态

甲类放大的优点是波形失真小，但由于静态工作点电流大，故管耗大，放大电路效率低，所以它主要用于小功率放大电路中。前面所讨论的放大电路主要用于增大电压幅度，一般输入、输出信号幅度都比较小，故均采用甲类放大。

乙类与甲乙类放大由于管耗小，放大电路效率高，在功率放大电路中获得广泛应用。由于乙类与甲乙类放大输出波形失真严重，所以在实际电路中均采用两管轮流导通的推挽电路来减小失真。

功率放大电路的类型很多，目前电子电路中广泛采用乙类（或甲乙类）互补对称功率放大电路，所以这里只对乙类（或甲乙类）互补对称功率放大电路进行讨论。

3.4.2 乙类双电源互补对称功率放大电路

一、电路组成及工作原理

采用正、负电源构成的乙类互补对称功率放大电路如图3.4.2(a)所示，VT_1、VT_2分别为NPN型管和PNP型管，两管的基极和发射极分别连在一起，信号从基极引入，从发射极输出，R_L为负载，要求两管特性相同，且$V_{CC}=V_{EE}$。

静态时，即$u_i=0$，VT_1、VT_2均处于零偏置，两管的I_{BQ}、I_{CQ}均为零，因此，输出电压$u_o=0$，此时电路不消耗功率。

当放大电路有正弦信号u_i输入时，在u_i的正半周，VT_2因发射结反偏而截止，VT_1因正偏而导通，V_{CC}通过VT_1向负载R_L提供电流i_{C1}，产生输出电压u_o的正半周，如图3.4.2(b)所示。在u_i的负半周，VT_1因发射结反偏而截止，VT_2因正偏而导通，$-V_{EE}$通过VT_2向R_L提供电流i_{C2}，产生输出电压u_o的负半周，如图3.4.2(c)所示。由此可见，由于VT_1、VT_2管轮

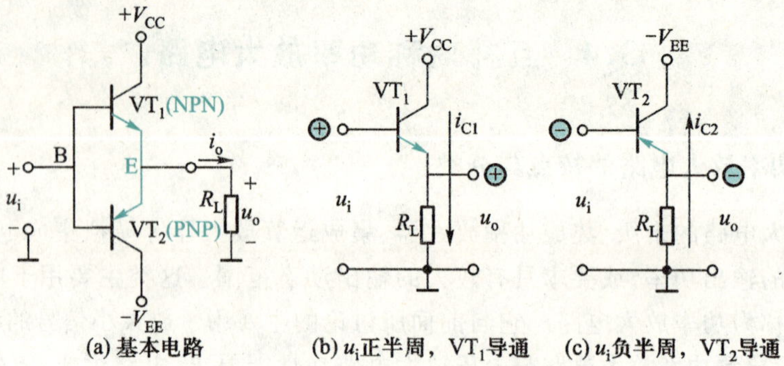

图 3.4.2　乙类双电源互补对称功率放大电路

流导通，相互补足对方缺少的半个周期，负载 R_L 上仍得到与输入信号波形相接近的电流和电压，如图 3.4.3 所示，故称这种电路为乙类互补对称放大电路。又因为静态时公共发射极电位为零，不必采用电容耦合，故又简称OCL电路。由图 3.4.2(b)、(c)可见，互补对称放大电路是由两个工作在乙类的射极输出器所组成，所以输出电压 u_o 的大小基本上与输入电压 u_i 的大小相等。又因为射极输出器输出电阻很低，所以互补对称放大电路具有较强的负载能力，即它能向负载提供较大的功率，实现功率放大作用，所以又把这种电路称为乙类互补对称功率放大电路。

二、输出功率和效率

1. 输出功率

输出电流 i_o 和输出电压 u_o 有效值的乘积，就是功率放大电路的输出功率。由图 3.4.3 可得

$$P_o=\frac{I_{cm}}{\sqrt{2}}\cdot\frac{U_{om}}{\sqrt{2}}=\frac{1}{2}I_{cm}U_{om} \tag{3.4.1}$$

由于 $I_{cm}=\dfrac{U_{om}}{R_L}$，所以式(3.4.1)也可写成

$$P_o=\frac{U_{om}^2}{2R_L}=\frac{1}{2}I_{cm}^2R_L \tag{3.4.2}$$

由图 3.4.2 可知，乙类互补对称功率放大电路最大不失真输出电压的振幅为

$$U_{omm}=V_{CC}-U_{CE(sat)}\approx V_{CC} \tag{3.4.3}$$

式中，$U_{CE(sat)}$ 为晶体管的饱和压降，通常很小，可以略去。

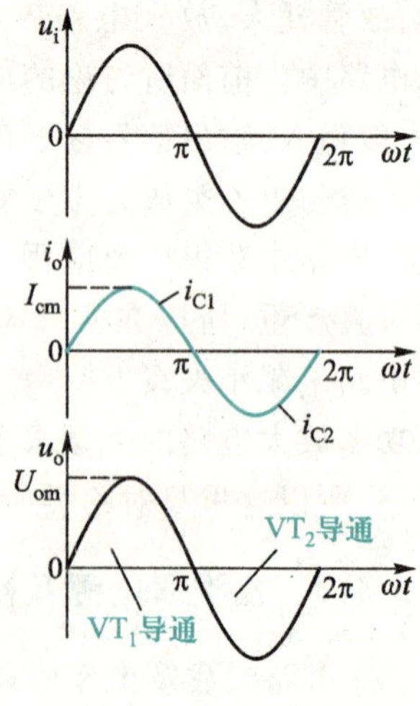

图 3.4.3　乙类互补对称功率放大电路电流、电压波形

最大不失真输出电流的振幅为

$$I_{cmm}=\frac{U_{omm}}{R_L}\approx\frac{V_{CC}}{R_L} \tag{3.4.4}$$

所以，放大电路最大不失真输出功率为

$$P_{om}=\frac{U_{omm}}{\sqrt{2}}\cdot\frac{I_{cmm}}{\sqrt{2}}\approx\frac{V_{CC}^2}{2R_L} \tag{3.4.5}$$

2. 直流电源提供的功率

直流电源提供的功率用 P_D 表示，它随输出电流振幅 I_{cm} 的增大而增大，由于两个管子轮流工作半个周期，所以每个电源只提供半个周期的电流，由图 3.4.3 可知，每个管子的集电极平均电流为

$$I_{C1}=I_{C2}=\frac{I_{cm}}{\pi} \tag{3.4.6}$$

因此，两个电源提供的总功率为

$$P_D=2I_{C1}V_{CC}=2V_{CC}I_{cm}/\pi \tag{3.4.7}$$

将式(3.4.4)代入式(3.4.7)得最大输出功率时，两个电源提供的总功率为

$$P_D=\frac{2V_{CC}^2}{\pi R_L} \tag{3.4.8}$$

3. 效率

功率放大电路的效率是指负载获得的信号功率(即输出功率 P_o)与直流电源提供的功率 P_D 之比，用 η 表示，即

$$\eta=\frac{P_o}{P_D} \tag{3.4.9}$$

由式(3.4.5)和式(3.4.8)可得乙类互补对称功率放大电路的最高效率为

$$\eta_m=\frac{V_{CC}^2/(2R_L)}{2V_{CC}^2/(\pi R_L)}=\frac{\pi}{4}\approx 78.5\% \tag{3.4.10}$$

实际应用中，由于管子的饱和压降和电路元件的损耗等因素，乙类互补对称功率放大电路的效率一般为 60% 左右。

【例 3.4.1】 乙类互补对称功率放大电路如图 3.4.2(a)所示，已知 $V_{CC}=V_{EE}=24\ \text{V}$，$R_L=8\ \Omega$。试求该功率放大电路的最大输出功率 P_{om}；当放大电路输入电压 $U_{im}=16\ \text{V}$ 时，求此时功率放大电路的输出功率 P_o 为多大。

解：由式(3.4.5)可求得功率放大电路的最大输出功率为

$$P_{om}=\frac{V_{CC}^2}{2R_L}=\frac{24^2}{2\times 8}\ \text{W}=36\ \text{W}$$

由于乙类互补对称功率放大电路输出电压 u_o 与输入电压 u_i 近似相等，故 $U_{om}=U_{im}=16\ \text{V}$，所以输出功率为

$$P_o=\frac{U_{om}^2}{2R_L}=\frac{16^2}{2\times 8}\ \text{W}=16\ \text{W}$$

想一想 当最大输出功率 $P_{om}=36\ \text{W}$ 时，理想情况下功率放大电路的效率为多大？直流电源提供的功率为多大？当输出功率 $P_o=16\ \text{W}$ 时，其效率又为多大？

3.4.3 甲乙类双电源互补对称功率放大电路

一、乙类互补对称功率放大电路的交越失真

在乙类互补对称功率放大电路中，由于 VT_1、VT_2 管没有基极偏流，静态时 $U_{BEQ1}=U_{BEQ2}=0$，当

输出信号小于晶体管的死区电压时，管子仍处于截止状态。因此，在输入信号的一个周期内，VT_1、VT_2 轮流导通时形成的基极电流波形在过零点附近区域内出现失真，从而使输出电流和电压波形出现同样的失真，这种失真称为交越失真，如图 3.4.4 所示。

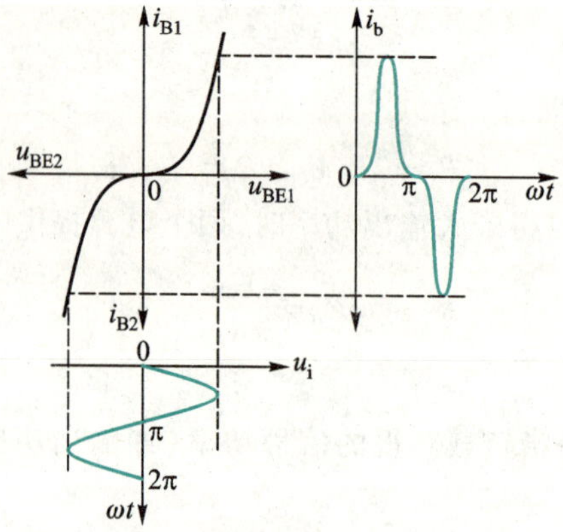

图 3.4.4 乙类互补对称功率放大电路的交越失真

二、甲乙类互补对称功率放大电路

为了消除交越失真，可分别给两只晶体管的发射结加很小的正偏压，即使两管在静态时也处于微导通状态，两管在轮流导通时，在交替处就比较平滑，从而减小了交越失真，但此时管子已工作在甲乙类放大状态。在实际电路中，静态电流通常取得很小，所以这种电路仍可以用乙类互补对称电路的有关公式近似估算输出功率和效率等指标。

图 3.4.5(a)所示电路是利用二极管提供偏置电压的甲乙类互补对称功率放大电路，图中，在 VT_1、VT_2 基极间串入二极管 VT_3、VT_4，利用 VT_5 管的静态电流流过 VT_3，VT_4 产生的压降作为 VT_1、VT_2 管的静态偏置电压。这种偏置的方法有一定的温度补偿作用，因为这里的二极管都是将晶体管基极和集电极短接而成，当 VT_1、VT_2 两管的 u_{BE} 随温度升高而减小时，VT_3、VT_4 两管的发射结电压降也随温度的升高相应减小，但该电路偏置电压不易调整。

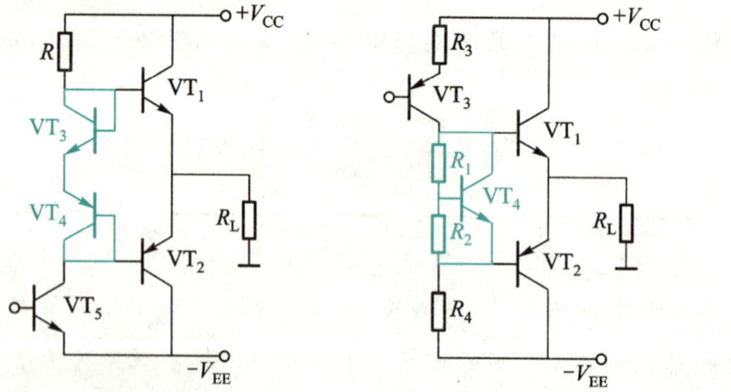

(a) 利用二极管进行偏置的电路　(b) 利用 U_{BE} 扩大电路进行偏置的电路

图 3.4.5 甲乙类互补对称功率放大电路

图 3.4.5(b)所示为另一种偏置方式的甲乙类互补对称功率放大电路，设图中流入 VT_4 的基极电流远小于流过 R_1、R_2 的电流，则由图可求出

$$U_{CE4} \approx \frac{U_{BE4}}{R_2}(R_1+R_2) \tag{3.4.11}$$

U_{CE4}用以供给 VT_1、VT_2 两管的偏置电压。由于 U_{BE4}基本为一固定值(0.6 ~ 0.7) V,只要适当调节 R_1、R_2 的比值,就可调节 VT_1、VT_2 两管的偏压值。

三、复合管互补对称功率放大电路

1. 复合管

互补对称功率放大电路中,要求输出管为一对特性相同的异型管,往往很难实现,在实际电路中常采用复合管来实现异型管子的配对。

所谓复合管,就是由两只或两只以上的晶体管按照一定的连接方式,组成一只等效的晶体管(复合管也可由场效应管与晶体管组成,这里仅讨论由晶体管组成的复合管)。复合管的类型与组成该复合管的第一只晶体管相同,而其输出电流、饱和压降等基本特性,主要由最后的输出晶体管决定。图 3.4.6 所示为由两只晶体管组成复合管的四种情况,图(a)、(b)为同型复合,图(c)、(d)为异型复合,可见,复合后的管型与第一只晶体管相同。复合管的电流放大系数近似为组成该复合管各晶体管 β 值的乘积,即 $\beta \approx \beta_1 \cdot \beta_2$,其值很大。这是复合管的优点,但它的穿透电流也较大,且高频特性比较差。

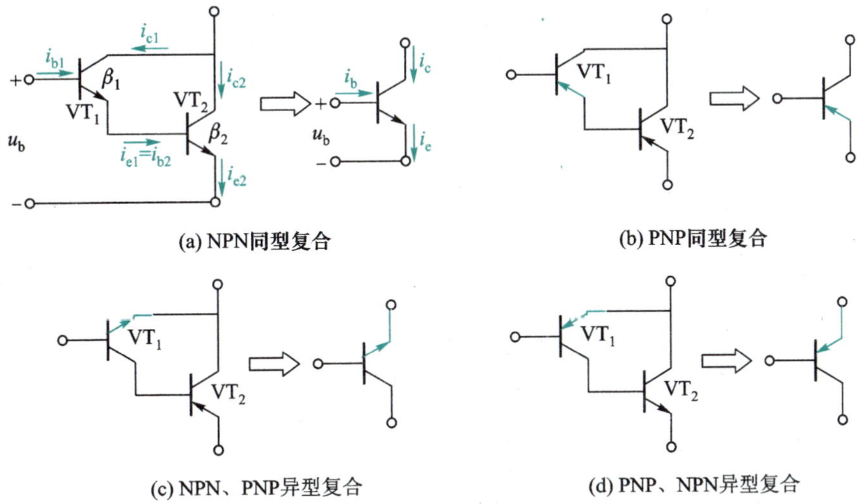

图 3.4.6 复合管接法

2. 复合管互补对称功率放大电路举例

图 3.4.7 是由复合管组成的甲乙类互补对称功率放大电路。图中,VT_1、VT_3 同型复合等效为 NPN 型管,VT_2、VT_4 异型复合等效为 PNP 型管。由于 VT_1、VT_2 是同一类型 NPN 管,它们的输出特性可以很好地对称,通常把这种复合管互补电路称为准互补对称功率放大电路。图中,VD_1、VD_2、R_P 构成输出级偏置电路,用以克服交越失真。VT_1、VT_2 管发射极电阻 R_{E1}、R_{E2},一般为 0.1 Ω ~ 0.5 Ω,它除具有负反馈作用,提高电路的稳定性外,还具有过电流保护作用。VT_4 管发射极电阻 R_4 是 VT_3、VT_4 管的平衡电阻,可保证 VT_3、VT_4 管的输入电阻对称。R_3、R_5 为穿透电流的泄放电阻,用以减小复合管的穿透电流,提高复合管的温度稳定性。

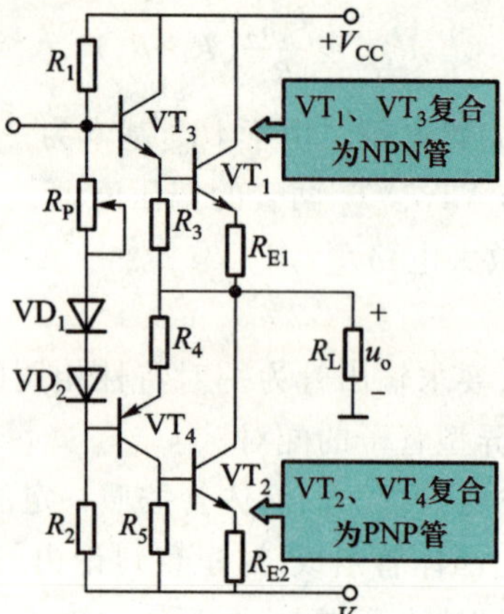

图 3.4.7　复合管互补对称放大电路

想一想　在图 3.4.7 所示复合管互补对称功率放大电路中，R_P、VD_1、VD_2 起何作用？其中 R_P 用来调节电路的什么？

3.4.4　单电源互补对称功率放大电路

一、基本原理

以上介绍的互补对称功率放大电路均采用双电源供电，但在实际应用中，有些场合只有一个电源，这时可采用单电源供电方式，如图 3.4.8 所示。该电路的输出端接有一个大容量的电容器 C，常把这种电路简称为 OTL 电路。为使 VT_1、VT_2 管工作状态对称，要求它们公共发射极 E 点静态时对地电压为电源电压的一半，当取 $R_1 \approx R_2$ 时，就可以使得 $U_E = V_{CC}/2$。这样，静态时电容 C 被充电，其两端压降也等于 $V_{CC}/2$，VT_1、VT_2 管均处于零偏置 $I_{CQ1} = I_{CQ2} = 0$，工作在乙类状态。

当输入正弦信号 u_i 时，在 u_i 的正半周，VT_1 导通，有电流通过负载 R_L，同时向 C 充电，由于电容上有 $V_{CC}/2$ 的直流压降，因此 VT_1 管的工作电压实际上为 $V_{CC}/2$。在输入正弦信号 u_i 的负半周 VT_2 导通，则已充电的电容 C 起着负电源（$-V_{CC}/2$）的作用，通过负载 R_L 放电。只要选择时间常数 R_LC 足够大（比信号的最长周期大得多），就可以保证电容 C 上的直流压降变化不大。由此可见，VT_1、VT_2 管在输入信号的作用下，轮流导通，两管的等效电源电压为 $V_{CC}/2$，这与双电源互补对称功率放大电路的工作情况是相同的。

二、甲乙类 OTL 电路

图 3.4.9 所示为单电源甲乙类互补对称功率放大电路。图中，VT_3 构成前置电压放大电路，工作在甲类，其静态电流流过二极管 VD_1、VD_2、R_P，其产生的压降作为 VT_1、VT_2 管静态偏置电压，使两管工作在甲乙类（接近于乙类）状态，可减小交越失真。由于 VT_3 管的偏置电阻 R_{B1} 接至输出端 E 点，构成负反馈，提高了电路静态工作点的稳定性，并改善了功率

放大电路的动态性能。

为了保证输出端直流电位 $U_E=V_{CC}/2$，静态可通过调节 R_{B1}（或 R_C）的阻值来实现；VT_1、VT_2 静态电流的大小，可通过 R_P 来调节。OTL 电路使用中还应注意输出电容 C 的容量要足够大，C 和 R_L 不能短路，否则很容易损坏功率管。

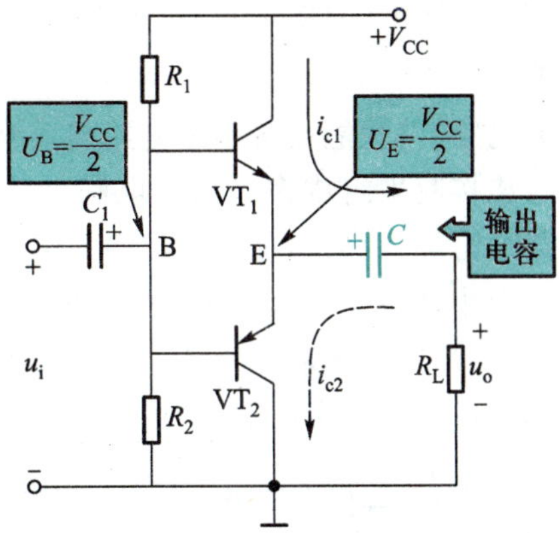

图 3.4.8 单电源乙类互补对称功率放大电路

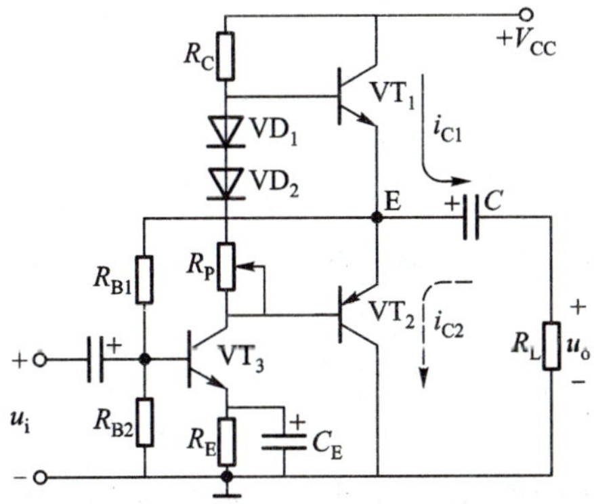

图 3.4.9 单电源甲乙类互补对称功率放大电路

复习题

1. 什么是晶体管的甲类、乙类和甲乙类工作状态？
2. 功率放大电路和电压放大电路的主要作用是什么？有什么不同？
3. 什么是交越失真？它是如何产生的？如何克服交越失真？
4. 乙类互补对称功率放大电路组成有何特点？为什么说这种电路的效率高？
5. OCL 电路与 OTL 电路有哪些主要区别？各有何优点？
6. 功率放大电路中为什么要用复合管？复合管的类型如何判别？复合管的 β 值与组成该复合管各晶体管 β 值有何关系？

3.5　多级放大电路

3.5.1　多级放大电路的组成及耦合方式

一、多级放大电路的组成

以上讨论的基本单元放大电路，其性能很难满足电路或系统的要求，因此实用中需将两级或两级以上的基本单元电路连接起来组成多级放大电路，如图 3.5.1 所示。通常把与信号源相连接的第一级放大电路称为输入级，与负载相连接的末级放大电路称为输出级，输入级与输出级之间的放大电路称为中间级。输入级与中间级的位置处于多级放大电路的前几级，故又称为前置级。前置级一般都属于小信号工作状态，主要进行电压放大，输出级是大信号工作状态，以提供负载足够大的信号，常用功率放大电路。

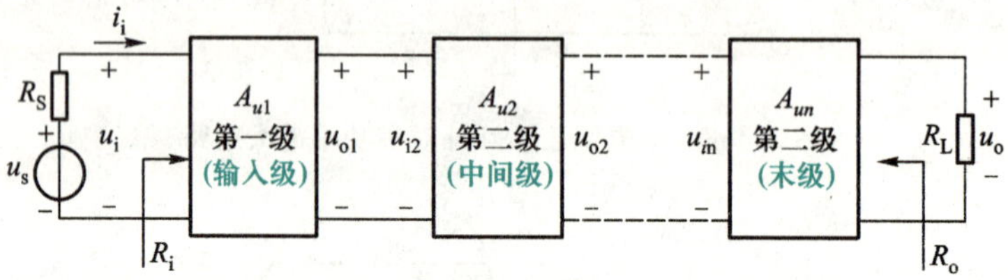

图 3.5.1　多级放大电路的组成框图

二、耦合方式

多级放大电路级与级之间的连接称为耦合，级间耦合电路应保证有效地传输信号，使之损失最小，同时使放大电路的直流工作状态不受影响。常用的级间耦合方式有电容耦合和直接耦合，有时也采用变压器耦合和光电耦合。下面就电容耦合和直接耦合加以说明。

1. 阻容耦合

级与级之间采用电容连接，称为电容耦合，常称为阻容耦合，如图 3.5.2 所示。图中，第一级和第二级均为典型发射极放大电路，它们之间通过电容器 C_2 相连接，同时第一级与输入信号源之间通过 C_1 相连接，第二级与负载 R_L 之间通过 C_3 相连接。C_1、C_2、C_3 均称为耦合电容。由于耦合电容隔断了级间的直流通路，因此各级直流工作点彼此独立，互不影响，

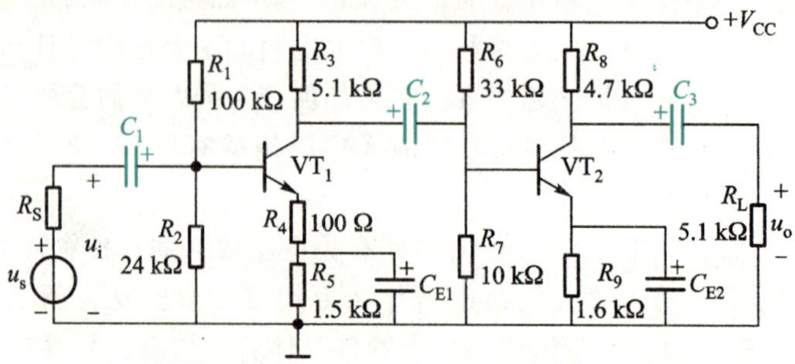

图 3.5.2　阻容耦合放大电路

所以直流工作点的设计和调整比较简单方便。这也使得阻容耦合放大电路不能放大直流信号或缓慢变化的信号，若放大的交流信号频率较低，则需采有大容量的电解电容，且低频段放大倍数随频率的降低而减小。另外由于集成工艺中，难以制造大容量的电容器，故电容耦合不易集成化。

2. 直接耦合

级与级之间采用直接连接，称为直接耦合，如图 3.5.3 所示。图中，第一级为差分放大电路，第二级为共发射极放大电路。直接耦合方式可省去级间耦合元件，信号传输的损耗很小，它不仅能放大交流信号，而且还能放大变化十分缓慢的信号，集成电路中多采用直接耦合方式，易于集成化。

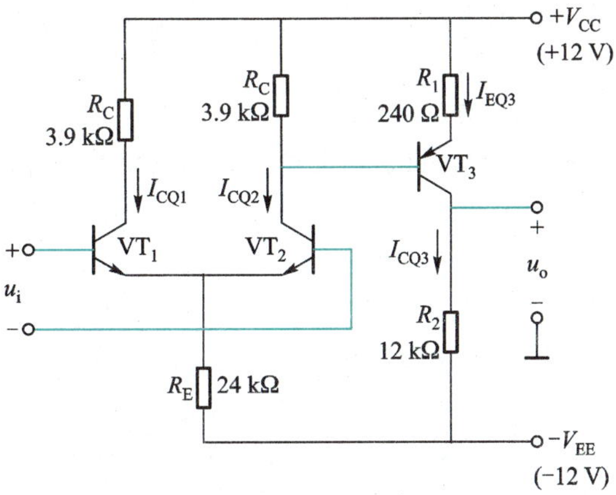

图 3.5.3 直接耦合放大电路

在直接耦合放大电路中，由于级间为直接耦合，所以前后级之间的直流电位相互影响，使得多级放大电路的各级静态工作点不能独立。当某一级的静态工作点发生变化时，其前后级也将受到影响。例如，当工作温度或电源电压等外界因素发生变化时，直接耦合放大电路中各级静态工作点将跟随变化，这种变化称为工作点漂移。值得注意的是，第一级的工作点漂移将会随信号传送至后级，并被逐级放大。这样一来，即使输入信号为零，输出电压也会偏离原来的初始值而上下波动，这个现象称为零点漂移。零点漂移将会造成有用信号的失真，严重时有用信号将被零点漂移所“淹没”，使人们无法辨认是漂移电压，还是有用信号电压。

想一想 多级放大电路中如果采用阻容耦合，静态工作点漂移会不会被逐级放大？为什么？

在引起工作点漂移的外界因素中，工作温度变化引起的漂移最严重，称为温度漂移，简称温漂。这主要是由于晶体管的 β、I_{CBO}、U_{BE} 等参数都随温度的变化而变化，从而引起工作点的变化。衡量放大电路温漂的大小，不能只看输出端漂移电压的大小，还要看放大倍数多大。因此，一般都是将输出端的温漂折合到输入端来衡量。当输入信号为零，如果输出端的

温漂电压为 Δu_o，放大电路的电压放大倍数为 A_u，则折合到输入端的零点漂移电压为 Δu_i。Δu_i 与温度变化量 ΔT（℃）之比，称为放大电路的温度漂移，即

$$\frac{\Delta u_i}{\Delta T}=\frac{\Delta u_o}{A_u \Delta T} \tag{3.5.1}$$

$\Delta u_i/\Delta T$ 越小，零点漂移越小。采用差分放大电路可有效抑制零点漂移。

知识拓展 光电耦合

级与级之间利用光电耦合器来传送信号的方式，称为光电耦合，如图 3.5.4 所示。图中，VT_2 为光电耦合器，它把发光器件（发光二极管）与光电接收器件（光电三极管）相互绝缘组合在一起，当输入回路加入电信号后，i_{C1} 使发光二极管发光，将电信号转换成光信号，输出回路的光电三极管受到光照后产生相应光电流变化 i_{C2}，然后输出。由此可见，光电耦合可以实现信号的传递，而且由于输出回路与输入回路在电气上是相互隔离的，从而可以有效地抑制电干扰和系统的噪声。

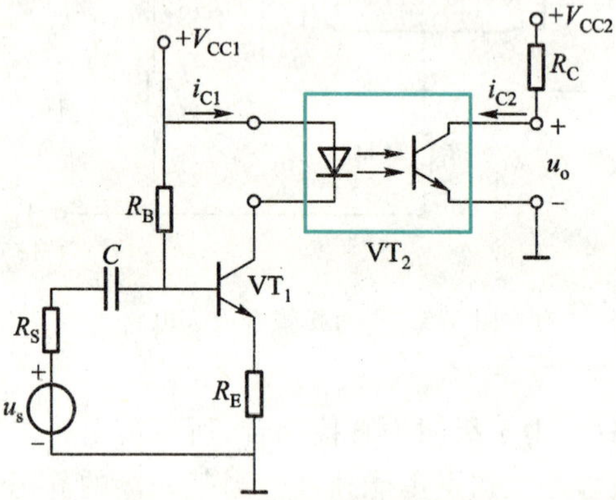

图 3.5.4 光电耦合放大电路

3.5.2 多级放大电路的性能指标

一、主要性能指标的估算

1. 电压增益

在图 3.5.1 所示多级放大电路的组成框图中，每级电压放大倍数分别为 $A_{u1}=u_{o1}/u_i$、$A_{u2}=u_{o2}/u_{i2}$、…、$A_{un}=u_o/u_{in}$。由于信号是逐级传送的，前级的输出电压便是后级的输入电压，所以整个放大电路的电压放大倍数为

$$A_u=\frac{u_o}{u_i}=\frac{u_{o1}}{u_{i1}}\cdot\frac{u_{o2}}{u_{i2}}\cdot\cdots\cdot\frac{u_o}{u_{in}}=A_{u1}\cdot A_{u2}\cdot\cdots\cdot A_{un} \tag{3.5.2}$$

式（3.5.2）表明，多级放大电路的电压放大倍数等于各级电压放大倍数的乘积，若用分贝表示，多级放大电路的电压总增益等于各级电压增益的和，即

$$A_u(\text{dB})=A_{u1}(\text{dB})+A_{u2}(\text{dB})+\cdots+A_{un}(\text{dB}) \tag{3.5.3}$$

应当指出，在计算各级电压放大倍数时，要注意级与级之间的相互影响，即计算每级的

放大倍数时，下一级输入电阻应作为上一级的负载来考虑。

2. 输入和输出电阻

多级放大电路的输入电阻，由图 3.5.1 可见，它就是由第一级求得的考虑到后级放大电路影响后的输入电阻，即 $R_i=R_{i1}$。

多级放大电路的输出电阻由末级求得的输出电阻，即 $R_o=R_{on}$。

【例 3.5.1】 如图 3.5.2 所示，两级共发射极电容耦合放大电路中，已知晶体管 VT_1 的 $\beta_1=60$，$r_{be1}=1.8\ \text{k}\Omega$，$VT_2$ 的 $\beta=100$，$r_{be2}=2.2\ \text{k}\Omega$，其他参数如图 3.5.2 所示，各电容的容量足够大。试求放大电路的 A_u、R_i、R_o。

解：在小信号工作情况下，两级共发射极放大电路的交流通路如图 3.5.5(a)、(b)所示，其中图 3.5.5(a)中的负载电阻 R_{i2} 即为后级放大电路的输入电阻，即

$$R_{i2}=R_6/\!/R_7/\!/r_{be2}\approx 1.7\ \text{k}\Omega$$

因此第一级总负载为

$$R'_{L1}=R_3/\!/R_{i2}\approx 1.3\ \text{k}\Omega$$

所以第一级电压增益

$$A_{u1}=\frac{u_{o1}}{u_i}=\frac{-\beta_1 R'_{L1}}{r_{be1}+(1+\beta_1)R_4}=\frac{-60\times 1.3\ \text{k}\Omega}{1.8\ \text{k}\Omega+61\times 0.1\ \text{k}\Omega}\approx -9.9$$

$$A_{u1}(\text{dB})=20\lg 9.9=19.9\text{dB}$$

第二级的电压增益为

$$A_{u2}=\frac{u_o}{u_{i2}}=-\beta_2\frac{R'_L}{r_{be2}}=-100\times\frac{\frac{4.7\times 5.1}{4.7+5.1}\text{k}\Omega}{2.2\text{k}\Omega}\approx -111$$

$$A_{u2}(\text{dB})=20\lg 111\approx 41\text{dB}$$

两级放大电路总的电压增益为

$$A_u=A_{u1}\cdot A_{u2}=(-9.9)\times(-111)\approx 1099$$

$$A_u(\text{dB})=A_{u1}(\text{dB})+A_{u2}(\text{dB})=(19.9+41)\text{dB}=60.9\text{dB}$$

式中没有负号，说明两级共发射极放大电路的输出电压与输入电压同相。

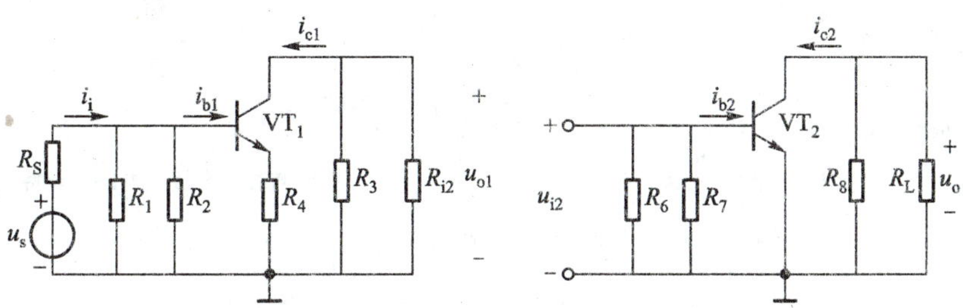

(a) 第一级交流通路 (b) 第二级交流通路

图 3.5.5 图 3.5.2 两级阻容耦合放大电路的交流通路

两级放大电路的输入电阻等于第一级的输入电阻，即

$$R_i=R_{i1}=R_1 /\!/ R_2 /\!/ [r_{be1}+(1+\beta_1)R_4]\approx 5.6\ \text{k}\Omega$$

输出电阻等于第二级的输出电阻，即

$$R_o=R_8=4.7\ \text{k}\Omega$$

二、放大电路的频率特性

1. 频率特性的基本概念

由前面讨论可知，放大电路中通常含有电抗元件，如耦合电容、旁路电容、晶体管的极间电容、电路分布电容等，它们的电抗值与信号频率有关，这就使得放大电路对于不同频率的输入信号有着不同的放大能力，并产生不同的相移，因此放大电路的放大倍数是信号频率的函数。放大倍数的大小与信号频率的关系，称为幅频特性；放大倍数的相移与信号频率的关系，称为相频特性。幅频特性与相频特性总称为放大电路的频率特性或频率响应。

图 3.5.6(a)所示为阻容耦合放大电路的幅频特性曲线。在中频段由于耦合电容、旁路电容容抗很小而视为短路，晶体管的极间电容、电路分布电容容抗很大而视为开路，它们对放大倍数的影响很小，所以放大电路在该频段具有很高且变化平稳的放大倍数，称中频增益，用 A_{um} 表示。前面各放大电路讨论中所计算的放大倍数均指该中频放大倍数；在低频段，由于耦合电容、旁路电容的容抗随信号频率的下降而增大，对信号的衰减增大，致使放大电路的放大倍数减小；在高频段，由于晶体管极间电容、电路分布电容的容抗随着信号频率的升高而减小，对信号的衰减增大，致使放大电路的放大倍数减小。当放大倍数下降到 $A_{um}/\sqrt{2}\approx 0.7A_{um}$ 时的低端频率和高端频率，分别称为放大电路的下限频率和上限频率，用 f_L 和 f_H 表示。f_H 和 f_L 之间的频率范围称为放大电路的通频带，用 BW 表示，即

$$BW=f_H-f_L \tag{3.5.4}$$

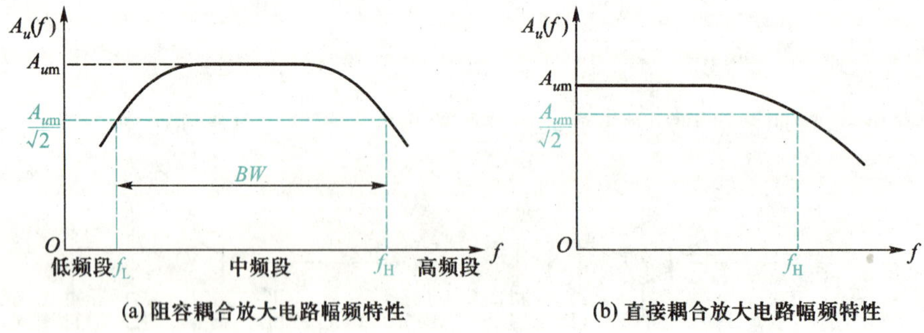

图 3.5.6 放大电路的幅频特性曲线

放大电路所需的通频带由输入信号的频带来决定，为了不失真地放大信号，要求放大电路的通频带应大于信号的频带。如果放大电路的通频带小于信号的频带，由于信号低频段或高频段的放大倍数下降过多，放大后的信号不能重现原来的形状，也就是输出信号产生了失真。这种失真称为放大电路的频率失真，由于它是线性的电抗元件引起的，在输出信号中

并不产生新的频率成分，仅是原有各频率分量的相对大小和相位发生了变化，故这种失真是一种线性失真。

图 3.5.6(b)所示为直接耦合放大电路的幅频特性曲线。由于级间采用直接耦合，放大电路中不存在耦合电容和旁路电容，低频段放大倍数将不受信号频率的影响，在直流时仍保持与中频段同样很高的放大倍数。其上限频率为 f_H，所以其通频带 $BW=f_H$。

2. 多级放大电路的频率特性

多级放大电路中，增加了放大电路的级数，虽然提高了放大倍数，但通频带 $BW=f_H-f_L$ 都变窄了，且比其中任何一级放大电路的通频带都窄，为了使多级放大电路通频带满足输入信号频带的要求，必须把每级放大电路的通频带适当加宽。

复习题

1. 说明级间耦合应解决哪些问题以及直接耦合方式的优点及存在的问题。

2. 什么是零点漂移？产生零点漂移的主要原因是什么？如何减小零点漂移？

3. 多级放大电路的放大倍数与各级放大倍数有何关系？在计算时应注意什么？

4. 何谓放大电路的通频带？多级放大对通频带有何影响？说明直接耦合与阻容耦合放大电路幅频特性主要特点。

本章小结

1. 用于放大信号的电路称为放大电路，它是应用最为广泛的电子电路，也是构成其他电子电路的基本单元电路。放大电路的主要性能指标有放大倍数、输入电阻、输出电阻等，放大倍数是衡量放大能力的指标，输入电阻是衡量放大电路对信号源影响的指标，输出电阻是衡量放大电路带负载能力的指标。

2. 晶体管组成的基本单元放大电路有共发射极、共集电极、共基极三种组态。共发射极放大电路的输出电压与输入电压反相，放大倍数比较大，输入电阻和输出电阻大小适中，适用于一般放大或多级放大电路的中间级；共集电极放大电路的输出电压与输入电压同相，电压放大倍数小于 1 而近似等于 1，输入电阻高，输出电阻低，它没有电压放大作用而具有电流和功率放大能力，大多用于多级放大电路的输入级、输出级或缓冲级；共基极放大电路的输出电压与输入电压同相，电压放大倍数较高，输入电阻很小，输出电阻较大，适用于高频或宽带放大。

3. 差分放大电路利用电路的对称性，使它对差模信号具有较强的放大能力，而对共模信号具有很强的抑制作用，因此差分放大电路可以消除由于工作温度、电源电压波动、外界干扰等具有共模特征的信号引起的输出误差电压。差分放大电路的主要性能指标有差模电压、放大倍数、输入电阻、输出电阻及共模抑制比等。

4. 功率放大电路要求输出足够大的功率,输出电压和输出电流的幅度都比较大,它工作在大信号状态,因此提高功率放大电路的效率十分重要,在低频功率放大电路中常采用乙类(或甲乙类)工作状态来提高放大电路的效率。甲乙类互补对称功率放大电路由于其电路简单、输出功率大、效率高、频率特性好和适于集成化等优点而被广泛应用,采用双电源供电、无输出电容的电路简称为 OCL 电路,采用单电源供电、有输出电容的电路简称 OTL 电路。

5. 多级放大电路中级与级之间的连接称为耦合,常用的耦合方式有阻容耦合和直接耦合。直接耦合可省去级间耦合元件,信号传输损耗小,适于集成化,它不仅能放大交流信号,还能放大变化十分缓慢的信号,但直接耦合存在各级静态工作点互相影响和零点漂移问题。

多级放大电路的电压放大倍数等于各级电压放大倍数的乘积,输入电阻等于第一级的输入电阻,输出电阻等于末级的输出电阻,在估算这些指标时,应注意级与级之间的相互影响。

自我评价题

3.1 填空题

1. 放大电路的输入电压 $U_i=10$ mV,输出电压 $U_o=1$ V,则该放大电路的电压放大倍数为________,电压增益为________ dB。

2. 放大电路的输出电阻越小,负载对输出电压的影响就越________,放大电路的负载能力就越________。

3. 共集电极放大电路的特点是:输出电压与输入电压________相,电压放大倍数近似为________,输入电阻________、输出电阻________。

4. 在多级放大电路中,级与级之间的连接称为________,实际应用中使用较多的耦合方式是________、________。

5. 差分放大电路对________信号有良好的放大作用,对________信号具有很强的抑制作用。

6. 乙类互补对称功率放大电路由________型和________型两种类型晶体管构成。

3.2 判断题(正确的在括号内打"√",错误的在括号内打"×")

1. 放大电路能将微弱电信号进行放大,因此它实际上是一个能量放大电路。(　　)

2. 阻容耦合放大电路只能用来放大交流信号,不能用来放大直流信号;直接耦合放大电路既可用来放大交流信号,也可用来放大直流信号。(　　)

3. 放大电路的频率失真是由电路中电抗元件产生的,它使输出波形不能重现输入波形,但没有产生新的频率成分。(　　)

4. 差分放大电路中,两管公共发射极电阻 R_E 对差模信号有很强的负反馈作用。(　　)

5. 甲乙类放大电路与乙类放大电路相比,前者增加了偏置电路,其目的是为了提高效率。(　　)

3.3 单项选择题(选择正确的答案填在括号内)

1. 为了获得反相电压放大,则应选择(　　)放大电路。

A. 共集电极　　B. 共发射极

C. 共基极　　D. 共漏极

2. 能用来进行阻抗变换的放大电路是(　　)。

A. 共基极放大电路　　B. 共发射极放大电路

C. 共集电极放大电路　　D. 共源放大电路

3. 放大电路设置静态工作点的目的是(　　)。

A. 提高放大能力　　B. 提高输入电阻

C. 降低输出电阻　　D. 实现不失真放大

4. 差分放大电路抑制零点漂移的效果取决于(　　)。

A. 两管的静态工作点　　B. 两管的 β 值

C. 两管的功耗　　D. 两管的对称性

5. 功率放大电路的主要任务是(　　)。

A. 提高电路的输入电阻　　B. 放大电压信号

C. 放大电流信号　　D. 向负载高效率供给大功率信号

6. 由两只晶体管组成的复合管,它们的 β 值相同,则两管复合后的总 β 值近似为(　　)。

A. β^2　　B. 2β　　C. β　　D. $\beta/2$

练习题

[题 3.1]　放大电路如图 P3.1 所示,已知晶体管的 $\beta=50$,$r_{be}=800\ \Omega$。试求该电路的 A_u、R_i、R_o。

[题 3.2]　放大电路如图 P3.2 所示,已知晶体管的 $\beta=60$,$r_{bb'}=300\ \Omega$,$U_{BEQ}=0.7$ V。试:(1) 求静态工作点 I_{BQ}、I_{CQ}、U_{CEQ};(2) 画出交流通路并求出 A_u、R_i、R_o。

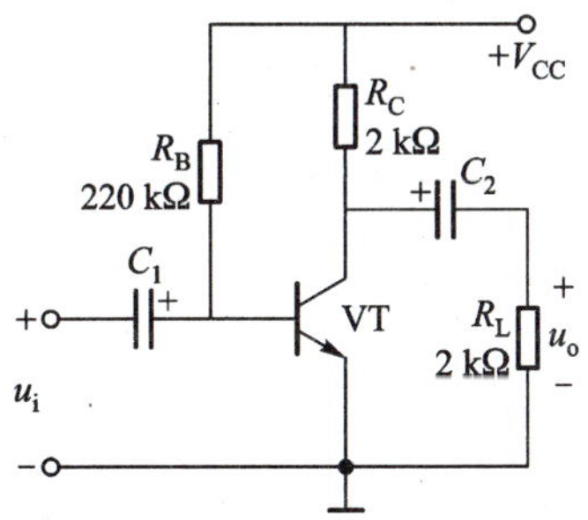

图 P3.1

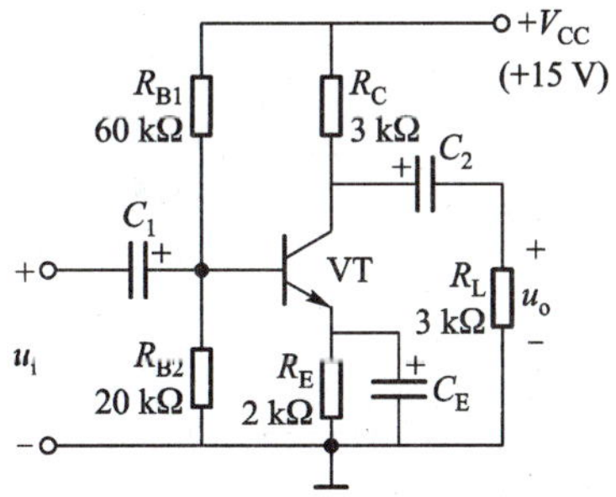

图 P3.2

[题 3.3]　放大电路如图 P3.3 所示,已知晶体管的 $\beta=100$,$r_{be}=2$ kΩ,试画出该电路的交流通路并求出 A_u、R_i、R_o。

[题 3.4]　共集电极放大电路如图 P3.4 所示,已知晶体管的 $\beta=50$,$r_{bb'}=300\ \Omega$,$U_{BEQ}=0.7$ V。试求:(1) 静态工作点 I_{BQ}、I_{CQ}、U_{CEQ};(2) A_u、R_i、R_o。

[题 3.5]　差分放大电路如图 P3.5 所示,已知晶体管 $\beta_1=\beta_2=60$,$U_{BEQ1}=U_{BEQ2}=0.7$ V。试求:(1) 静态工作点 I_{CQ1}、U_{CQ1};(2) 差模电压放大倍数 A_{ud}、差模输入电阻 R_{id} 和输出电阻 R_o。

[题 3.6]　差分放大电路如图 P3.6 所示,已知 $I_0=2$ mA。(1) 试求放大电路的静态工作点 I_{CQ2}、U_{CQ2};(2) 当 $u_i=10$ mV 时,$i_{C1}=1.2$ mA,试求 VT_2 管集电极电位 u_{C2}、输出电压 u_o 以及电压放大倍数 $A_{ud}=u_o/u_i$。

[题 3.7]　互补对称功率放大电路如图 P3.7 所示。试:(1) 求输入电压 $u_i=0$ 时输出电压 u_o;(2) 说明电路中 R_1、R_2、VD_1、VD_2 的作用;(3) 求晶体管饱和压降为 $U_{CE(sat)}=1$ V 时电路的最大不失真功率 P_{om}。

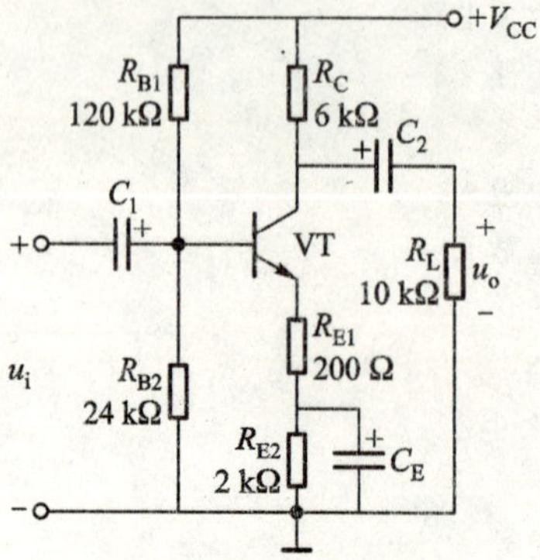

图 P3.3

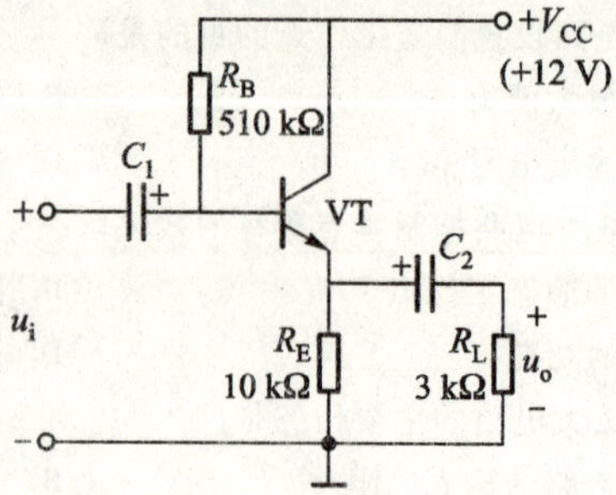

图 P3.4

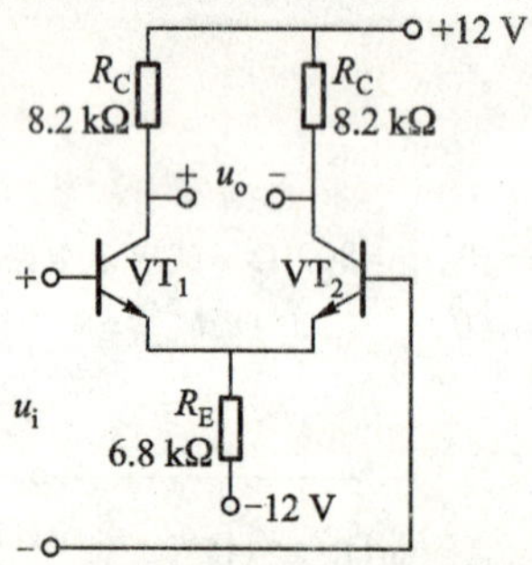

图 P3.5

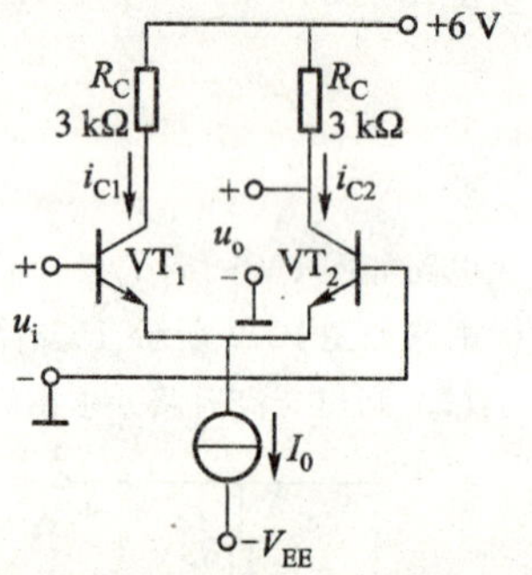

图 P3.6

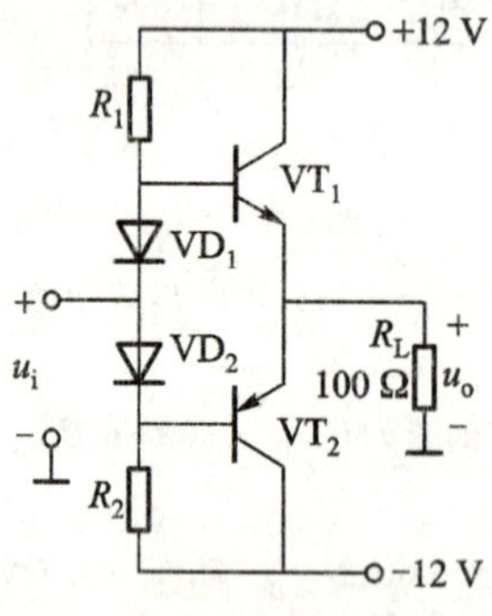

图 P3.7

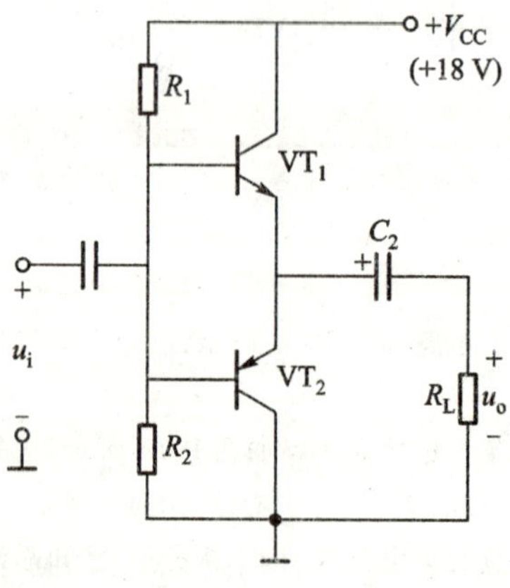

图 P3.8

［题 3.8］　OTL 电路如图 P3.8 所示，已知 $R_L=4\ \Omega$，忽略 VT_1、VT_2 的饱和压降，试求该电路的最大不失真输出功率 P_{om}；当输入电压振幅 $U_{im}=4$ V，求出功放输出功率 P_o。

［题 3.9］　两级放大电路中，已知第一级电压增益为 40 dB，第二级电压放大倍数为 10 倍，试求两级放大电路的电压放大倍数为多大？总电压增益为多少？

第 4 章　集成运算放大器及其应用

教学目标

1. 了解集成运算放大器的组成、主要参数，熟悉其图形符号。

2. 理解理想运放的特点，掌握“虚短”和“虚断”概念，熟悉集成运放反相、同相放大电路的组成。

3. 掌握反馈的概念，理解负反馈放大电路的类型，会识别常用负反馈放大电路的类型；了解负反馈对放大电路性能的影响及深度负反馈放大电路的特点。

4. 理解集成运放信号运算电路的组成、特点及应用，会正确使用集成运放，了解集成运放信号运算电路故障的一般分析和处理方法。

5. 了解集成功率放大器的性能特点及使用方法。

引　言

集成运算放大器简称集成运放，它是利用半导体制造工艺，将多级放大电路制作在一块很小硅基片上的器件，因其体积小、增益高、性能可靠、使用方便等优点而得到广泛应用。

集成运放接入适当的负反馈就可以构成不同功能的线性应用电路。由于集成运放的开环增益很高，所以由它构成的线性应用电路均为深度负反馈电路，可用运放两个输入端之间“虚短”和“虚断”的特点进行分析。同时放大电路中引入负反馈后，可使电路的性能得到显著改善，所以集成运放线性应用电路的性能优良、稳定可靠。

本章首先介绍集成运算放大器及其基本应用，放大电路中的负反馈，然后介绍集成运算放大器的线性应用及集成运算放大器使用知识，最后对集成功率放大器及应用进行讨论。重点讨论集成运算放大器的符号、理想运放的特点、负反馈的基本概念、集成运放信号运算电路。有关集成运放的非线性应用及信号产生电路将在第 5 章中介绍。

4.1 集成运算放大器及其基本应用

4.1.1 集成运算放大器的组成及图形符号

一、集成运算放大器的组成

集成电路是利用半导体的制造工艺,将整个电路中的元器件制作在一块基片上,封装后构成特定功能的电路块。集成电路按其功能可分为数字集成电路和模拟集成电路。模拟集成电路品种繁多,其中应用最为广泛的是集成运算放大器。

运算放大器本质上是一个高电压增益、高输入电阻和低输出电阻的直接耦合多级放大电路,因它最初主要用于模拟量的数学运算而得此名。随着电子技术的发展,现代运算放大器均由集成电路构成。虽然现在的集成运算放大器的应用早已超过模拟运算的范围,但还是习惯地称之为运算放大器。

集成运算放大器有许多类型,常将其分为通用型和专用型两类。前者的适用范围很广,其特性和指标可以满足一般应用要求;后者是在前者的基础上,为适应某些特殊要求而制作的。

通用型集成运算放大器的组成框图如图 4.1.1 所示。它由输入级、中间电压放大级、输出级和偏置电路等组成。

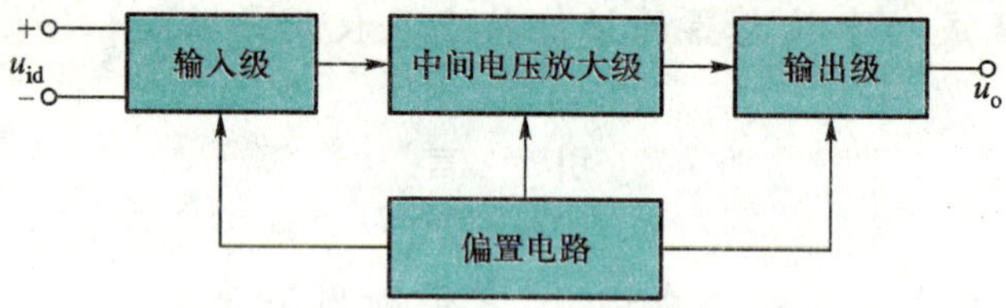

图 4.1.1 集成运算放大器组成框图

输入级均采用差分放大电路,利用差分电路的对称性可以减小温度漂移的影响,从而提高整个电路的共模抑制比。它的两个输入端可以扩大集成运算放大器的应用范围。

中间电压放大级大多采用有源负载的共发射极放大电路组成,其主要作用是提高电压增益。

输出级一般采用甲乙类互补对称放大电路,主要用于提高集成运算放大器的负载能力,减小大信号工作下的非线性失真。

偏置电路用以供给各级直流偏置电流,它由各种电流源电路组成。此外,集成运算放大器还有一些辅助电路,如过流保护电路等。

集成运放按制造工艺可分为双极型、CMOS 型和兼容型的 BiFET 型。随着微电子技术迅速发展,MOS 运放生产取得了明显的进展,现已能够制造出性能与双极型产品相当的 MOS 集成运放,这种产品在高输入阻抗、低功耗、低成本等方面具有突出的优点。

二、集成运算放大器的图形符号

集成运算放大器的图形符号如图 4.1.2(a)所示,图中“▷”表示信号的传输方向,“∞”

表示理想条件，两个输入端中，N称为反相输入端，用符号“-”表示，说明如果输入信号由此端加入，由它产生的输出信号与输入信号反相。P称为同相输入端，用“+”表示，说明输入信号由此加入，由它产生的输出信号与输入信号同相。图4.1.2(b)所示为集成运算放大器的习惯通用符号。

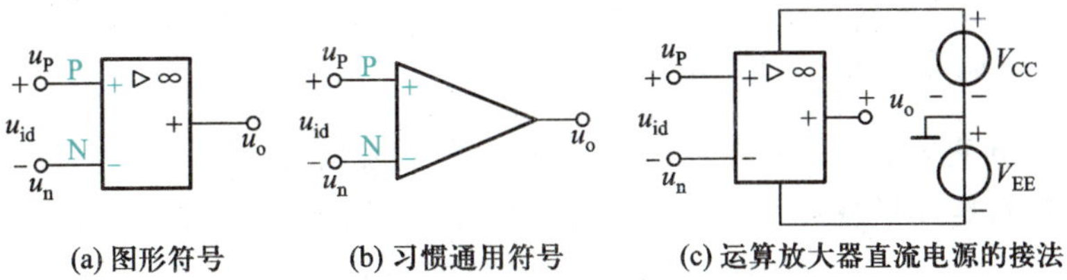

图4.1.2 集成运算放大器的图形符号

考虑到运算放大器要有直流电源才能工作，大多数集成运算放大器需要两个直流电源供电，所以图4.1.2(c)中由运算放大器内部引出的两个端子分别接到正电源$+V_{CC}$和负电源$-V_{EE}$，一般$V_{CC}=V_{EE}$。运算放大器的参考地就是两个电源的公共地端。

集成运算放大器最少应有上述5个端子，根据结构、功能的不同，有的运算放大器还可能有几个供专门用途的端子，如频率补偿和调零端等，相应功能可查阅有关器件手册。

想一想 何谓集成运放的同相端和反相端？

三、集成运放的封装与型号命名方式

1. 集成运算放大器的封装及引脚排列

集成运算放大器常见的封装形式有金属圆形、双列直插式、扁平式封装等。封装所用材料有陶瓷、金属、塑料等，陶瓷封装的集成电路气密性、可靠性高，使用的温度范围宽（-55～125℃），塑料封装的集成电路在性能上要稍差一些，不过由于其价格低廉而获得广泛应用。图4.1.3所示为集成运算放大器CF741金属圆形封装和塑料双列直插式封装外形及引脚排列图。

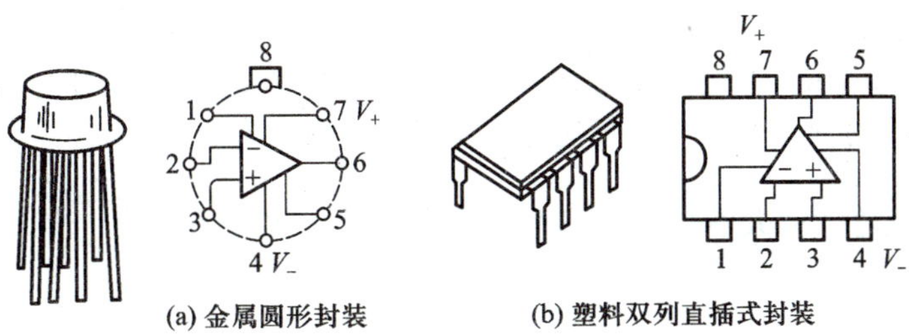

图4.1.3 CF741集成运算放大器外形及顶视图

2. 集成运算放大器型号命名方式

国产集成运放型号命名方式如下：

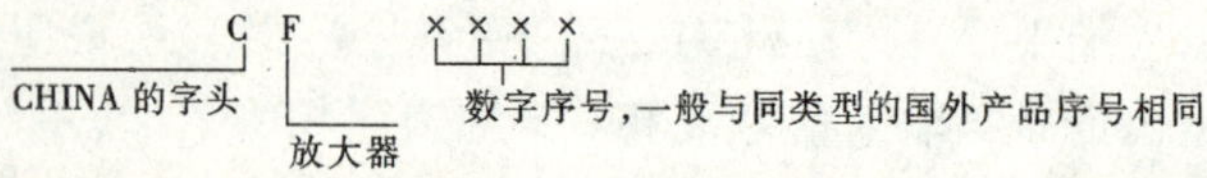

例如，国产集成运放 CF741 与国外 LM741、μA741、MC741 等为同类型器件，它们的引脚排列相同，实用中可以互相替代。

4.1.2　集成运算放大器的主要参数

表征集成运算放大器性能的参数很多，现将主要参数说明如下：

(1) **开环差模电压增益 A_{ud}**　指集成运算放大器在无外加反馈情况下，对差模信号的电压增益，即 $A_{ud}=u_o/(u_p-u_n)$，常用分贝数表示，其值可达 100～140 dB。

(2) **差模输入电阻 R_{id}**　指集成运算放大器两输入端间对差模信号所呈现的电阻，双极型管作为差分输入的运算放大器，其值为几十千欧到几兆欧，而 CMOS 运算放大器的 R_{id} 往往大于 10^{12} Ω。

(3) **输出电阻 R_o**　指集成运算放大器开环时，输出端对地动态电阻，其值为几十欧到几百欧。

(4) **共模抑制比 K_{CMR}**　指集成运算放大器开环差模电压放大倍数 A_{ud} 与其共模电压放大倍数 A_{uc} 之比的绝对值，常用分贝表示，其值一般大于 80 dB。

(5) 输入失调电压 U_{IO} 及其温漂 dU_{IO}/dT　U_{IO} 是指为使集成运算放大器输出电压为零而在两输入端之间施加的补偿电压，该值越小越好。dU_{IO}/dT 是 U_{IO} 的温度系数，反映输入失调电压随温度而变化的程度。

(6) 输入失调电流 I_{IO} 及其温漂 dI_{IO}/dT　I_{IO} 是指集成运算放大器两输入端静态偏置电流 I_{BN} 和 I_{BP} 之差，I_{IO} 越小越好。dI_{IO}/dT 是 I_{IO} 的温度系数，反映输入失调电流随温度而变化的程度。

(7) 输入偏置电流 I_{IB}　指集成运算放大器两输入端静态偏置电流 I_{BN} 和 I_{BP} 的平均值，即 $I_{IB}=(I_{BN}+I_{BP})/2$。

(8) 最大差模输入电压 U_{Idmax}　指集成运算放大器两输入端间所能承受的最大差模输入电压，当超过该值时，运算放大器输入级将有可能损坏。

(9) 最大共模输入电压 U_{Icmax}　指集成运算放大器所能承受的最大共模输入电压，如超过此值，运算放大器的 K_{CMR} 将明显下降。

(10) 开环带宽 BW　指集成运算放大器的差模电压放大倍数 A_{ud} 值比直流时下降 3 dB 所对应的频率。一般通用型集成运算放大器的开环带宽只有几赫。

4.1.3　集成运算放大器特性的理想化及其基本应用

一、集成运放特性的理想化

1. 集成运放低频等效电路

集成运放低频简化等效电路如图 4.1.4 所示。图中，R_{id}、R_o 分别为运算放大器的差模输入电阻和输出电阻，A_{ud} 为开环差模电压放大倍数，u_n 和 u_p 分别为反相、同相端输入电压，差模输入电压 $u_{id}=u_p-u_n$。在线性工作状态、输出端开路时，输出电压 $u_o=A_{ud}u_{id}$。

2. 理想运放

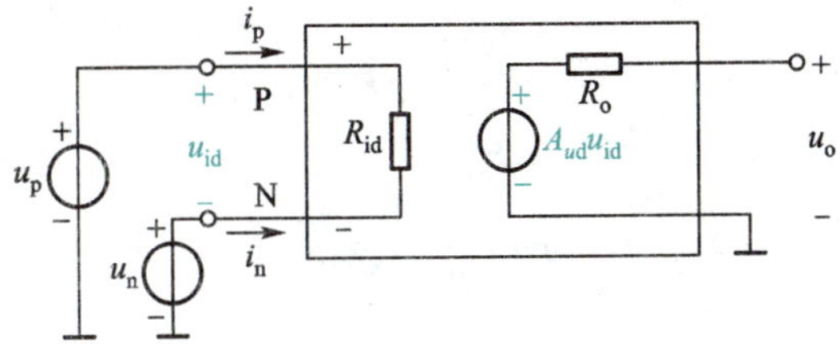

图 4.1.4 集成运算放大器简化低频等效电路

一般集成运放的开环差模电压增益 A_{ud} 非常大，差模输入电阻 R_{id} 很高，输出电阻 R_o 很小。另外，集成运放的共模抑制比 K_{CMR} 也很大，失调电压、失调电流以及它们的温漂均很小。因此，在实际应用中，常把集成运放特性理想化，即可认为：$A_{ud}\to\infty$、$R_{id}\to\infty$、$R_o\to 0$、$K_{CMR}\to\infty$ 以及失调和温漂均趋于零。

3. “虚短”与“虚断”

根据上述理想化条件，可认为当集成运放线性工作时，只要集成运放输出电压 u_o 为有限值，则输入差模电压 $u_{id}=u_p-u_n$ 就必趋于零，即

$$u_p-u_n=\frac{u_o}{A_{ud}}\to 0$$

即

$$u_n\approx u_p \tag{4.1.1}$$

其次，由于差模输入电阻 R_{id} 趋于无穷大，因而流进集成运放的电流也必然趋于零，即

$$i_n\approx i_p\approx 0 \tag{4.1.2}$$

根据式(4.1.1)可以将集成运放两个输入端看成虚短路，简称为“虚短”，而根据式(4.1.2)又可以将两个输入端看成虚断路，简称为“虚断”。由于输出电阻 $R_o\to 0$，可认为集成运放的输出电压与负载电阻大小没有关系。

想一想 试问真短路和虚短路有什么区别？真断路和虚断路有什么区别？

二、集成运放的基本应用

集成运放的最基本应用有反相放大电路和同相放大电路，下面分别加以讨论。

1. 反相放大电路

电路如图 4.1.5 所示。输入信号 u_i 通过电阻 R_1 加到集成运放的反相输入端 N，集成运放同相输入端接地，则有 $u_P=0$，电阻 R_F 跨接于集成运放输出端和反相输入端之间，构成负反馈(有关负反馈内容将在本章 4.2 节中讨论)，所以 R_F 称为反馈电阻。根据理想运放的“虚短”概念可得反相输入端 N 电位 u_N 也等于零，所以，常将 N 点称为虚地点。因此，由图 4.1.5 可得

$$i_1=\frac{u_i-u_n}{R_1}\approx\frac{u_i}{R_1}$$

$$i_2=\frac{u_n-u_o}{R_F}\approx\frac{-u_o}{R_F}$$

考虑到集成运放输入端虚开路，则有 $i_n\approx 0$，所以，$i_1\approx i_2$，因此有

$$\frac{u_i}{R_1} \approx -\frac{u_o}{R_F}$$

所以，由上式可求得集成运放反相放大电路的电压放大倍数为

$$A_u = \frac{u_o}{u_i} = -\frac{R_F}{R_1} \tag{4.1.3}$$

式中负号说明输出电压 u_o 与输入电压 u_i 反相。所以，把图 4.1.5 电路称为**集成运放反相放大电路**。

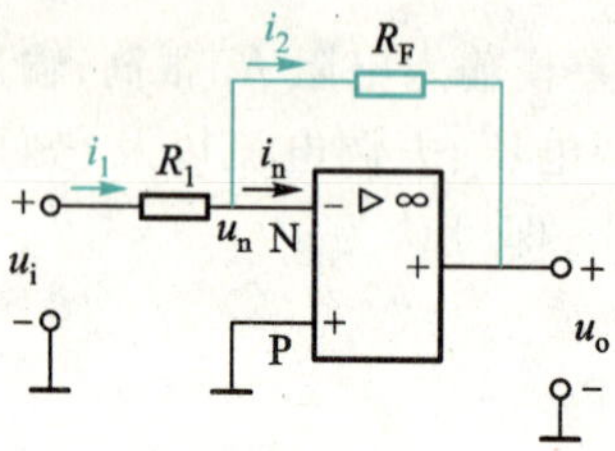

图 4.1.5 集成运算放大器反相放大电路

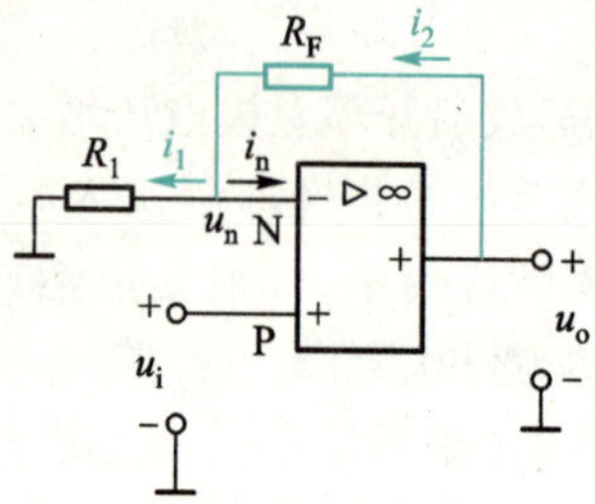

图 4.1.6 集成运算放大器同相放大电路

2. 同相放大电路

电路如图 4.1.6 所示。输入信号直接加在集成运放的同相输入端，而反相输入端通过电阻 R_1 接地。假设集成运放为理想器件，由于两输入端之间虚短路，因此，有 $u_n \approx u_p = u_i$，考虑到集成运放输入端虚断路，$i_n \approx 0$，有 $i_1 = i_2$，所以由图 4.1.6 可得

$$u_o = i_2 R_F + u_n = \frac{u_n}{R_1} R_F + u_n = \left(1 + \frac{R_F}{R_1}\right) u_i \tag{4.1.4}$$

由此可得电压放大倍数为

$$A_u = \frac{u_o}{u_i} = 1 + \frac{R_F}{R_1} \tag{4.1.5}$$

A_u 为正值，说明输出电压 u_o 与输入电压 u_i 同相，因此把图 4.1.6 称为**集成运放同相放大电路**。

想一想 图 4.1.6 电路中，若将 R_1 断开，其电压放大倍数 A_u 为多大？

复习题

1. 集成运放由哪几部分组成？为什么输入级多采用差分放大电路？
2. 画出集成运放的图形符号，说明“+”、“−”表示的两个输入端有何意义？
3. 集成运放有哪些主要参数？
4. 理想运放应具有哪些条件？“虚短”和“虚断”如何理解？
5. 集成运放反相放大和同相放大电路各有哪些特点？

4.2 集成运放负反馈放大电路

4.2.1 反馈放大电路的基本概念

一、反馈放大电路的组成及基本关系式

1. 反馈放大电路的组成

大多数放大电路中都会使用某种形式的负反馈，它可用来改善放大电路的性能。所谓反馈，就是将放大电路输出信号的一部分或全部通过某种电路（称为反馈网络）引回到输入端的过程。

含有反馈网络的放大电路称为反馈放大电路，其组成如图 4.2.1 所示。图中，A 称为基本放大电路，F 表示反馈网络，反馈网络一般由线性元件组成。由图可见，反馈放大电路由基本放大电路和反馈网络构成一个闭环系统，因此又把它称为闭环放大电路，而把基本放大电路称为开环放大电路。x_i、x_f、x_{id}和 x_o 分别表示输入信号、反馈信号、净输入信号和输出信号，它们可以是电压，也可以是电流。图中箭头表示信号的传输方向，由输入端到输出端称为正向传输，由输出端到输入端则称为反向传输。因为在实际放大电路中，输出信号 x_o 经由基本放大电路的内部反馈产生的反向传输作用很微弱，可略去，所以可认为基本放大电路只能将净输入信号 x_{id} 正向传输到输出端。同样，在实际反馈放大电路中，输入信号 x_i 通过反馈网络产生的正向传输作用也很微弱，可略去，这样也可认为反馈网络中只能将输出信号 x_o 反向传输到输入端。

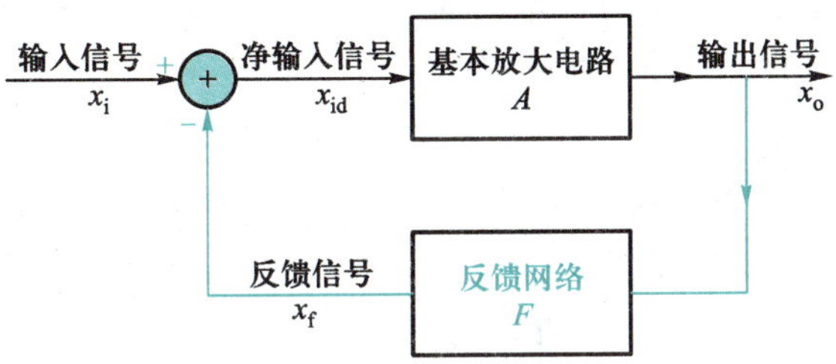

图 4.2.1 反馈放大电路的组成

2. 反馈放大电路的基本关系式

由图 4.2.1 可得，基本放大电路的放大倍数（也称开环增益）为

$$A = x_o / x_{id} \tag{4.2.1}$$

反馈网络的反馈系数为

$$F = x_f / x_o \tag{4.2.2}$$

反馈放大电路的放大倍数（也称闭环增益）用 A_f 表示，为

$$A_f = x_o / x_i \tag{4.2.3}$$

x_i、x_f 和 x_{id}三者之间的关系为

$$x_{id} = x_i - x_f \tag{4.2.4}$$

将式(4.2.1)、式(4.2.2)和式(4.2.4)代入式(4.2.3)，则可得

$$A_f = \frac{A}{1 + AF} \tag{4.2.5}$$

式(4.2.5)称为反馈放大电路的基本关系式，它表明了闭环放大倍数与开环放大倍数、反馈系数之间的关系。$(1+AF)$称为反馈深度，AF称为环路放大倍数(也称为环路增益)。由式(4.2.1)和式(4.2.2)可知

$$AF = x_f / x_{id} \tag{4.2.6}$$

二、反馈的分类

1. 正反馈与负反馈

反馈有正、负之分。放大电路中引入反馈后使净输入信号 x_{id} 减小，即 x_{id} 比 x_i 小的称为负反馈。由式(4.2.1)和式(4.2.3)可知，此时增益 A_f 小于 A，因此负反馈使放大电路增益减小；由式(4.2.5)则可知，负反馈放大电路中反馈深度 $(1+AF)>1$。若放大电路中引入反馈后使净输入信号 x_{id} 增大，即 x_{id} 比 x_i 大的则称为正反馈。正反馈使放大电路增益提高，即闭环增益 A_f 大于开环增益 A；此时反馈深度 $(1+AF)<1$。

正反馈虽能提高增益，但会使放大电路的工作稳定度、失真度、频率特性等性能显著变坏；负反馈虽然降低了放大电路的增益，但却使放大电路许多方面的性能得到改善，所以实际放大电路中均采用负反馈，而正反馈主要用于振荡电路中。

2. 直流反馈与交流反馈

反馈还有直流反馈和交流反馈之分。若反馈信号只含有直流量，称为直流反馈；若反馈信号只含有交流量，则称为交流反馈。直流负反馈影响放大电路的直流性能，常用以稳定静态工作点；交流负反馈影响放大电路的交流性能，常用以改善放大电路的动态性能。直流负反馈在前面讨论稳定放大电路静态工作点时已作了介绍，本章主要讨论交流负反馈放大电路的结构以及负反馈对放大电路性能的影响。

【例 4.2.1】 试分析图 4.2.2所示放大电路是否存在反馈，反馈元件是什么，是正反馈还是负反馈，是交流反馈还是直流反馈。

解：(1) 判别电路中有无反馈

判断一个电路是否存在反馈，要看该电路的输出回路与输入回路之间有无起联系作用的反馈网络。构成反馈网络的元件称为反馈元件。

图 4.2.2 所示电路中，电阻 R_F 跨接在输出回路和输入回路之间，输出电压通过 R_F、R_1 的分压反馈到输入回路中，因此存在反馈，反馈元件为 R_F、R_1。

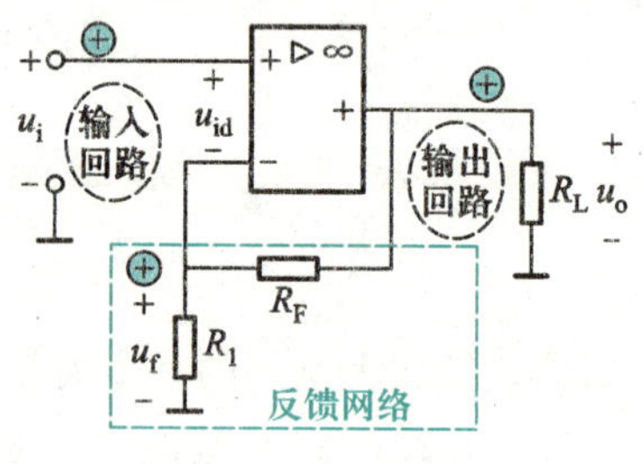

图 4.2.2 反馈电路举例

(2) 判别反馈极性

判别反馈是正反馈还是负反馈常采用瞬时极性法。具体方法是：先假定输入电压信号 u_i 在某一瞬时的极性为正(相对于共同端而言)，并用⊕标记，然后顺着信号的传输方向，逐步推出输出信号 x_o 和反馈信号 x_f 的瞬时极性(并用⊕或⊖标记)，最后判断反馈信号是增强还是削弱净输入信号，如果是削弱，则为负反馈；若是增强，则为正反馈。

图 4.2.2 所示电路中，假定输入电压 u_i 的瞬时极性对地为⊕，根据集成运放同相输入时输出电压与输入电压同相的原则，可确定输出电压 u_o 的瞬时极性为⊕，经 R_1、R_F 分压后得反馈信号 u_f，u_f 的瞬时极性与 u_o 相同，也为⊕，可见，放大电路的净输入信号 $u_{id}=u_i-u_f$，

因此 u_f 削弱了净输入信号 u_{id}，为负反馈。

(3) 判别交、直流反馈

如果反馈仅存在于直流通路中，反馈信号只含有直流量，则为直流反馈；如果反馈仅存在于交流通路中，反馈信号只含有交流量，则为交流反馈；如果反馈既存在于直流通路中，又存在于交流通路中，则既有直流反馈又有交流反馈。

图 4.2.2 所示电路中，R_1、R_F 既通直流也通交流，反馈信号中既有直流也有交流，所以该电路同时存在直流反馈和交流反馈。

想一想　图 4.2.2 所示反馈放大电路中反馈系数 $F=?$

4.2.2　负反馈放大电路的基本类型

反馈网络与基本放大电路在输入、输出端有不同的连接方式，根据输入端连接方式的不同分为串联反馈和并联反馈；根据输出端连接方式不同分为电压反馈和电流反馈。因此，负反馈放大电路有四种基本类型，如图 4.2.3 所示。

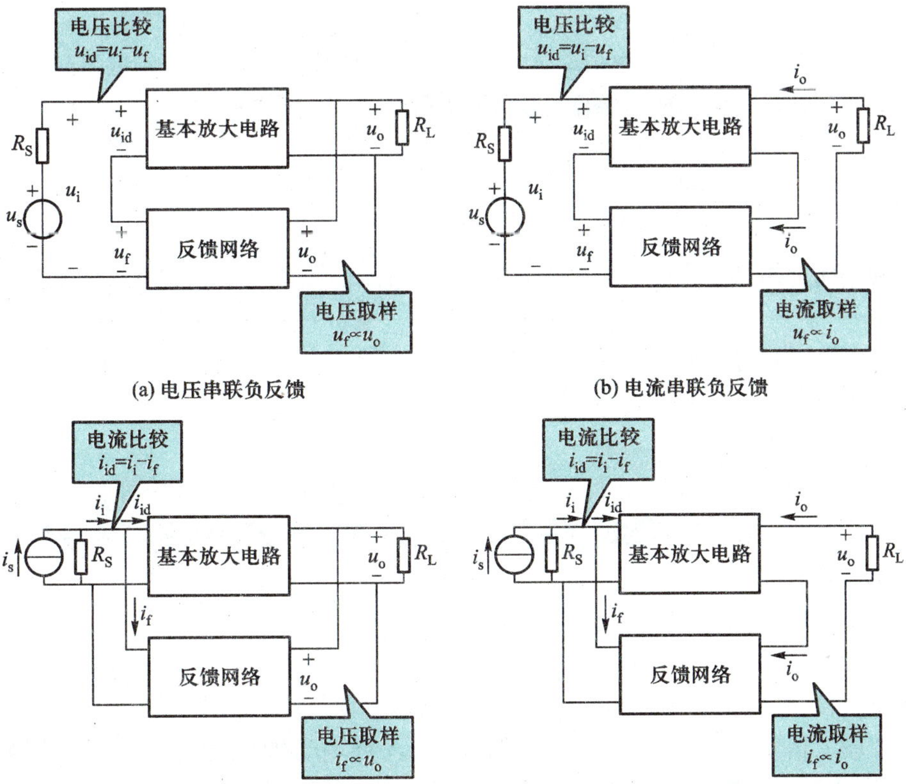

(a) 电压串联负反馈　(b) 电流串联负反馈

(c) 电压并联负反馈　(d) 电流并联负反馈

图 4.2.3　四种基本类型负反馈的框图

一、电压反馈和电流反馈

在输出端，若反馈网络与基本放大电路、负载 R_L 并联连接，如图 4.2.3(a)、(c)所示，反馈信号取样于输出电压，称为电压反馈。其特征为：将输出负载 R_L 短路（即令 $u_o=0$）时，反馈信号 u_f（或 i_f）消失。电压负反馈能稳定输出电压，由图 4.2.3(a)可见，当输入电压不变时，如负载电阻 R_L 增大导致输出电压 u_o 增大，则通过反馈使 u_f 也增大，因此 $u_{id}(=u_i-u_f)$ 下降，使 u_o 减小，从而稳定了输出电压。故电压负反馈放大电路具有恒压输出特性。

在输出端，若反馈网络与基本放大电路、负载 R_L 串联连接，如图 4.2.3(b)、(d)所示，反馈信号取样于输出电流，则称为电流反馈。其特征为：将输出负载 R_L 短路（即令 $u_o=0$）时，反馈信号仍然存在。电流负反馈能稳定输出电流，由图 4.2.3(b)可见，当输入电压不变时，如输出电流 i_o 增大，则通过反馈使 u_f 也增大，u_{id} 下降（因 u_i 不变），迫使 i_o 减小，从而稳定了输出电流。因此，电流负反馈放大电路具有恒流输出特性。

二、串联反馈和并联反馈

在输入端，若反馈网络与基本放大电路串联连接，如图 4.2.3(a)、(b)所示，实现了输入电压 u_i 与反馈电压 u_f 相减，使 $u_{id}=u_i-u_f$，就称为串联反馈。（由于反馈电压 u_f 经过信号源内阻 R_S 反映到净输入电压 u_{id} 上，R_S 越小对 u_f 的阻碍作用就越小，反馈效果越好，所以串联负反馈宜采用低内阻的电压源作为输入信号源。）

在输入端，若反馈网络与基本放大电路并联连接，如图 4.2.3(c)、(d)所示，实现了输入电流 i_i 与反馈电流 i_f 相减，使 $i_{id}=i_i-i_f$，则称为并联反馈。（由于反馈电流 i_f 经过信号源内阻 R_S 的分流反映到净输入电流 i_{id} 上，R_S 越大对 i_f 的分流就越小，反馈效果越好，所以，并联负反馈宜采用高内阻的电流源作为输入信号源。）

想一想 串联反馈与并联反馈有何特点？电压反馈与电流反馈有何特点？

三、负反馈放大电路类型判别举例

1. 反馈类型的判别方法

（1）电压与电流反馈的判别

反馈信号取样于输出电压，即 $x_f \propto u_o$，称为电压反馈。因此，实用中可假设输出负载 R_L 短路（即令 $u_o=0$）来判别：负载短路后，反馈信号 x_f 消失即为电压反馈，反馈信号 x_f 不消失则为电流反馈。

（2）串联与并联反馈的判别

串联和并联反馈可根据放大电路输入端，反馈网络与基本放大电路的连接方式来判别，若为串联连接，则为串联反馈；若为并联连接，则为并联反馈。实用中也可采用下列方法来判别：若输入信号与反馈信号从放大电路器件的不同端子加入，则为串联反馈，若从同一端子加入，则为并联反馈。

2. 反馈类型判别举例

【例 4.2.2】 判别图 4.2.4 所示负反馈放大电路的类型。

解：图 4.2.4 所示反馈放大电路中，集成运放 A 为基本放大电路，电阻 R_F 跨接在输出回路与输入回路之间，输出电压 u_o 通过 R_F 与 R_1 的分压反馈到输入回路，因此 R_F、R_1 构成反馈网络。

在输出端，反馈网络与基本放大电路、负载电阻 R_L 并联连接，由图可得反馈电压 $u_f=u_oR_1/(R_1+R_F)$，令 $u_o=0$，则反馈信号 u_f 消失，说明反馈电压 u_f 取样于输出电压 u_o，故为电压反馈。在输入端，输入信号加在集成运放同相输入端，反馈信号加在反相输入端，故为串联反馈。因此图 4.2.4 所示为电压串联负反馈放大电路。

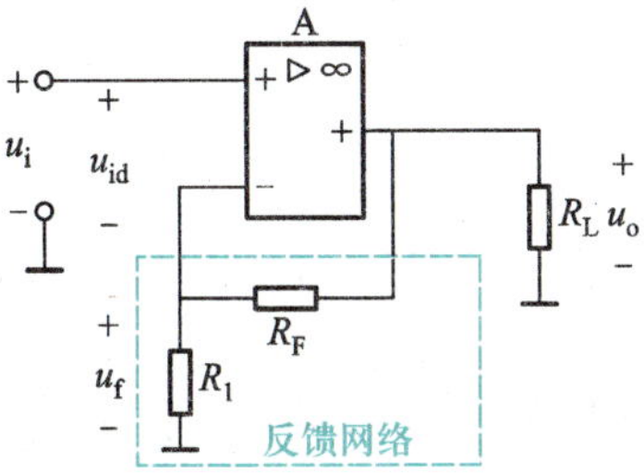

图 4.2.4 电压串联负反馈放大电路

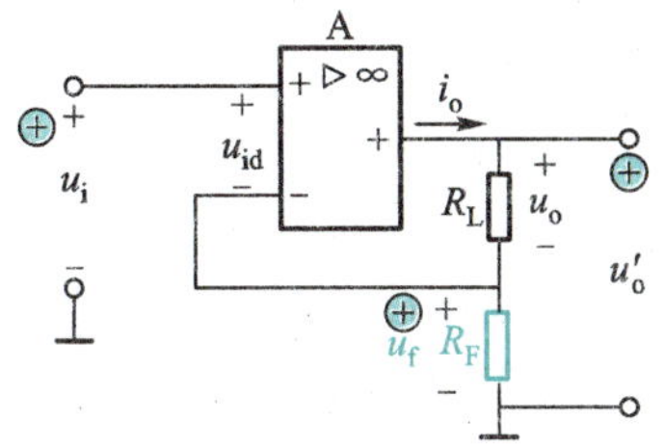

图 4.2.5 电流串联负反馈放大电路

【例 4.2.3】 判别图 4.2.5 所示反馈放大电路的类型。

解：图 4.2.5 所示反馈放大电路中，R_L 为放大电路输出负载电阻，集成运放 A 为基本放大电路，R_F 为输出回路和输入回路的公共电阻，故 R_F 构成反馈网络。

在输出端，令 R_L 短路，反馈信号 u_f 仍存在，且 $u_f=i_oR_F$，因此反馈电压取样于输出电流 i_o，为电流反馈。在输入端，输入信号 u_i 加在集成运放同相输入端，反馈信号 u_f 加在反相输入端，故为串联反馈。

假设输入电压 u_i 的瞬时极性为⊕，根据集成运放同相输入时输出电压与输入电压同相的原则，可确定集成运放输出电压 u_o' 的瞬时极性也为⊕，因此反馈电压 u_f 瞬时极性为⊕由图可见，净输入电压 $u_{id}=u_i-u_f$，因此反馈电压 u_f 削弱了净输入电压 u_{id}，为负反馈。

综上所述，图 4.2.5 所示电路为电流串联负反馈放大电路。

【例 4.2.4】 判别图 4.2.6 所示反馈放大电路的类型。

解：图 4.2.6 所示反馈放大电路中，集成运放 A 为基本放大电路，R_F 跨接在输出回路与输入回路之间构成反馈网络。

在输出端，令 R_L 短路，则反馈信号消失，故为电压反馈。在输入端，输入信号和反馈信号同时加在集成运放的反相输入端，故为并联反馈。

假定输入电压 u_i 的瞬时极性为⊕，则输入电流 i_i 的瞬时流向如图 4.2.6 所示；根据运算放大器反相输入时输出电压与输入电压反相，可确定运算放大器输出电压 u_o 的瞬时极性为⊖，故反馈电流 i_f 的瞬时流向如图所示。可见，净输入电流 $i_{id}=i_i-i_f$，反馈电流 i_f 削弱了净输入电流 i_{id}，为负反馈。

综上所述，图 4.2.6 所示电路为电压并联负反馈放大电路。

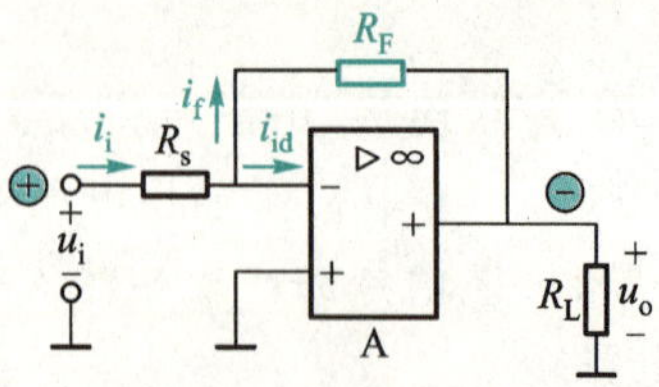

图 4.2.6　电压并联负反馈放大电路

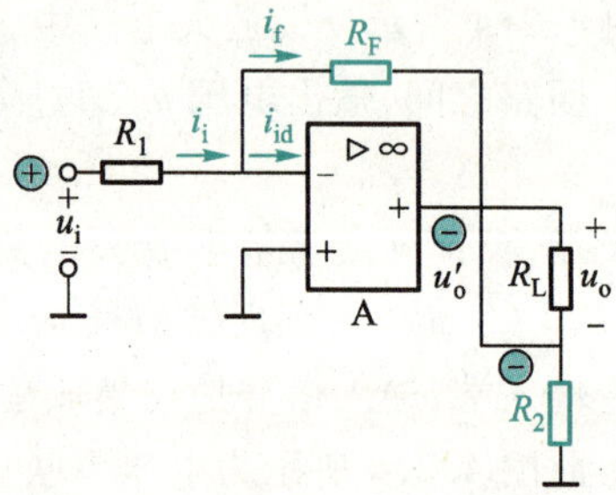

图 4.2.7　电流并联负反馈放大电路

【例 4.2.5】 试判别图 4.2.7 所示反馈放大电路的类型。

解：由图 4.2.7 可见，集成运放 A 为基本放大电路，R_L 为放大电路输出负载电阻，R_F 跨接在输入回路与输出回路之间，R_F、R_2 共同构成反馈网络。

在输出端，令 R_L 短路，反馈信号 i_f 仍存在，故为电流反馈。在输入端，输入信号和反馈信号同时加在集成运放的反相输入端，故为并联反馈。

假设输入电压 u_i 的瞬时极性为⊕，则集成运放输出电压 u_o' 的瞬时极性为⊖，所以输入电流 i_i 和反馈电流的瞬时流向如图 4.2.7 所示，可见，净输入电流 $i_{id}=i_i-i_f$，反馈使净输入电流 i_{id}减小，故为负反馈。

综上所述，图 4.2.7 所示电路为电流并联负反馈放大电路。

知识拓展　分立元件放大电路反馈类型的判别

【例 4.2.6】 图 4.2.8 所示为晶体管共集电极放大电路，试指出反馈元件，在图中标出反馈信号，并判别反馈类型和反馈极性。

解：图 4.2.8 所示电路中，电阻 R_E 既包含于输出回路又包含于输入回路，通过 R_E 把输出电压 u_o 全部反馈到输入回路中，所以 R_E 为反馈元件。R_E 上的电压 u_f 即为反馈信号。

在输入端，输入信号 u_i 加在晶体管的基极，反馈信号 u_f 加在晶体管的发射极，输入信号与反馈信号从放大电路的不同端子加入，故为串联反馈。在输出端，假设将 R_L 短路，反馈信号 u_f 即消失，故为电压反馈。

假设输入电压 u_i 的瞬时极性为⊕，根据共集电极放大电路输出电压与输入电压同相的原则，可确定输出电压 u_o 的瞬时极性为⊕，所以反馈信号 u_f 瞬时极性也为⊕，因而放大电路的净输入信号 $u_{id}=u_i-u_f$，反馈信号削弱了净输入信号，故为负反馈。

综上所述，图 4.2.8 所示电路为电压串联负反馈放大电路。

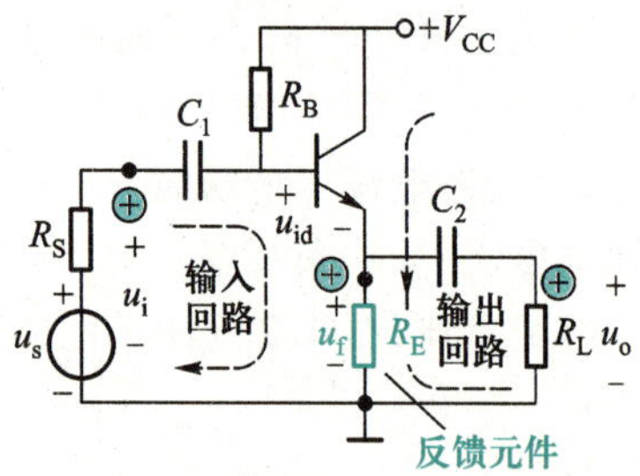

图 4.2.8　晶体管反馈放大电路举例

4.2.3 负反馈对放大电路性能的影响

一、改善放大电路的性能

负反馈使放大电路增益下降，但可使增益稳定性、非线性失真、频率特性等性能得到改善。

1. **提高增益的稳定性**

由于负载和环境温度的变化、电源电压的波动、元器件老化或更换等因素，放大电路的增益会发生变化，在放大电路中引入负反馈就可以减小增益的变化，提高增益的稳定性。如因温度升高使基本放大电路的增益变大，致使输出信号增大，通过反馈同时增大了负反馈信号，从而迫使净输入信号 $x_{id}=x_i-x_f$ 减小，这就抑制了输出信号的增大，使放大电路的增益维持稳定。反馈深度越大，增益的稳定性就越高。在实际应用中也往往通过调节负反馈深度，来控制放大电路的增益。

2. **减小非线性失真**

由于半导体三极管等有源器件伏安特性的非线性，会造成放大电路输出信号非线性失真，放大电路中引入负反馈后就可以减小这种失真。在负反馈放大电路中，由于基本放大电路的非线性使输出信号产生失真，通过反馈电路将失真的输出信号返回到输入端，对净输入信号波形进行修正，产生预失真，使放大电路输出信号波形得到补偿，从而减小了失真。反馈深度越大，非线性失真越小，但负反馈只能减小而不能消除非线性失真。另外，负反馈只能减小放大电路内部引起的非线性失真，而对输入信号本身固有的失真则无法减小。

3. **扩展通频带**

基本放大电路在高频段和低频段的增益会减小，这可理解为因工作频率变化而引起增益变化。引入负反馈后，由于负反馈能稳定增益，因此对于工作频率不同引起的增益变化，它也有稳定的作用。当输入等幅不同频率的信号时，高频段和低频段的输出信号比中频段的小，因此反馈信号也按比例减小，对净输入信号的削弱作用也减小，致使高频段和低频段增益下降的程度比中频段的小，这样，原来使增益下降 3 dB 的频率，加负反馈后将下降不到 3 dB，从而扩展了放大电路的通频带。同样，反馈深度越大，通频带扩展越大。

电路点评

负反馈放大电路性能的改善与反馈深度$(1+AF)$有关，反馈深度越大，放大电路性能改善越有效，但同时放大电路的增益也将下降为原来的$1/(1+AF)$。这就是说放大电路性能的改善是以降低放大电路增益为代价的。

二、改变放大电路的输入和输出电阻

1. 对输入电阻的影响

负反馈对输入电阻的影响决定于输入端的反馈类型，而与输出端取样方式无直接关系。

（1）**串联负反馈使输入电阻增大**。在串联负反馈放大电路中，反馈网络与基本放大电路相串联，所以反馈放大电路的输入电阻必大于基本放大电路的输入电阻，反馈深度越大，输入电阻越大。

（2）并联负反馈使输入电阻减小。在并联负反馈放大电路中，反馈网络与基本放大电路相并联，所以反馈放大电路的输入电阻必小于基本放大电路的输入电阻，说明并联负反馈使放大电路的输入电阻减小，反馈深度越大，输入电阻越小。

2. 对输出电阻的影响

负反馈对输出电阻的影响决定于输出端的取样方式，而与输入端的反馈类型无关。

（1）电压负反馈使输出电阻减小。在电压负反馈放大电路中，反馈网络与基本放大电路相并联，所以反馈放大电路的输出电阻必小于基本放大电路的输出电阻，即电压负反馈使放大电路的输出电阻减小。另外，由于电压负反馈能够稳定输出电压，即在输入信号一定时，电压负反馈放大电路的输出趋于一个电压源，也说明其输出电阻很小。反馈深度越大，输出电阻越小。

（2）电流负反馈使输出电阻增大。在电流负反馈放大电路中，反馈网络与基本放大电路相串联，所以反馈放大电路的输出电阻必大于基本放大电路的输出电阻，即电流负反馈使放大电路的输出电阻增大。另外，由于电流负反馈能够稳定输出电流，即在输入信号一定时，电流负反馈放大电路的输出趋于一个电流源，也说明其输出电阻很大。反馈深度越大，输出电阻越大。

三、深度负反馈放大电路的特点

由上述讨论可知，负反馈放大电路性能的改善与反馈深度有关，反馈深度越大，对放大电路的性能改善越明显。所以在实用中，应尽量采用较大的反馈深度$(1+AF)$来改善放大电路的性能。习惯上将$(1+AF)>>1$的负反馈放大电路称为深度负反馈放大电路。由于$(1+AF)>>1$，所以由式(4.2.5)可得

$$A_f=\frac{A}{1+AF}\approx\frac{A}{AF}=\frac{1}{F} \tag{4.2.7}$$

由于

$$A_f=\frac{x_o}{x_i},\quad F=\frac{x_f}{x_o}$$

所以，深度负反馈放大电路中有

$$x_f\approx x_i \tag{4.2.8}$$

即

$$x_{id}\approx 0 \tag{4.2.9}$$

由式(4.2.7)～式(4.2.8)及负反馈对输入、输出电阻的影响，可得深度负反馈放大电路有如下特点：

（1）闭环放大倍数主要由反馈网络决定，$A_f=1/F$。当反馈网络由高质量的电阻等无源线性元件组成时，负反馈放大电路的增益为常数，基本上不受外界因素影响，增益极为稳定，输出信号与输入信号之间成线性关系，失真极小。

（2）反馈信号x_f近似等于输入信号x_i，净输入信号x_{id}近似为零。对于串联反馈则有：$u_i\approx u_f$、$u_{id}\approx 0$，因而在基本放大电路输入电阻上产生的输入电流i_{id}也必趋于零；对于并联反馈则有：$i_i\approx i_f$、$i_{id}\approx 0$，因而在基本放大电路输入电阻上产生的输入电压u_{id}必趋于零。总之，不论是串联还是并联反馈，在深度负反馈条件下，均有$u_{id}\approx 0$（称为虚短）和$i_{id}\approx 0$（称为虚断）同时存在。

(3) 闭环输入电阻和输出电阻可以近似看成零或无穷大。即深度串联负反馈闭环输入电阻趋于无穷大，深度并联负反馈闭环输入电阻趋于零；深度电流负反馈闭环输出电阻趋于无穷大；深度电压负反馈闭环输出电阻趋于零。

想一想 深度电压串联负反馈放大电路有哪些特点？

知识拓展 负反馈放大电路使用注意事项

由于负反馈放大电路一般较为复杂，特别是多级负反馈放大电路开环增益高又存在反馈，电路很容易产生干扰、自激和故障，因此负反馈放大电路使用中应注意下列事项。

1. 负反馈放大电路的性能与电路结构、负反馈类型以及反馈网络元件参数有密切关系，所以使用前需认真分析电路，弄清电路的结构，明确其反馈类型，找出反馈网络元件，并对电路的性能特点进行分析和必要的估算。

2. 电路安装布线要合理，接线要尽量短，公共地线安装可靠，放大电路的输出回路不能与输入回路相耦合，以免产生干扰和自激。

3. 若对电路测试时，要注意仪器对被测电路的影响，要求测量仪器的输入电阻要远大于被测电路的阻抗。仪器的测试线必须采用屏蔽线，屏蔽线的外层连线要接至电路公共地端。测试中还要注意减小人体感应对测试结果的影响，同时必须保证放大电路输出信号应是稳定的不失真波形，否则测试结果将是无效的，所以测试中应用示波器随时监测输出电压波形，若波形产生失真或有干扰，应找出原因，消除故障后，再进行测试。

4. 负反馈放大电路当增益较高、反馈深度较大、布线不合理时很容易产生自激振荡（所谓自激振荡是指放大电路在无外加输入信号时，也能输出一定频率和幅度信号的现象），如有时会发现在正常输出波形上叠加了一些奇特的、频率较高的波形；有时会发现输出波形不稳定，有低频调制现象；有时会发现无外加输入信号时也能输出一定频率和幅度的信号，这些都说明电路可能产生了自激振荡。自激振荡的出现会对放大电路正常工作产生不良影响，甚至使放大电路无法正常工作。此时可通过适当调整电路布线，减小寄生耦合，适合降低开环增益和反馈量来消除自激，目前不少集成运放已在内部接有补偿网络，使用中不需再外接补偿网络，而有些集成运放留有外接补偿网络端，应根据需要接入 C 或 RC 补偿网络。若电路中产生了低频自激振荡，可在公共电源电路接入 RC 去耦合滤波电路来消除。

复习题

1. 什么是反馈？如何判断一个电路有无反馈？

2. 简述放大电路的开环增益、闭环增益、反馈系数、环路增益等概念。

3. 什么是电压反馈和电流反馈？什么是串联反馈和并联反馈？

4. 试说明负反馈放大电路有哪几种类型。

5. 负反馈可以改善放大电路哪些性能？所付出的代价是什么？

6. 什么是深度负反馈？深度负反馈放大电路有何特点？

4.3 集成运放信号运算电路

输出信号与输入信号之间构成一定的数学运算关系的电路称为运算电路。利用集成运放，引入适当的负反馈就可以构成各种运算电路。

4.3.1 比例运算电路

一、反相比例运算电路

反相比例运算电路如图4.3.1所示，它就是4.1节所述反相放大电路。输入信号 u_i 经电阻 R_1 加到集成运放的反相输入端，而输出信号通过电阻 R_F 也回送至反相输入端，R_F 为反馈电阻构成深度电压并联负反馈。同相输入端经电阻 R_2 接地，R_2 称为直流平衡电阻，其作用是使集成运放两输入端对地的直流电阻相等，从而避免运算放大器输入偏置电流在两输入端之间产生附加的差模输入电压，故对于图4.3.1所示电路要求 $R_2=R_1/\!/R_F$。

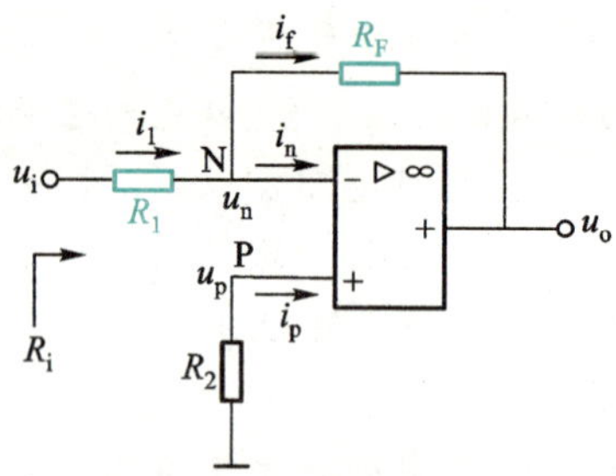

图4.3.1 反相比例运算电路

根据运算放大器输入端“虚断”可得 $i_p\approx0$，故 $u_p\approx0$，又根据运算放大器输入端“虚短”可得 $u_n\approx u_p\approx0$，因此由图可求得输出电压 u_o 与输入电压 u_i 的关系为

$$u_o=-\frac{R_F}{R_1}u_i \tag{4.3.1}$$

由于 u_o 与 u_i 反相成比例，因此称为反相比例运算电路，其比例系数为

$$A_{uf}=\frac{u_o}{u_i}=-\frac{R_F}{R_1} \tag{4.3.2}$$

反相比例运算电路主要有如下特点：

(1) 电路引入深度电压并联负反馈，集成运放工作在线性状态，可作为反相放大电路。调节 R_F、R_1 的比值即可调节放大倍数，其值可大于1也可小于1，当 $R_F=R_1$ 时，$u_o=-u_i$ 成为反相器。

(2) 由于 $u_n\approx0$，所以电路的输入电阻等于 R_1，其值较小；由于集成运放输出电阻很小，电路又构成深度电压负反馈，所以电路的输出电阻近似为零，电路带负载后运算关系不变。

(3) $u_n\approx u_p\approx0$，所以运放的共模输入信号 $u_{IC}\approx0$，对运算放大器 K_{CMR} 的要求较低，这也

是所有反相运算电路的特点，由于 $u_n \approx u_p \approx 0$，常将运算放大器的反相输入端 N 称为“虚地”端。

二、同相比例运算电路

同相比例运算电路如图 4.3.2 所示，它就是 4.1 节所述同相放大电路。输入信号 u_i 通过电阻 R_2 加到集成运放的同相输入端，而输出信号通过反馈电阻 R_F 回送到反相输入端，构成深度电压串联负反馈，反相端则通过电阻 R_1 接地。R_2 同样是直流平衡电阻，应满足 $R_2 = R_1 /\!/ R_F$。

根据运算放大器输入端“虚断”可得 $i_n \approx 0$，故有 $i_1 \approx i_f$，因此由图 4.3.2 可得

$$\frac{0 - u_n}{R_1} \approx \frac{u_n - u_o}{R_F}$$

由于 $u_n \approx u_p \approx u_i$，所以可求得输出电压 u_o 与输入电压 u_i 的关系为

$$u_o = \left(1 + \frac{R_F}{R_1}\right) u_i \tag{4.3.3}$$

可见 u_o 与 u_i 同相且成比例，故称为同相比例运算电路，其比例系数为

$$A_{uf} = \frac{u_o}{u_i} = 1 + \frac{R_F}{R_1} \tag{4.3.4}$$

如取 $R_1 = \infty$ 或 $R_F = 0$，则由式(4.3.4)可得 $A_{uf} = 1$，这种电路称为电压跟随器，如图 4.3.3 所示。

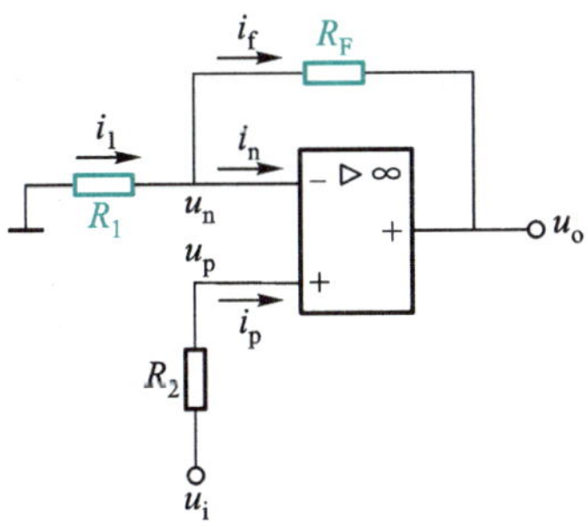

图 4.3.2 同相比例运算电路

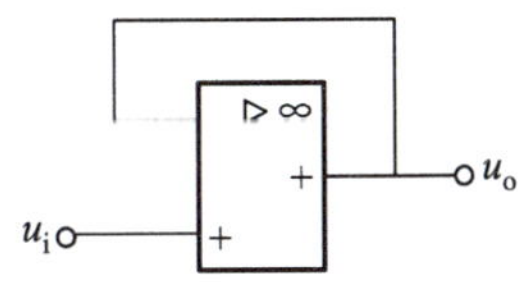

图 4.3.3 电压跟随器

同相比例运算电路主要有如下特点：

(1) 它是深度电压串联负反馈电路，可作为同相放大器，调节 R_F、R_1 比值即可调节比例系数 A_{uf}，其值可大于 1 或等于 1。

(2) 由于 $i_p \approx 0$，所以电路输入电阻趋于无穷大。又集成运放输出电阻很小，电路又构成深度电压负反馈，所以电路输出电阻近似等于零。

(3) $u_n \approx u_p \approx u_i$，说明此时运算放大器的共模信号不为零，而等于输入信号 u_i，因此在选用集成运放构成同相比例运算电路时，要求运算放大器应有较高的最大共模输入电压和较高的共模抑制比。其他同相运算电路也有此特点和要求。

4.3.2 加减运算电路

一、求和运算电路

求和运算即对多个输入信号进行加法运算，根据输出信号与求和信号反相还是同相分

为反相求和运算和同相求和运算两种方式。

1. 反相求和运算电路

图 4.3.4 所示为反相输入求和运算电路，它是利用反相比例运算电路实现的。图中，输入信号 u_{i1}、u_{i2} 分别通过电阻 R_1、R_2 加至运算放大器的反相输入端，R_3 为直流平衡电阻，要求 $R_3=R_1/\!/R_2/\!/R_F$。

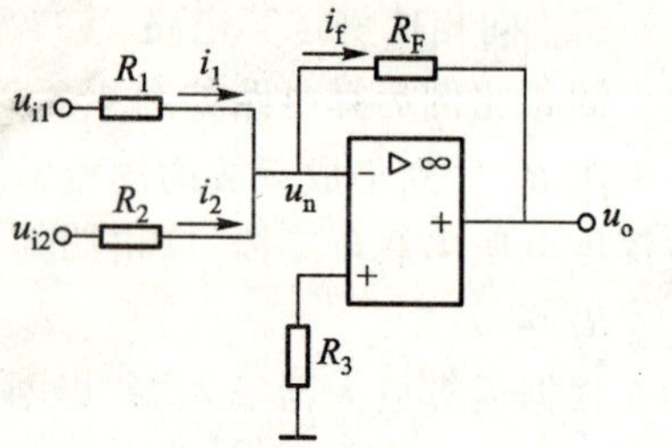

图 4.3.4　反相输入求和运算电路

根据运算放大器反相输入端虚断可知 $i_f\approx i_1+i_2$，而根据反相运算时运算放大器输入端虚地可得 $u_n\approx 0$，因此由图 4.3.4 可得

$$-\frac{u_o}{R_F}\approx\frac{u_{i1}}{R_1}+\frac{u_{i2}}{R_2}$$

故可求得输出电压为

$$u_o=-R_F\left(\frac{u_{i1}}{R_1}+\frac{u_{i2}}{R_2}\right) \tag{4.3.5}$$

可见实现了反相加法运算。若取 $R_F=R_1=R_2$，则 $u_o=-(u_{i1}+u_{i2})$。

电路点评

反相求和运算电路在调一路输入端电阻时并不影响其他路信号产生的输出值，因而调节方便，使用得比较多。

2. 同相求和运算电路

图 4.3.5 所示为同相输入求和运算电路，它是利用同相比例运算电路实现的。图中，输入信号 u_{i1}、u_{i2} 均加至运算放大器同相输入端。为使直流电阻平衡，要求 $R_2/\!/R_3=R_1/\!/R_F$。

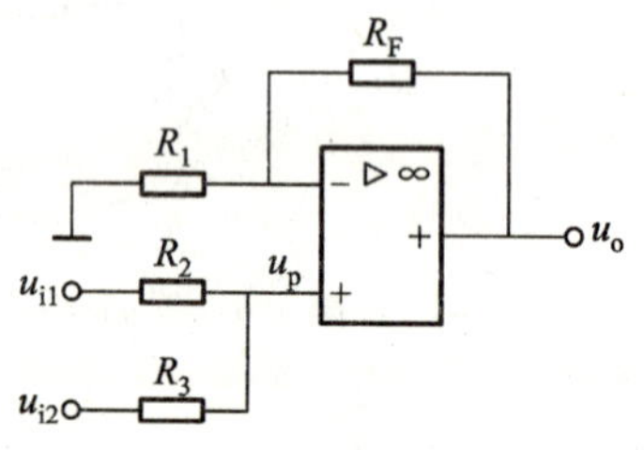

图 4.3.5　同相输入求和运算电路

根据运算放大器同相端虚断，对 u_{i1}、u_{i2} 应用叠加定理可求得

$$\begin{aligned}u_p&\approx\frac{R_3}{R_2+R_3}u_{i1}+\frac{R_2}{R_2+R_3}u_{i2}\\&=\frac{R_2R_3}{R_2+R_3}\cdot\frac{u_{i1}}{R_2}+\frac{R_2R_3}{R_2+R_3}\cdot\frac{u_{i2}}{R_3}\\&=(R_2/\!/R_3)\left(\frac{u_{i1}}{R_2}+\frac{u_{i2}}{R_3}\right)\end{aligned} \tag{4.3.6}$$

根据同相输入时输出电压与运算放大器同相端电压 u_p 的关系式，可得

$$u_o=\left(1+\frac{R_F}{R_1}\right)u_p=\left(1+\frac{R_F}{R_1}\right)(R_2/\!/R_3)\left(\frac{u_{i1}}{R_2}+\frac{u_{i2}}{R_3}\right) \tag{4.3.7}$$

将式(4.3.7)进行变换，得

$$u_o=\frac{R_1+R_F}{R_1R_F}R_F(R_2/\!/R_3)\left(\frac{u_{i1}}{R_2}+\frac{u_{i2}}{R_3}\right)$$

$$=\frac{R_2 /\!/ R_3}{R_1 /\!/ R_F}R_F\left(\frac{u_{i1}}{R_2}+\frac{u_{i2}}{R_3}\right) \tag{4.3.8}$$

因 $R_2 /\!/ R_3 = R_1 /\!/ R_F$，所以

$$u_o = R_F\left(\frac{u_{i1}}{R_2}+\frac{u_{i2}}{R_3}\right) \tag{4.3.9}$$

可见实现了同相加法运算。若取 $R_1=R_2=R_3=R_F$，则 $u_o=u_{i1}+u_{i2}$。应当指出，只有在 $R_2 /\!/ R_3 = R_1 /\!/ R_F$ 的条件下，式(4.3.9)才成立，否则应利用式(4.3.7)求解。

电路点评

与反相求和运算比较，同相求和运算电路共模输入电压较高，且调节不大方便，但其输入电阻大，常用于要求输入电阻较大的场合。

二、减法运算电路

图4.3.6所示为减法运算电路。图中，输入信号 u_{i1} 和 u_{i2} 分别加至反相输入端和同相输入端，这种形式的电路也称为差分运算电路。对该电路也可用“虚短”和“虚断”来分析，下面应用叠加定理根据同、反相比例运算电路已有的结论进行分析，这样可使分析更简便。

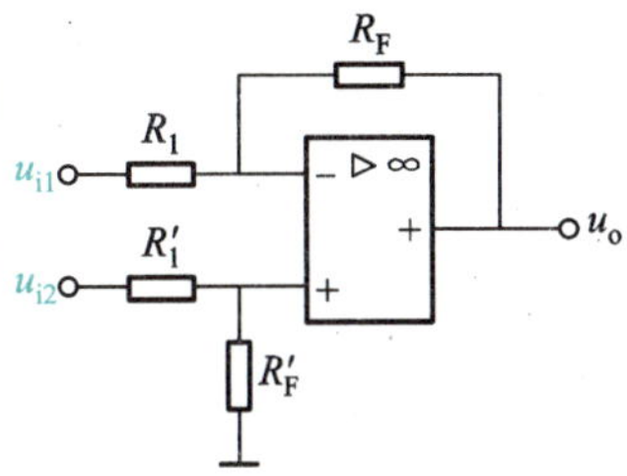

图4.3.6 减法运算电路

首先，设 u_{i1} 单独作用，而 $u_{i2}=0$，此时电路相当于一个反相比例运算电路，可得 u_{i1} 产生的输出电压 u_{o1} 为

$$u_{o1}=-\frac{R_F}{R_1}u_{i1}$$

再设由 u_{i2} 单独作用，而 $u_{i1}=0$，则电路变为一同相比例运算电路，可求得 u_{i2} 产生的输出电压 u_{o2} 为

$$u_{o2}=\left(1+\frac{R_F}{R_1}\right)u_p=\left(1+\frac{R_F}{R_1}\right)\frac{R_F'}{R_1'+R_F'}u_{i2}$$

由此可求得总输出电压为

$$u_o=u_{o1}+u_{o2}=-\frac{R_F}{R_1}u_{i1}+\left(1+\frac{R_F}{R_1}\right)\frac{R_F'}{R_1'+R_F'}u_{i2} \tag{4.3.10}$$

当 $R_1=R_1'$，$R_F=R_F'$ 时，则

$$u_o=\frac{R_F}{R_1}(u_{i2}-u_{i1}) \tag{4.3.11}$$

假如式(4.3.11)中 $R_F=R_1$，则 $u_o=u_{i2}-u_{i1}$。

【例4.3.1】 使用两只集成运算放大器构成的减法运算电路如图4.3.7所示，试求出输出电压与输入电压的运算关系。

解： 在多个运算电路相连接时，由于前级电路的输出电阻均为零，其输出电压仅受控于它自己的输入电压，后级电路并不影响前级电路的运算关系。所以在分析多级运算电路运算关系时，只需逐级将前级电路的输出电压作为后级电路的输入电压代入后级电路的运算关系式，就可以得到整个电路的运算关系式。

由图 4.3.7 可见，A_1 构成同相比例运算电路，因而有

$$u_{o1}=\left(1+\frac{R_3}{R_1}\right)u_{i1}$$

利用叠加定理可得 A_2 的输出电压为

$$u_o=\left(1+\frac{R_1}{R_3}\right)u_{i2}-\frac{R_1}{R_3}u_{o1}$$

将 u_{o1}代入 u_o的表达式，即可得到图 4.3.7 所示电路的运算关系式为

$$u_o=\left(1+\frac{R_1}{R_3}\right)u_{i2}-\frac{R_1}{R_3}\cdot\frac{R_1+R_3}{R_1}u_{i1}=\left(1+\frac{R_1}{R_3}\right)(u_{i2}-u_{i1})$$

可见电路输出电压与两输入电压之差成正比例。由图 4.3.7 可以看出，无论对于 u_{i1}，还是 u_{i2}，均可认为输入电阻为无穷大。

【例 4.3.2】 求解图 4.3.8 所示运算电路的运算关系。

解：利用叠加定理进行求解。先令 $u_{i3}=0$，此时电路相当于一个反相求和运算电路，因此可得输出电压 u_o'为

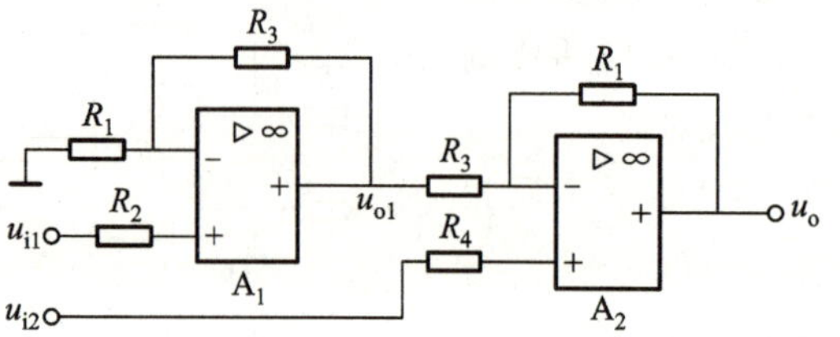

图 4.3.7 高输入电阻减法运算电路

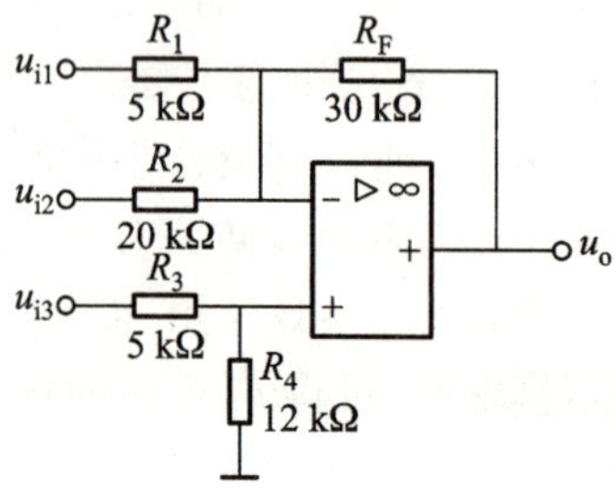

图 4.3.8 加减运算电路

$$u_o'=-\frac{R_F}{R_1}u_{i1}-\frac{R_F}{R_2}u_{i2}=-6u_{i1}-1.5u_{i2}$$

再令 $u_{i1}=u_{i2}=0$，此时电路相当于一个同相比例运算电路，可得输出电压 u_o''为

$$u_o''=\left(1+\frac{R_F}{R_1/\!/R_2}\right)\frac{R_4}{R_3+R_4}u_{i3}=6u_{i3}$$

由此可得总的输出电压与输入电压的运算关系为

$$u_o=u_o'+u_o''=-6u_{i1}-1.5u_{i2}+6u_{i3}$$

可见，图 4.3.8 所示电路实现了 u_{i1}、u_{i2}、u_{i3}的加减运算。

三、应用举例

1. 低频汇集放大电路

在信号传输中，有时希望将几个交流信号汇集起来，而又要求各个信号源之间不产生相互影响，同时还要求汇集后各个信号之间不能产生相互调制，以避免出现新频率的信号。由集成运放构成的有源汇集电路可满足上述要求，其优点是没有汇集衰减，还可有增益，且交调产物小，制造方便。

图 4.3.9(a)所示为采用集成运放构成的实用低频汇集电路。三个输入信号 u_{i1}、u_{i2}、u_{i3}分别经 R_1、R_2、R_3 送入集成运放的反相输入端，汇集放大后的信号经 R_5、C_2 输出。运算放大

器采用单电源供电方式，+24 V直流电源电压经 R_8、稳压二极管 VZ、电解电容 C_4 稳压为+15 V，再经由 R_6、R_7 分压供给同相输入端，这样，反相输入端及输出端静态电位均为+7.5 V，其交流等效电路如图 4.3.9(b)所示。由于集成运算放大器开环增益很高，而闭环后的增益只有 2 倍，故电路通过 R_4 构成很深的电压并联负反馈，放大器的反相输入端的闭环输入电阻近似为零，可使得各个信号源之间互不影响，同时使得输出电压与输入电压之和成正比。由图4.3.9(b)可得

$$u_o = -\frac{R_4}{R_1}(u_{i1} + u_{i2} + u_{i3}) = -2(u_{i1} + u_{i2} + u_{i3})$$

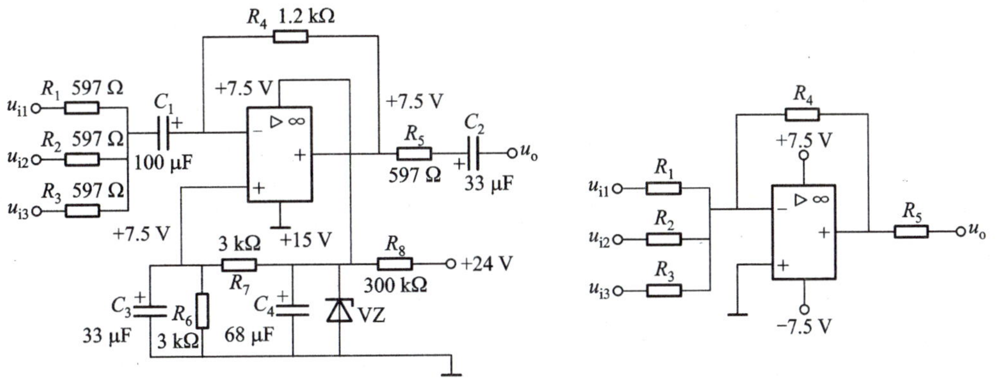

(a) 实用电路　　　　(b) 交流等效电路

图 4.3.9 低频汇集放大电路

知识拓展 集成运放单电源供电

放大和处理交流信号时，双电源集成运放采用单电源供电方式较为方便。单电源供电与双电源供电的区别仅是电位参考点不同，双电源供电的电位参考点(0 V)是正、负电源的公共端，而单电源供电时，参考点是电源的负端(因为电源负端接地，若电源正端接地，参考点是电源正端)。单电源供电运放电路中，为了保证集成运放正常工作，通常要求运放输出端和输入端静态直流电压均应为电源电压 V_{CC} 的一半。为此可在运放同相输入端加入 $V_{CC}/2$ 的直流偏压，如图 4.3.9(a)所示，图中 $R_6 = R_7$ 为分压偏置电阻，可将 V_{CC} 分压为 $V_{CC}/2$ 后加到集成运放的同相输入端。另外，图 4.3.9(a)中 C_1、C_2 为输入、输出端交流耦合电容，用以耦合交流、隔离前后级间的直流电位，使用中 C_2 不能短路，否则有可能损坏集成运放。C_3 为滤波电容，用以防止直流电源中交流干扰信号对放大电路的工作产生影响。

2. 集成运放温度测量电路

由集成运放构成的温度测量电路如图 4.3.10 所示，集成运放输出端所接电压表用来指示所测温度的大小。

集成运放输入端接由 R_t、R_1、R_2 等组成的温度测量电桥，R_t 为正温度系数温度传感器 T-121，温度在 0 ~ 100 ℃范围内变化，其阻值可以从 1.63 ~ 3.4 kΩ 范围内线性变化。当温度为 0 ℃时，R_t = 1.63 kΩ，调节 R_P，使电桥平衡，A 点与 B 两点之间的输出 u_{id} = 0，此时 A 点

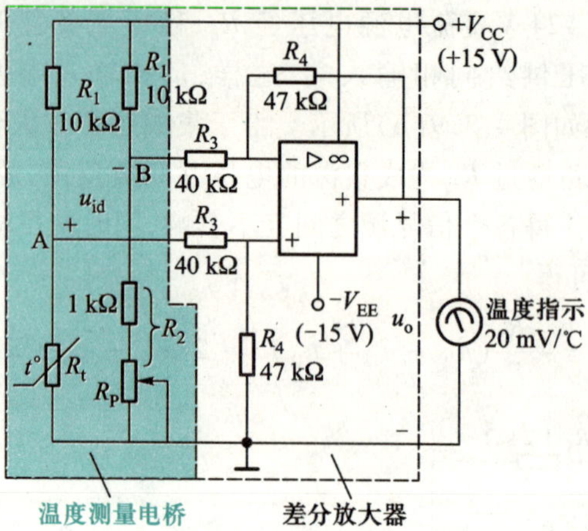

图 4.3.10 温度测量放大器

与 B 点对地电压为

$$u_A = u_B = \frac{V_{CC} R_t}{R_1 + R_t} = \frac{15 \times 1.63}{10 + 1.63}\ \text{V} = 2.1\ \text{V}$$

当温度为 100 ℃时，R_t 增大为 3.4 kΩ，此时 A 点对地电压升高为

$$u_A = \frac{15 \times 3.4}{10 + 3.4}\ \text{V} = 3.8\ \text{V}$$

温度测量电桥输出电压变为

$$u_{id} = u_A - u_B = (3.8 - 2.1)\ \text{V} = 1.7\ \text{V}$$

集成运放与电阻 R_3、R_4 等构成双端输入放大电路，其输出电压 u_o 可用叠加定理求得。令 A 点接地，运放构成反相放大电路，可得输出电压 u_o' 为

$$u_o' = -\frac{R_4}{R_3} u_B$$

令 B 点接地，运放构成同相放大电路，可得输出电压 u_o'' 为

$$u_o'' = \left(1 + \frac{R_4}{R_3}\right) \frac{R_4}{R_3 + R_4} u_A = \frac{R_4}{R_3} u_A$$

根据叠加定理，可知运放总的输出电压 u_o 为

$$u_o = u_o' + u_o'' = \frac{R_4}{R_3}(u_A - u_B)$$

可见，$t = 0$ ℃时，$u_{id} = 0$，$u_o = 0$；$t = 100$ ℃时，$u_{id} = 1.7$ V，$u_o = \frac{47}{40} \times 1.7\ \text{V} = 2$ V。输出温度指示电压表用摄氏温度等间隔划分刻度，当 $u_o = 2$ V 时，电压表指示温度为 100 ℃。

3. +1 ~ −1 可变增益放大电路

由集成运放构成的可变增益与符号放大电路如图 4.3.11(a)所示。该电路使用一个电位器，可在+1 ~ −1 范围内平滑地调节放大电路的增益。令电位器的分压比为 α，放大电路的增益 A_u 与 α 的关系近似为一直线，如图 4.3.11(b)所示。

当分压比 $\alpha = 0$ 时，等效电路如图 4.3.12(a)所示，由图可得

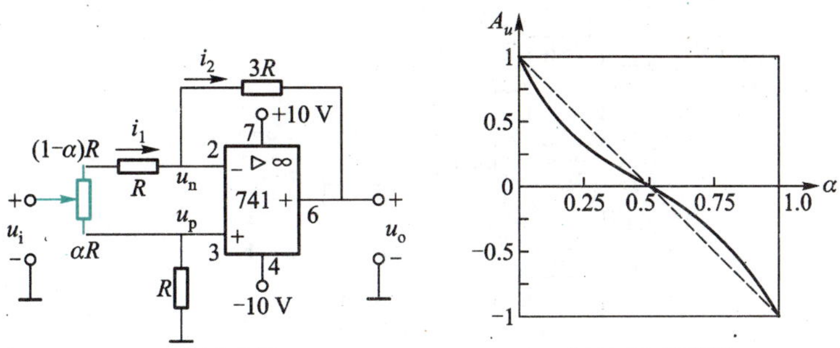

(a) 电路　　(b) A_u与α的曲线

图 4.3.11　+1 ~ −1 可变增益放大电路

$$u_o=-\frac{3R}{2R}u_i+\left(1+\frac{3R}{2R}\right)u_i=u_i$$

所以，$A_u=\frac{u_o}{u_i}=1$。

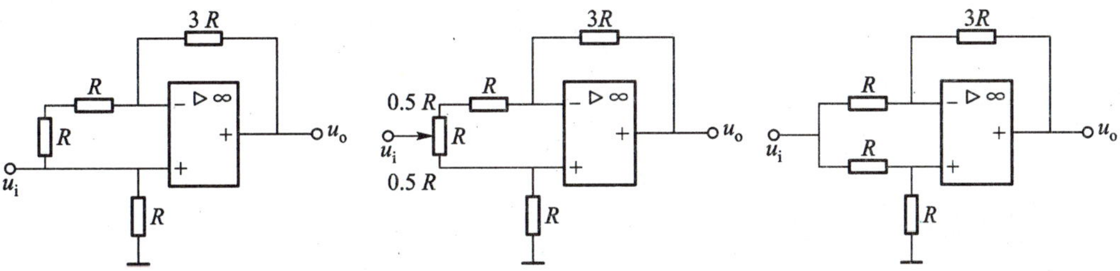

(a) α=0　　(b) α=0.5　　(c) α=1

图 4.3.12　+1 ~ −1 可变增益放大电路等效电路

当 $\alpha=0.5$ 时，等效电路如图 4.3.12(b)所示，由图可得

$$u_o=-\frac{3R}{1.5R}u_i+\left(1+\frac{3R}{1.5R}\right)\frac{R}{1.5R}u_i=-2u_i+2u_i=0$$

所以，$A_u=0$。

当 $\alpha=1$ 时，等效电路如图 4.3.12(c)所示，由图可得

$$u_o=-\frac{3R}{R}u_i+\left(1+\frac{3R}{R}\right)\frac{R}{2R}u_i=-u_i$$

可见，$A_u=-1$。

4. 仪用放大器

由三运放组成的仪用放大器如图 4.3.13 所示，该电路又称测量放大器或数据放大器、精密放大器，它具有高输入阻抗、高共模抑制比等特点，而在测量系统中得到广泛应用。图中，运算放大器 A_1、A_2 组成第一级差分运算电路，运算放大器 A_3 组成第二级差分运算电路。根据运算放大器 A_1、A_2 输入端分别虚短可得

$$u_{R1}=u_{i1}-u_{i2}$$

根据运算放大器 A_1、A_2 反相端虚断可知，流过电阻 R_1、R_2 的电流相等，因此第二级电路的差模输入电压为

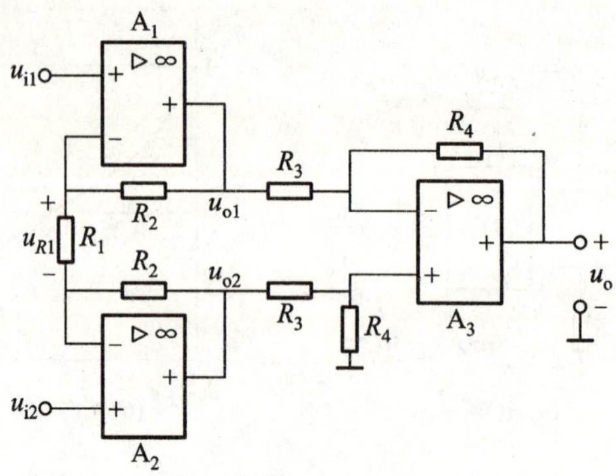

图 4.3.13　仪用放大器

$$u_{o1}-u_{o2}=\frac{u_{R1}}{R_1}(R_1+2R_2)=\left(1+\frac{2R_2}{R_1}\right)(u_{i1}-u_{i2}) \tag{4.3.12}$$

由第二级差分电路可得

$$u_o=\frac{R_4}{R_3}(u_{o2}-u_{o1}) \tag{4.3.13}$$

将式(4.3.12)代入式(4.3.13)，则得

$$u_o=-\frac{R_4}{R_3}\left(1+\frac{2R_2}{R_1}\right)(u_{i1}-u_{i2}) \tag{4.3.14}$$

因此该放大器的电压放大倍数为

$$A_u=\frac{u_o}{u_{i1}-u_{i2}}=-\frac{R_4}{R_3}\left(1+\frac{2R_2}{R_1}\right) \tag{4.3.15}$$

通常电路中，R_2、R_3 和 R_4 为给定值，R_1 用可变电阻代替，则调节 R_1，即可改变放大倍数 A_u 的大小。

由于仪用放大器的差模输入电压从集成运算放大器的同相端输入，因此该电路输入电阻很高。由式(4.3.14)可知，当 $u_{i1}=u_{i2}=u_{1C}$ 时，$u_o=0$，说明该电路有很强的抑制共模信号的能力，而对差模信号可获得很高的可调电压增益，所以共模抑制比很高。

目前，这种仪用放大器已有多种型号的单片集成电路产品可供选用，如美国 BB 公司生产的 1NA101、1NA102，ADI 公司生产的 AD522、AD620、AD624 等。通常在集成芯片内部都将 R_1 分为若干段，并分别由引出线外接，可将增益设置成几挡，也可外接电位器连续调节电压增益。

5. 有源滤波电路

利用集成运放和电阻、电容与构成有源滤波电路，由于有源滤波电路不用电感，体积小、重量轻，并有较好的负载能力，通带内有一定的增益而获得广泛应用。有源滤波电路有低通、高通、带通和带阻等电路。

图 4.3.14(a)所示用简单的 RC 低通电路和集成运放同相比例运算电路构成的一阶有源低通滤波电路。图中，同相比例运算电路输入电阻很大，它对 RC 低通电路影响很小，其电压放大倍数 A_{uo} 为

$$A_{uo}=\frac{\dot{U}_o}{\dot{U}_p}=1+\frac{R_F}{R_1}$$

当输入信号$\dot{U}_i$的频率很低而趋于零时，C的容抗趋于无穷大，相当于开路，RC低通电路的输出电压$\dot{U}_p$与输入电压$\dot{U}_i$近似相等，此时有源滤波电路的电压传输系数近似等于

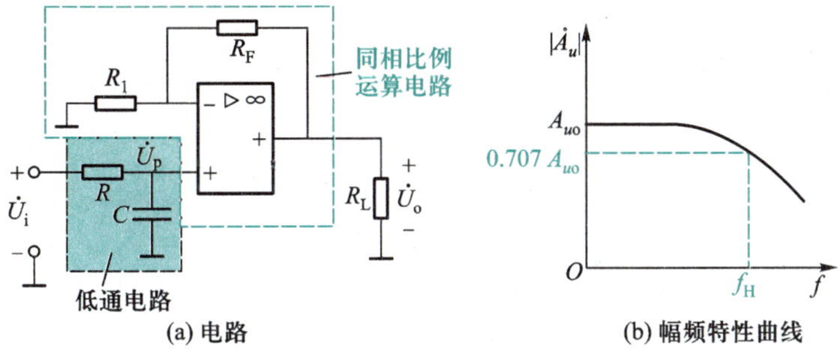

(a) 电路 (b) 幅频特性曲线

图 4.3.14 有源低通滤波电路

$$\dot{A}_u=\frac{\dot{U}_o}{\dot{U}_i}\approx\frac{\dot{U}_o}{\dot{U}_p}=A_{uo}$$

随着频率的升高，C的容抗减小，u_p的幅值跟随下降，$|\dot{A}_u|$值也减小，频率越高，C的容抗越小，$\dot{U}_p$的幅值越小，$|\dot{A}_u|$值也越小，$|\dot{A}_u|$值随频率变化的曲线如图 4.3.14(b)所示。当$f=f_H=1/(2\pi RC)$时，$|\dot{A}_u|=0.707A_{uo}$，因此，把f_H称为滤波电路的截止频率。可见，当$f>f_H$时信号被衰减而不能通过，称为阻带；当$f<f_H$时，A_u近似等于A_{uo}，信号可以通过并被放大了A_{uo}倍，称为通带。显然，图 4.3.14(a)所示电路为低通滤波电路。

由于有源滤波电路采用了同相比例运算电路，可将实际负载R_L与无源RC低通电路隔开，从而使R_L对滤波特性影响很小，同时通带内可提供一定的增益A_{uo}。

实用上为使滤波器阻带内有更快的衰减速度，可采用高阶滤波电路。例如在一阶低通滤波电路的基础上，再加上一级RC低通电路，就可以构成二阶有源低通滤波电路，如图 4.3.15 所示。但图中第一级RC低通电路中C的下端不接地而接到集成运放的输出端，可在截止频率附近引入正反馈，使其特性得到改善。

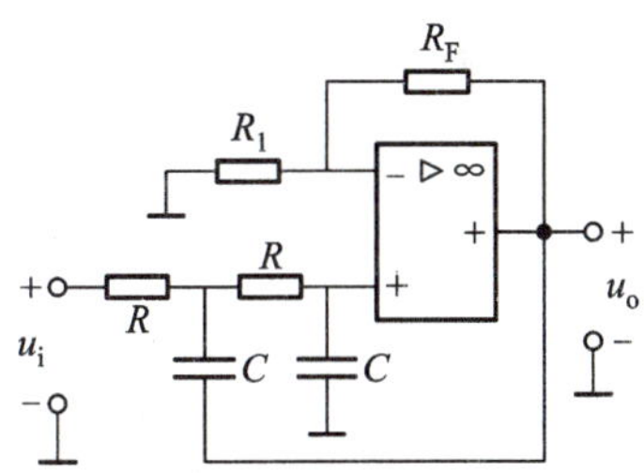

图 4.3.15 二阶有源低通滤波电路

4.3.3 微分与积分运算电路

一、微分运算电路

图 4.3.16 所示为微分运算电路，它和反相比例运算电路的差别是用电容C_1代替电阻R_1。为使直流电阻平衡，要求$R_2=R_F$。

根据运算放大器反相端虚地可得

$$i_1=C_1\frac{\mathrm{d}u_I}{\mathrm{d}t},\qquad i_F=-\frac{u_O}{R_F}$$

由于$i_1\approx i_F$，因此可得输出电压u_O为

$$u_O = -R_F C_1 \frac{du_I}{dt} \tag{4.3.16}$$

可见输出电压 u_O 正比于输入电压 u_I 对时间 t 的微分，从而实现了微分运算。式中，$R_F C_1$ 即为电路的时间常数。

二、积分运算电路

将微分运算电路中的电阻和电容位置互换，即构成积分运算电路，如图 4.3.17 所示。

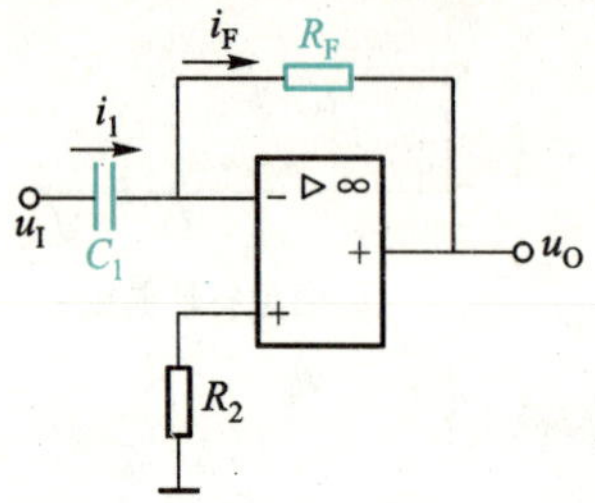

图 4.3.16 微分运算电路

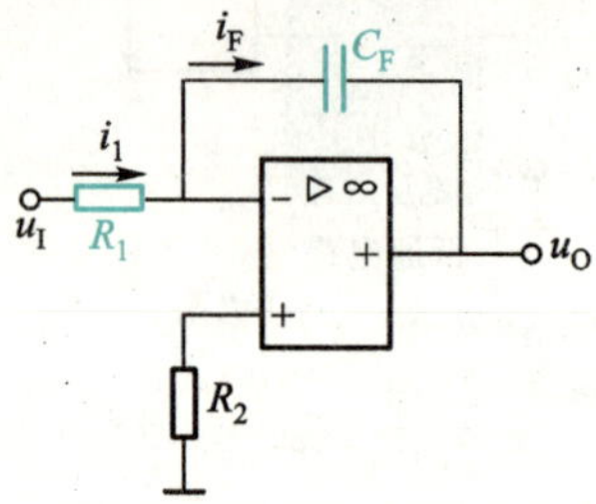

图 4.3.17 积分运算电路

由图可得

$$i_1 = \frac{u_I}{R_1}, \quad i_F = -C_F \frac{du_O}{dt}$$

由于 $i_1 \approx i_F$，因此可得输出电压 u_O 为

$$u_O = -\frac{1}{R_1 C_F}\int u_I dt \tag{4.3.17}$$

可见输出电压 u_O 正比于输入电压 u_I 对时间 t 的积分，从而实现了积分运算。式中，$R_1 C_F$ 为电路的时间常数。

当输入端加入阶跃信号，如图 4.3.18(a)所示，若 $t=0$ 时电容器上的电压为零，则可得

$$u_O = -\frac{1}{R_1 C_F}\int_0^t u_I dt = -\frac{U_I}{R_1 C_F}t \tag{4.3.18}$$

u_O 的波形如图 4.3.18(b)所示，为一线性变化的斜坡电压，其最大值受运算放大器最大输出电压 U_{OM} 限制。

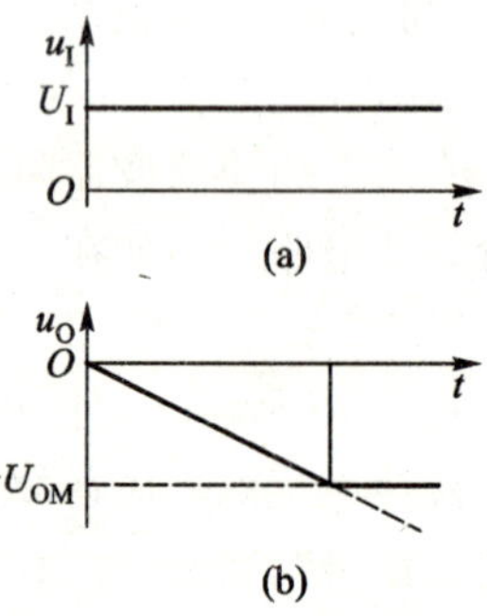

图 4.3.18 积分运算电路输入阶跃信号时的输出波形

【例 4.3.3】 基本积分电路如图4.3.19(a)所示，输入信号 u_I 为一对称方波，如图 4.3.19(b)所示，运算放大器最大输出电压为±10 V，$t=0$ 时电容器上的电压为零，试画出理想情况下的输出电压波形。

解：由图 4.3.19(a)可求得电路时间常数为

$$\tau = R_1 C_F = 10\ \text{k}\Omega \times 10\ \text{nF} = 0.1\ \text{ms}$$

根据运算放大器输入端为虚地可知，输出电压等于电容器上的电压，$u_O = -u_C$，$u_O(0) = 0$。因为在0 ~ 0.1 ms 时间段内 u_I 为+5 V，根据积分电路的工作原理，输出电压 u_O 将从零开始线性减小，在t=0.1 ms 时达到负峰值，其值为

$$u_O\big|_{t=0.1\text{ms}} = -\frac{1}{R_1 C_F}\int_0^t u_I dt + u_O(0) = -\frac{1}{0.1\ \text{ms}}\int_0^{0.1\ \text{ms}} 5\ \text{V}dt = -5\ \text{V}$$

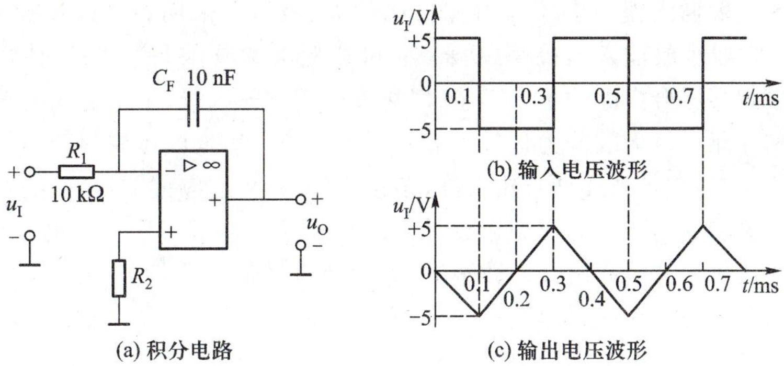

图 4.3.19 积分电路应用举例

而在 0.1 ~ 0.3 ms 时间段内 u_I 为 −5 V，所以输出电压 u_O 从 −5 V 开始线性增大，在 t = 0.3 ms时达到正峰值，其值为

$$u_O\big|_{t=0.3\ \text{ms}} = -\frac{1}{R_1C_F}\int_{0.1\ \text{ms}}^{0.3\ \text{ms}} u_I \mathrm{d}t + u_O\big|_{t=0.1\ \text{ms}} = -\frac{1}{0.1\ \text{ms}}\int_{0.1\ \text{ms}}^{0.3\ \text{ms}} (-5\ \text{V})\mathrm{d}t + (-5\ \text{V}) = +5\ \text{V}$$

上述输出电压最大值均不超过运算放大器最大输出电压，所以输出电压与输入电压间为线性积分关系。由于输入信号 u_I 为对称方波，因此可作出输出电压波形如图 4.3.19(c)所示，为一三角波。

积分电路除了用于运算、波形变换外，也可用于实现正弦信号的 90°相移，还可用于构成显示器的扫描电路、数模转换电路等。

知识拓展 积分电路的改进

实际积分电路中，由于集成运放特性和积分电容特性的非理想，存在积分误差，误差严重时甚至不能正常工作。例如，当集成运放存在失调时，相当于输入一个直流信号被积分，因此在外加输入信号为零时，输出电压会向一个方向(正或负)不断增长，产生所谓输出电压"爬行"现象，称为积分漂移。积分时间越长，爬行就越严重，积分误差就越大，甚至导致输出电压饱和，电路不能正常工作。实用中，应注意尽量选用失调小、低漂移、性能较为理想的运放和优质电容，并合理选择积分时间常数的大小；另外，通常在反馈电容上并接一个大阻值的电阻，如图 4.3.20 所示，以防止对低频信号增益过大，一般满足 R_FC_F>>R_1C_F，通常取 R_F>10 R_1、C_F<1 μF。

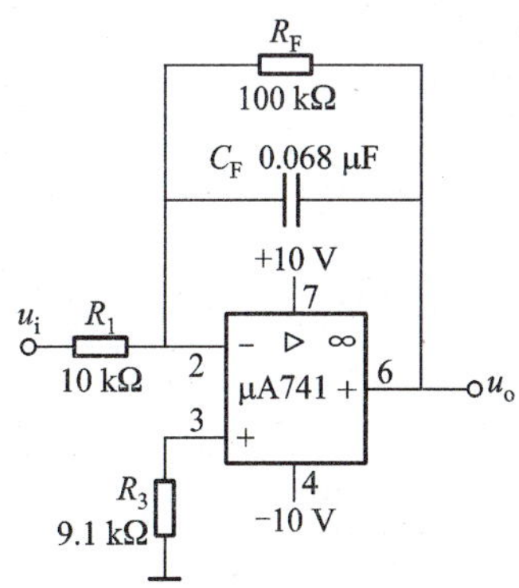

图 4.3.20 实用积分运算电路

4.3.4 集成运放使用知识

一、集成运放类型及选择

1. 集成运放的类型

集成运放的种类和型号很多，按制造工艺可将运放分为双极型、CMOS 型和 BiFET 兼容

型。双极型运放一般输入偏置电流及器件功耗较大,但由于采用各种改进技术,所以种类多、功能强;CMOS 型运放输入阻抗高、功耗小,可在低电源电压下工作;BiFET 型运放采用双极型管与单极型管混合搭配的生产工艺,以场效应管作输入级,可使输入电阻高达 10^{12} Ω 以上。按功能和性能可将运放分为通用型和专用型。通用型集成运放制造工艺主要是双极型工艺,这类运放的特点是开环增益比较高,参数比较均衡,适应范围较广,特别适用于对电路性能没有特殊要求的场合。专用型运放是一种在某项性能上特别优越的运放,它的该项性能指标往往比通用型运放高出几个数量级,但除此以外的某些性能指标可能不如通用型运放。专用型运放种类也很多,从功能上区分有仪用放大器、功率放大器、视频放大器、隔离放大器、跨导放大器、比较放大器等;从性能上区分有高阻抗、低漂移、高速、宽带、低功耗、高精度、低噪声等运放。

资料库

集成运放参数选录

表 4.3.1 中列出了几种常用集成运放的主要参数,以供参考。

表 4.3.1 几种常用集成运放的主要参数

参数名称 \ 符号及单位 \ 国内外型号			CF741 (μA741)	CF747 (μA747)	CF353 (LM353)	CF1520 (MC1520)	CF715 (μA715)	OP07A
开环差模电压增益	A_{ud}	dB	106	106	100	70	90	114
差模输入电阻	R_{id}	MΩ	2	2	10^6	2	1	80
输出电阻	R_o	Ω	75	75		50	75	60
共模抑制比	K_{CMR}	dB	90	90	100	90	92	126
最大差模输入电压	U_{IDM}	V	±30	±30	±30	±8	±15	±30
最大共模输入电压	U_{ICM}	V	±13	±13	+15、-12	±3	±12	±14
最大输出电压	U_{OM}	V	±13	±13	±13.5	±4	±13	±13
输入失调电压	U_{IO}	mV	1	1	5	5	2	0.025
输入失调电流	I_{IO}	nA	20	20	0.025	30	70	2
输入偏置电流	I_{IB}	nA	80	80	0.05	800	400	2
单位增益带宽	BW_G	MHz	1	1	4	10	65	0.6
开环带宽	BW	Hz	7	7		2×10^6		
转换速率	S_R	V/μs	0.5	0.5	13	35	100	0.17
电源电压范围	$+V_{CC}, -V_{EE}$	V	±22	±22	±18	±8	±15	±22
备注			通用型	双通用型	双宽带型	宽带型	高速型	高精度

2. 集成运放的选择

器件的非理想因素会影响集成运放应用电路的性能,所以应根据电路的需要选择合适的集成运放。在电路没有特殊要求的情况下,要尽量选用通用型器件,这样既可降低成本,又易保证货源。当系统中有多个运放时,则应选用双运放或四运放,这样有助于简化电路,降低成本，性能一致性好。不要盲目追求指标的先进性，但要注意合理选用专用运放，这样有时会使电路质量明显提高。在具体选择时，一般考虑如下因素：

(1) 输入信号幅度的大小、频率高低、变化速率以及等效信号源内阻的大小，输入信号中是否会有共模信号，共模信号的幅度及频带等。

(2) 负载电阻的大小，对输出电压和输出电流幅度的要求。

(3) 对运算结果的精度要求，如增益误差、失真度、输入端和输出端阻抗匹配程度等。

(4) 环境条件的影响，如环境温度的变化范围、环境干扰等。

例如，对于低频、输入幅度不是很小(例如 mV 级)，信号源内阻和负载电阻适中(例如几千欧)时，一般采用通用型运放；对于内阻很高的信号源，应选用高阻型运放；对于微弱信号(例如 μV 级)，则应选用高精度、低漂移型运放；若工作频率比较高，就应用宽带型运放；要求输出幅度大、变化速率高时，则应选用高速型运放等。

二、集成运算放大器使用注意事项

1. 使用前应认真查阅有关手册，了解所用集成运放各引脚排列位置，外接电路时，特别要注意正、负电源端，输出端及同相、反相输入端的位置。

2. 集成运放接线要正确可靠。由于集成运放外接端点比较多，很容易接错，因此要求集成运放电路接线完毕后，应认真检查，确认没有接错后，方可接通电源，否则有可能损坏器件。另外，因集成运放工作电流很小，例如输入电流只有纳安级，故集成运放各端点接触应良好，否则电路将不能正常工作。接触是否可靠可用直流电压表测量各引脚与地之间的电压值来判定。

集成运放的输出端应避免与地、正电源、负电源短接，以免器件损坏。同时输出端所接负载电阻也不易过小，其值应使集成运放输出电流小于其最大允许输出电流，否则有可能损坏器件，或使输出波形变差。

3. 输入信号不能过大。输入信号过大可能造成阻塞现象或损坏器件，当输入信号过大时，输出升到饱和值，不再响应输入信号，即使输入信号为零，输出仍保持饱和而不回零，必须切断电源重新启动，才能重建正常关系，这种现象称为阻塞或自锁。因此，为了保证正常工作，输入信号接入集成运放电路前应对其幅度进行初测，使之不超过规定的极限，即差模输入信号应远小于最大差模输入电压，共模输入信号也应小于最大共模输入电压。另外应注意输入信号源能否给集成运放提供直流通路，否则应为集成运放提供直流通路。

4. 电源电压不能过高，极性不能接反。应按器件使用要求，先调整好直流电源输出电压，然后接入电路，且接入电路时必须注意极性，绝不能接反，否则器件容易受到损坏。

装接电路或改接、插拔器件时，必须断开电源，否则器件容易受到极大的感应或电冲击而损坏。

5. 集成运放的调零。所谓调零，就是将运放应用电路输入端短路，调节调零电位器，使运放输出电压等于零。集成运放作直流运算使用时，特别是在小信号高精度直流放大电路中，调零是十分重要的。因为集成运放存在失调电流和失调电压，当输入端短路时，会出现输出电压不为零的现象，从而影响到运算的精度，严重时会使放大电路不能工作。目前大部分集成运放都设有调零端子，所以使用中应按手册中给出的调零电路进行调零，但也有的集成运放没有调零端子，就应外接调零电路进行调零。调零电位器应采用工作稳定、线性度好的多圈线绕电位器。另外，在电路设计中应尽量保证两输入端的外接直流电阻相等，以减小失调电流、失调电压的影响。

调零时应注意以下几点：

① 调零必须在闭环条件下进行。

② 输出端电压应用小量程电压挡测量，例如用万用表1 V挡。

③ 若调节调零电位器输出电压不能达到零值，或输出电压不变，例如等于$+V_{CC}$或$-V_{EE}$，则应检查电路接线是否正确，例如输入端是否短接或接触不良，电路有没有构成闭环等。若经检查接线正确、可靠且仍不能调零，则可怀疑集成运算放大器损坏或质量不好。

6. 电源的去耦合问题。为了防止公共电源来的低频和高频干扰影响电路工作的稳定性，同时也防止本级电路交流信号通过公共电源影响其他电路，往往在集成运放的电源端子处对地加接旁路电容。旁路电容应尽可能靠近集成运放，这样可将电源引线等效电感的影响减至最小。旁路电容通常取两只，一只较大的采用电解电容约几十微法至几百微法，对低频起滤波作用；另一只用0.001～0.1 μF的电容，用以对高频起滤波作用（因为电解电容对高频滤波效果差）。

三、集成运放外围元件的选择

1. 由于集成运放的最大输出电流有限，且集成运放的输出电流较大时，会使它的温度升高较多，导致漂移增大，因此集成运放电路负反馈电阻R_F的阻值不宜太小，一般不低于1 kΩ；然而阻值太大的电阻稳定性差、噪声大，所以R_F也不宜取值太大，一般不大于1 MΩ。

2. 运算放大器应用电路中的电阻值还与应用电路的阻抗要求有关，例如在反相输入放大电路中，其输入电阻决定于R_1，故R_1的选择应按系统对输入电阻的要求来确定。其次应尽量保证运算放大器两输入端的外接直流电阻相等。

3. 当要求运算关系误差很小时，则应用电路中决定运算关系的元件应取稳定度和精度都比较高的元件，如电阻可选用精密金属膜电阻器，电容可采用云母、瓷介电容器等。

4. 交流放大电路中的耦合电容器的容量应按频率特性的要求来确定。

四、集成运放放大电路常见故障及处理方法

1. 集成运放放大电路产生故障的原因

集成运放放大电路产生故障的原因可以分成两部分，分别为：

（1）集成运放器件内部故障。器件内部故障无法处理，但通过检测判断为其内部故障时，只有采用更换器件来解决。

（2）集成运放电路外围元件故障。如元件断路、短路或参数发生变化，断路也有可能是焊点不牢或运放引脚折断，短路也可能是焊料搭接。

2. 集成运放放大电路故障的一般处理方法

电路故障处理的一般方法是先分析后动手，先断电检查后通电检测，先静态测量后动态测量，快速找出故障点。

（1）断电检查。断电后先进行电路外观检查，观察元器件有无破损以及烧坏的痕迹、有无引脚折断和松动、引脚间有无异物短接等；然后用万用表电阻挡检测运放输出端以及正、负电源端对地不应短接，输出端与正、负电源端之间不应短接，同时检查地线是否接线良好等。

（2）通电检测。电路接通直流电源，用万用表直流电压挡进行检查测量：① 运放正、负电源端引脚对地电位应为V_{CC}或V_{EE}；② 放大电路输入端接地，运放输出端引脚与正、负电源端之间的电压应为V_{CC}（或V_{EE}）；③ 放大电路输入端接地，用万用表1 V挡接运放输出端与

地之间，调节调零电位器，应可使输出电压为零。

3. 集成运放放大电路常见故障及处理方法

下面列出几种常见故障及处理方法以供参考。

(1) 输出端直流电压始终等于正电源或负电源电压。故障原因及处理方法：① 运放输入端开路，找出断开点焊上，若器件引脚折断，换器件；② 负反馈电阻开路，换电阻或找出断开点焊上；③ 器件损坏，换器件；④ 输入信号过大，产生阻塞现象，断开直流电源，重新启动即可。

(2) 加入输入信号后，输出电压仍为零。故障原因及处理方法：① 输入端外接电阻开路，找出断开点焊上，若电阻损坏，换电阻；② 运放电路输出端开路，找出断开点，焊上；③ 直流电源没有接入，接通直流电源。

(3) 测量结果与理论计算误差较大。故障原因及处理方法：① 外围元件标称值与实际值有较大的误差，元件使用错，如 5.1 kΩ 用成 51 kΩ，外围元件性能发生变化，换元件；② 调零没有调好，或调零电位器发生变动，重新调整并锁定电位器；③ 输入信号幅度过大，集成运放工作在非线性状态，降低输入信号，使运放退出饱和状态；④ 电路干扰信号过大或电路产生自激振荡，消除干扰及自激振荡；⑤ 放大电路上限频率较低，输入信号频率远大于上限频率，降低输入信号频率。

(4) 输出电压波形严重失真。当电路输入正弦信号后，输出电压波形会产生如图 4.3.21(a)所示“尖顶形”畸变，这是因为输入信号幅度较大，频率较高，使集成运放的转换速率 S_R 不足而造成，此时需更换用 S_R 较大的集成运放，或降低输入信号幅度和频率来解决。有时输出波形会出现平顶失真，如图 4.3.21(b)所示，若波形幅度与电源电压相接近，则说明集成运放已进入饱和区而产生失真，此时应降低输入信号幅度或降低放大倍数来解决。

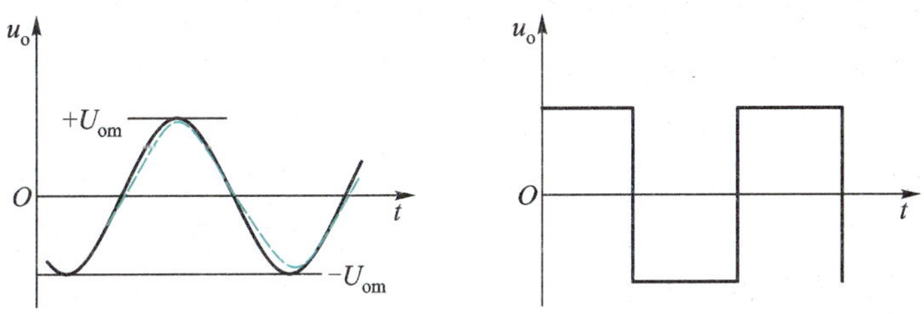

(a) S_R太小造成输出波形的失真　　(b) 饱和失真

图 4.3.21 集成运放放大电路输出波形的失真

复习题

1. 集成运放构成的基本运算电路有哪些？

2. 试比较集成运放构成反相比例运算电路和同相比例运算电路的结构和特点。

3. 同相比例运算电路有无“虚地”？为什么？

4. 集成运放如何构成电压跟随器？试画出电路图。

5. 集成运放构成的微分运算和积分运算在电路结构上有什么区别？并说明它们的输出信号与输入信号之间的函数关系。

6. 集成运放使用中应特别注意哪些问题？

4.4 集成功率放大器及其应用

集成功率放大器(简称集成功放)由集成运放发展而来,它的内部电路一般也由前置级、中间级、输出级及偏置电路等组成,因此通常有一定的电压增益。输出级一般采用甲乙类互补对称功放,输出功率大,放率高。为了保证器件在大功率状态下安全可靠工作,集成功率放大器中还常设有过流、过压、过热保护电路等。由于集成功放的种类很多,下面介绍几种典型芯片及主要参数和典型应用。

4.4.1 LM386 集成功率放大器及其应用

一、特点与典型参数

LM8386 是一种低频通用型小功率集成功放,广泛用于录音机、收音机等电路中,尤其适宜需电池供电的小功率音频电路中,其典型参数为:直流电源电压范围为 4 ~ 12 V;常温下最大允许管耗为 660 mW;输出功率典型值为数百毫瓦,最大可达数瓦;静态电源电流为 4 mA;电压放大倍数在 20 倍 ~ 200 倍之间可调;带宽 300 kHz(引脚 1 和 8 之间开路时);输入阻抗 50 kΩ。

二、引脚排列及典型应用

LM386 的引脚排列如图 4.4.1(a)所示,典型应用电路如图 4.4.1(b)所示。由于功放输出级采用准互补对称功放电路,使用单电源工作方式,故输出端(5 脚)通过大容量电容 C_3 输出,构成 OTL 电路,使用中 C_3 不能短路。输出端所接 R_1、C_4 是频率补偿电路,用以抵消扬声器音圈电感在高频时产生的不良影响,改善功放电路的高频特性和防止高频自激。LM386 输入级采用差分放大电路,2 脚为反相输入端,3 脚为同相输入端,输入信号 u_i 由 C_1 接入同相输入端,反相输入端接地,构成单端式输入方式。引脚 1 和 8 间外接电位器 R_P 和电容 C_2,调节 R_P 可改变功放的电压放大倍数,当 $R_P=0$ 时,电压放大倍数为最大(等于 200 倍),若引脚 1 和 8 开路,电压放大倍数为最小(20 倍)。引脚 7 可外接旁路电容 C_5,与芯片内部电路组成直流电源去耦合电路。

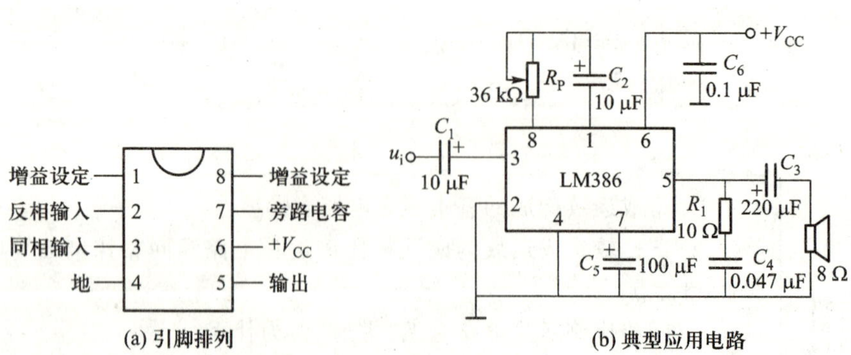

图 4.4.1 LM386 集成功率放大器

4.4.2 TDA2040 集成功率放大器及其应用

TDA2040 集成功率放大器内部有独特的短路保护系统,可以自动限制功耗,从而保证输出级晶体管始终处于安全区域；此外，TDA2040 内部还设置了过热关机等保护电路，使集成电路具有较高可靠性。它的主要应用参数为：电源电压±2.5 ~ ±20 V，开环增益 80 dB，功率带宽 100 kHz，输入电阻50 kΩ。负载为 4 Ω 时，输出功率可达 22 W，失真度仅为0.5%。

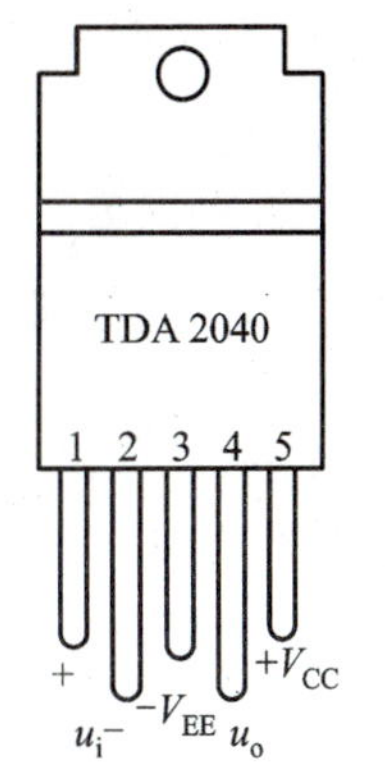

图 4.4.2 TDA2040 封装和引脚排列

TDA2040 的应用比较灵活，既可以采用双电源供电构成 OCL 电路，也可以采用单电源供电构成 OTL 电路。它采用单列 5 脚封装，其引脚排列如图 4.4.2 所示。

TDA2040 采用双电源供电的功率放大电路如图 4.4.3(a)所示。该电路在±16 V 电源电压、R_L 为 4 Ω 的情况下，输出功率大于 15 W，失真度小于 0.5%。R_3 和 R_2 构成负反馈，使电路的闭环增益为 30 dB。R_4、C_7 构成频率补偿电路，改善放大器的高频特性。C_3 ~ C_6 为电源滤波电容，用以防止电源引线太长时造成放大器低频自激。

TDA2040 采用单电源供电的功率放大电路如图 4.4.3(b)所示。电源电压 V_{CC} 经 R_1 和 R_2 的分压，给集成电路 1 脚加上 $V_{CC}/2$ 的直流电压，此时输出端 4 脚的直流电压为 $V_{CC}/2$。R_4 和 R_5 构成交流负反馈，使电路闭环增益为 30 dB。C_7 为输出电容。

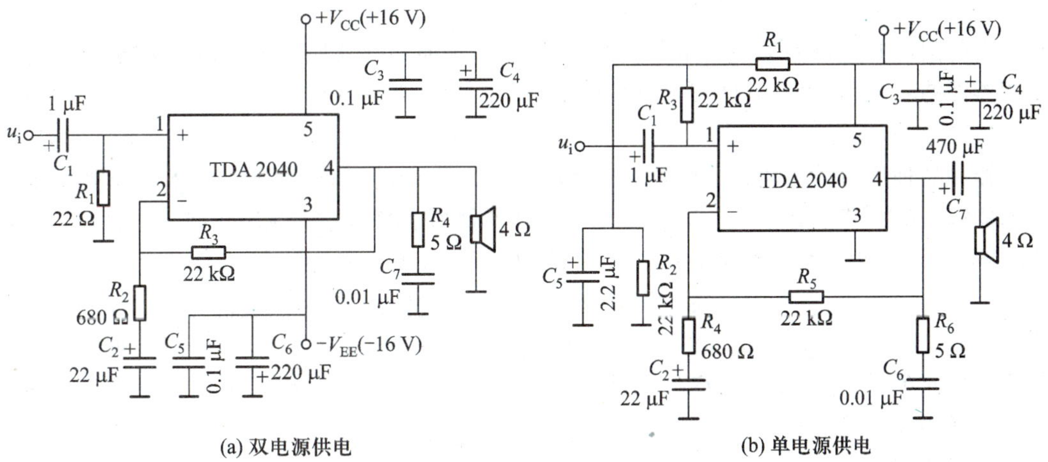

图 4.4.3 TDA2040 典型应用电路

4.4.3 TDA1521 集成功率放大器及其应用

TDA1521 是双通道集成功率放大器，它具有输出功率大，失真小，通道平衡度好，带有过热和短路保护，在电源通断时具有静噪功能等优点，特别适合作为立体声音响设备左、右两个声道的功率放大器。

TDA1521 的典型参数为：直流电源±(7.5 ~ 20) V；空载时静态电源电流 50 mA；输出功率 12 W；电压增益 30 dB；输入电阻 20 kΩ；通道分离度 70 dB。

TDA1521 的内部电路结构、引脚排列和典型应用电路如图 4.4.4 所示。图中，两个通道的功率放大器均构成 OCL 电路，输入电压经 220 nF 的隔直耦合电容加到各通道的输入端，输出端直接接至扬声器负载。输出端所接的 22 nF 电容与 8.2 Ω 电阻串联支路为相位补偿，用以防止自激；C_3、C_4 和 C_7、C_8 均为电源去耦电容。使用时，应给 TDA1521 外接散热器，散热器应与负电源相连。

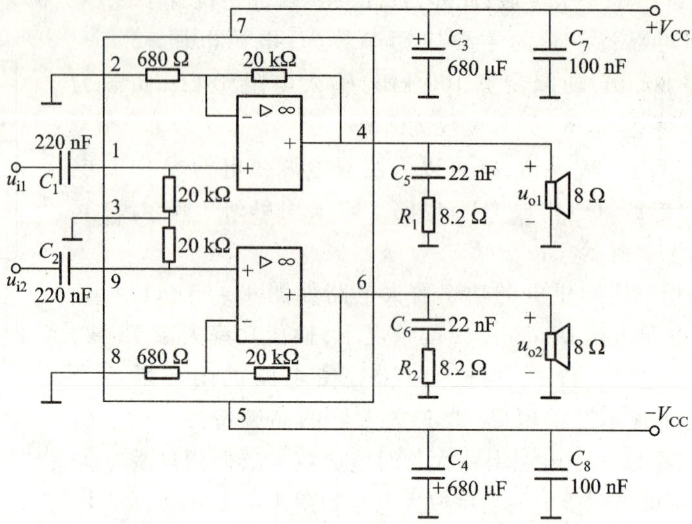

图 4.4.4 TDA1521 的内部结构与典型应用电路

4.4.4 集成功率放大器使用注意事项

目前国产和进口的集成功率放大器型号繁多，性能参数及使用条件各不相同，为了全面发挥器件的功能，并确保器件安全可靠地工作，在实际使用中应注意以下几点。

1. 合理选择品种和型号

器件品种和型号的选择主要依据电路对功率放大级的要求，使所选用器件主要性能指标均能满足电路要求，同时要求在任何情况下，器件所有极限参数都不会超过，而且还要留有足够的余量，这是因为集成功率放大器使用中即使是瞬时超过极限参数或某一两项工作条件超出极限参数，也可能造成器件失效或者使电路性能变差，形成隐患，缩短使用寿命。

产品说明书或手册中推荐的工作条件，不仅仅是保障器件安全工作的条件，而更主要的是表明在此条件下工作，电路将具有比较全面的、良好的综合性能，所以实用中应尽量采用产品说明书或手册推荐的工作条件。

2. 合理安置元器件及布线

由于功率放大器处于大信号工作状态，在接线中元件分布排线走向不合理，极容易产生自激或放大器工作不稳定，严重时甚至无法正常工作。因此在设计印制电路板（简称 PCB）时，应尽量将大信号与小信号的走线分开；电源线、地线和输出线之间的距离要尽量宽，大信号地与小信号地必须在一个点上相连，尽量避免闭环电源线和闭环地线；各接地线一般要尽量粗短，就近接地，总接地点尽量靠近负载的接地点。

功率器件应安置在电路通风良好的部位，并远离前置放大级及耐热性能差的元件（如电解电容）。

3. 按规定选用负载

集成功率放大器使用中，应在规定的负载条件下工作，切勿随意加重负荷，严禁输出负载短路。

4. 合理选用散热装置

由于功率放大器件工作在大电压大电流状态，器件所消耗的功率比较大，容易使器件温度升高而发热，当器件温度升高到一定程度后就会损坏。改善散热条件，可使器件承受更大的耗散功率，通常采用的散热措施就是给功率器件加装散热器。特别是中、大功率器件，必须按手册要求加装散热器方能正常工作。散热器是由铜、铝等导热性能良好的金属材料制成，并有各种规格产品选用。

复习题

1. 集成功率放大器的内部电路一般由哪几部分组成？各部分的作用是什么？

2. 在 LM386 中，1 和 8 脚之间外接 *RC* 串联电路起什么作用？如果 1 和 8 脚之间开路，器件能不能工作？为什么？

3. 在集成功放应用电路中，直流电源与地之间一般都接去耦合电容，这是为什么？

4. 如何正确使用集成功率放大器？

本章小结

1. 集成运放是利用半导体制造工艺将多级放大电路制作在一块基片上的器件，它一般由输入级、中间级、输出级和偏置电路等组成，其输入级采用差分放大电路，故有两个输入端，即同相输入端和反相输入端。

集成运放的主要参数有开环差模电压放大倍数 A_{ud}、差模输入电阻 R_{id}、输出电阻 R_o、共模抑制比 K_{CMR} 以及输入失调电压、电流等。理想运放的条件为 $A_{ud}\to\infty$、$R_{id}\to\infty$、$R_o\to 0$、$K_{CMR}\to\infty$ 以及输入失调电压和电流等于零等。

集成运放线性工作时，同相输入端电压 u_p、电流 i_p 与反相输入端电压 u_n、电流 i_n 有如下关系：

$u_n\approx u_p$　两输入端电位近似相等，称“虚短”

$i_n\approx i_p\approx 0$　两输入端电流近似等于零，称“虚断”

集成运放有两种基本应用电路：

反相放大电路：输入信号由集成运放反相端输入，$A_u=-\dfrac{R_F}{R_1}$

同相放大电路：输入信号由集成运放同相端输入，$A_u=1+\dfrac{R_F}{R_1}$

2. 把输出信号的一部分或全部通过一定的方式引回到输入端的过程，称为反馈。反馈放大电路由基本放大电路和反馈网络组成。反馈有正、负之分，反馈信号削弱净输入信号的称为负反馈，反馈信号加强净输入信号的称为正反馈。

负反馈放大电路有四种基本类型：电压串联、电流串联、电流并联、电压并联负反馈。在输出端，反馈信号取样于输出电压的称电压反馈；取样于输出电流的为电流反馈。在输入端，反馈网络与基本放大电路串联连接称串联反馈，反馈信号为 u_f；反馈网络与基本放大电路并联连接称并联反馈，反馈信号为 i_f。

负反馈虽然降低了放大电路的放大倍数，但可稳定放大倍数，减小非线性失真，展宽频带。电压负反馈能减小输出电阻，稳定输出电压，从而提高带负载能力；电流负反馈能增大输出电阻，稳定输出电流。串联负反馈能增大输入电阻，并联负反馈能减小输入电阻。负反馈放大电路性能的改善与反馈深度(1+AF)有关，其值越大，性能改善越显著，但增益下降越多。当(1+AF)>>1 时，称为深度负反馈。在深度负反馈放大电路中，基本放大电路两输入端同时存在“虚短”和“虚断”。

3. 信号运算电路由集成运放、反馈电路和辅助电路等组成，其运算关系由反馈电路和辅助电路所决定。为了保证运算结果精度，要求集成运放应具有理想特性，反馈电路和辅助电路元件值应有较高的精度。为了构成负反馈，不管实现何种运算关系，反馈电路必须与集成运放的反相输入端相接。

运算电路有比例运算、加减运算、微分与积分运算等基本运算电路。它们有两种连接方式，即反相输入和同相输入连接方式。反相输入运算电路的特点是：输出电压与输入电压反相，运放共模输入信号为零，输入电阻较小；同相输入运算电路的特点是：输出电压与输入电压同相，运放两个输入端对地电位由输入电压决定，故有较大的共模输入电压，它的输入电阻较大，可趋于无穷大。

目前集成运放种类很多，使用中应注意根据电路要求，选择合适的器件。其次，应用中应注意正确使用器件，否则容易损坏器件，例如电源电压不能超过规定范围，而且正、负电源不能接反；输入信号不能过大；引脚不能接错并要接触牢靠；输出端不能与地、正电源、负电源短接等。

电路发生故障要认真对待，故障处理的一般方法是先分析后动手，先断电检查后通电检测，先静态测量后动态测量。

4. 传统集成功放的结构与集成运放相似，但它的输出功率大，常设有过流、过压、过热等保护电路，所以有较高的可靠性。集成功放使用时可选用其典型应用电路，但需注意，若采用双电源供电，输出即构成 OCL 电路；若采用单电源供电，输出即构成 OTL 电路。

选用集成功放芯片时，对输出功率、供电电压等影响器件安全的指标应留有足够的裕量，并按规定安装散热装置。

自我评价题

4.1 填空题

1. 集成运放输入级一般采用________放大电路，其作用是用来减小________。

2. 集成运放工作在线性状态时，两输入端之间电压近似为________，称为________；两输入端电流近似为________，称为________。

3. 将放大电路________的一部分或全部，通过某种电路引回到输入端的过程，称为________。

4. 在实际应用中，常把集成运放特性理想化，即可认为：$A_{ud}\rightarrow$________、$R_{id}\rightarrow$________、$R_o\rightarrow$________、$K_{CMR}\rightarrow$________。

5. 负反馈使放大电路的增益________，但能使增益的________，通频带________，非线性失真________。

6. 为了提高放大电路的输入电阻，应引入________负反馈，为了降低输出电阻，应引入________负反馈。

7. 集成功率放大器应用电路中，若采用________电源供电，则集成功放输出构成 OCL 电路；若采用________电源供电，则构成 OTL 电路。

4.2 判断题（正确的在括号内打“✓”，错误的在括号内打“×”）

1. 集成运放是直接耦合多级放大电路，所以它只能放大直流信号，而不能放大交流信号。(　　)

2. 开环差模电压增益描述了在无反馈情况下，集成运放对两个输入端之间差模电压的放大能力。(　　)

3. 若放大电路引入了负反馈，则该放大电路的放大倍数一定为负。(　　)

4. 只要在放大电路中引入反馈，就能使其性能得到改善。(　　)

5. 负反馈类型不同，对输入电阻和输出电阻的改变是不同的。(　　)

6. 当输入信号是一个失真的波形，加入负反馈后能使失真减小。(　　)

7. 凡是集成运放构成的电路，都可用“虚短”和“虚断”概念加以分析。(　　)

8. 双电源供电的集成运放，也可采用单电源供电。(　　)

4.3 单项选择题（选择正确答案填在括号内）

1. 集成运放输入级多采用差分放大电路主要是为了(　　)。

A. 减小温度漂移　B. 提高放大倍数　C. 提高输入电阻　D. 稳定放大倍数

2. 放大电路中有反馈的含义是(　　)。

A. 输出与输入之间有信号通路　B. 输出与输入信号成非线性关系

C. 电路中存在反向传输的信号通路　D. 除放大电路以外还有信号通路

3. 直流负反馈在放大电路中的主要作用是(　　)。

A. 提高输入电阻　B. 降低输入电阻

C. 提高放大倍数　D. 稳定静态工作点

4. 在放大电路中，如果希望输出电压受负载影响小，同时对信号源的影响也要小，则需引入负反馈的类型为(　　)。

A. 电压串联　B. 电压并联　C. 电流串联　D. 电流并联

5. 负反馈放大电路中，A 为开环放大倍数，F 为反馈系数，则在深度负反馈条件下，放大电路的闭环放大倍数 A_f 近似为(　　)。

A. F　B. $1/F$　C. A　D. $1+AF$

6. 反相比例运算电路是(　　)负反馈放大电路。

A. 电压串联　B. 电压并联　C. 电流串联　D. 电流并联

7. 若实现函数 $u_o=u_{i1}+4u_{i2}-4u_{i3}$，应选用(　　)运算电路。

A. 比例　B. 加减　C. 积分　D. 微分

8. 欲将方波电压转换成三角波电压，应选用(　　)运算电路。

A. 比例　B. 加减　C. 积分　D. 微分

练习题

［题 4.1］ 试画出集成运算放大器的组成框图，并说明各部分的主要作用。

［题 4.2］ 有一负反馈放大电路，其开环放大倍数 $A=100$，反馈系数 $F=0.1$，试求闭环放大倍数 A_f。

［题 4.3］ 有一放大电路在开环时输入电压为0.1 V，输出电压为 4 V，引入负反馈后输入电压为 0.1 V 时，输出电压为 2 V，试求反馈系数 F 为多大？

［题 4.4］ 反馈放大电路如图 P4.1(a)、(b)所示，试指出电路的反馈类型，判断其反馈极性。

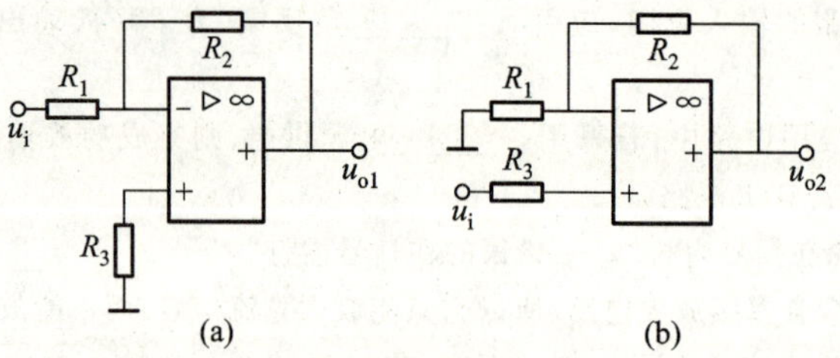

图 P4.1

［题 4.5］ 深度负反馈放大电路如图 P4.2(a)、(b)所示，试在图中标出反馈信号 x_f，指出反馈类型，求出闭环电压放大倍数 $A_{uf}=u_o/u_i$。

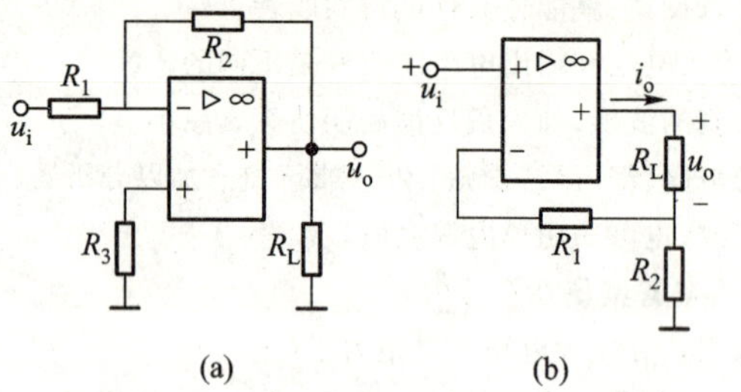

图 P4.2

［题 4.6］ 在图 P4.1(a)(b)中，$R_1=100\ \mathrm{k\Omega}$，$R_2=50\ \mathrm{k\Omega}$，$R_3=33\ \mathrm{k\Omega}$，若输入电压 $u_i=0.3\ \mathrm{V}$，试求输出电压 u_{o1}、u_{o2}。

［题 4.7］ 在图 P4.3 中，试说明集成运放 A_1、A_2 各组成什么电路，并求输出电压 u_{o1}、u_{o2}。

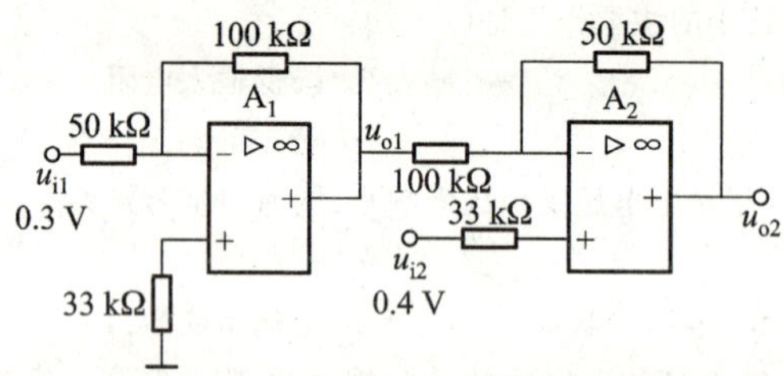

图 P4.3

［题 4.8］ 电路如图 P4.4 所示，试写出各电路输出电压与输入电压的函数关系式并指出电路名称。

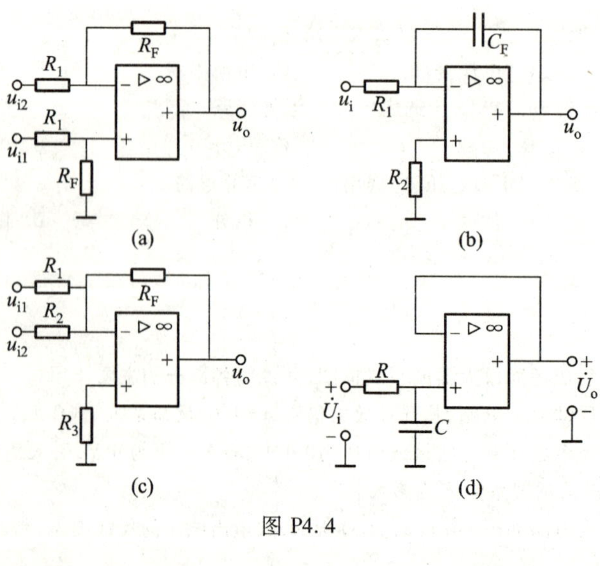

图 P4.4

第 5 章　信号产生电路

教学目标

1. 熟悉信号产生电路的作用及对信号产生电路的主要要求。

2. 了解正弦波振荡电路的组成及产生振荡的条件；理解 *RC* 桥式振荡电路的工作原理及其特点；了解 *LC* 振荡电路和晶体振荡电路的组成及工作原理。

3. 了解非正弦波振荡电路工作原理及波形特点。

引　言

信号产生电路是一种不需外接输入信号就能将直流电能转换成具有一定频率、一定幅度的正弦或非正弦波信号，这类电路通常也称为振荡电路，它在测量、控制、通信和电视等系统中有着广泛的应用。

按振荡电路输出波形的不同，可分为正弦波振荡电路和非正弦波振荡电路；按电路的组成形式正弦波振荡电路可分为 *RC* 振荡电路、*LC* 振荡电路和石英晶体振荡电路等；非正弦波振荡电路可分为方波、三角波和锯齿波振荡电路等。

目前，信号产生电路广泛采用集成电路来构成，信号产生电路集成芯片品种很多，性能可靠，使用十分方便，但在高频电路中，由于工作频率高，晶体管 *LC* 正弦波振荡电路仍应用广泛。

信号产生电路的主要性能指标有两个方面：一是输出信号幅度要准确和稳定；二是输出信号的频率要准确和稳定。另外，还要求输出波形失真越小越好。

本章先介绍正弦波振荡电路，然后介绍非正弦波信号产生电路，重点讨论正弦波振荡电路的组成及振荡条件、常用正弦波振荡电路及其应用、方波产生电路的组成及其工作原理。

5.1 正弦波振荡电路

5.1.1 正弦波振荡电路的工作原理

一、振荡产生的基本原理

正弦波振荡电路由放大电路和反馈网络两部分组成，如图5.1.1所示。当开关S处于位置“1”时，若放大电路输入信号 $\dot{U}_i$ 为一定频率和幅度的正弦信号，那么输出信号 $\dot{U}_o$ 为放大了的正弦信号，而反馈网络又将 $\dot{U}_o$ 引回到放大电路的输入端，并形成反馈信号 $\dot{U}_f$。如果 $\dot{U}_f$ 与 $\dot{U}_i$ 的大小相等而且相位相同，即 $\dot{U}_f=\dot{U}_i$，此时若将开关S接至“2”点，则放大电路和反馈网络组成了一个闭环系统，电路便可在没有外加专门输入信号的情况下，而输出端仍可维持一定幅度和一定频率的输出信号，从而实现了所谓自激振荡。

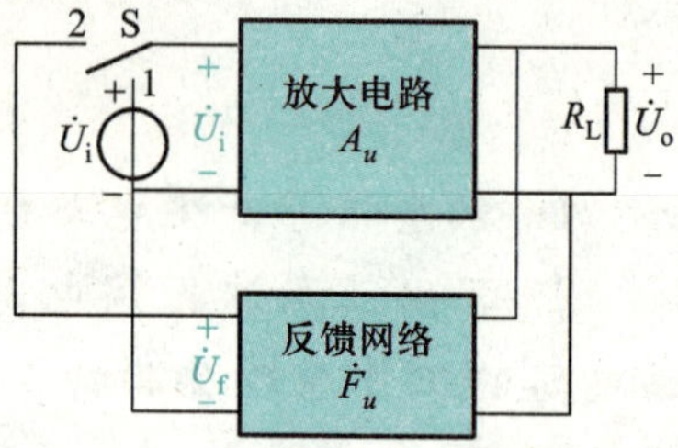

图5.1.1 反馈振荡电路原理框图

为了使振荡电路输出某一固定频率的正弦信号，要求振荡电路只能在该频率上产生自激振荡，而在其他频率上不能产生，这就要求在振荡电路的闭环系统中，必须含有选频网络，使得只有在选频网络的中心频率上的信号满足 $\dot{U}_f$ 与 $\dot{U}_i$ 相同的条件而产生自激振荡，而其他频率的信号不满足此条件，将被迅速抑制。选频网络可包含在放大电路中，也可包含在反馈网络中。

二、振荡的平衡条件和起振条件

1. 振荡的平衡条件

由上可知，振荡电路产生自激振荡时反馈信号 $\dot{U}_f$ 与输入信号 $\dot{U}_i$ 大小相等、相位相同，把 $\dot{U}_f=\dot{U}_i$ 称为振荡的平衡条件。由图5.1.1可知

$$\dot{A}_u=\frac{\dot{U}_o}{\dot{U}_i},\quad \dot{F}_u=\frac{\dot{U}_f}{\dot{U}_o}$$

$$\dot{U}_f=\dot{F}_u\dot{U}_o=\dot{A}_u\dot{F}_u\dot{U}_i$$

由此可得，振荡的平衡条件为

$$\dot{A}_u\dot{F}_u=|\dot{A}_u\dot{F}_u|\angle\varphi_A+\varphi_F=1 \tag{5.1.1}$$

式中，$|\dot{A}_u|$、φ_A 分别为放大电路的放大倍数和相角；$|\dot{F}_u|$、φ_F 分别为反馈网络的反馈系数和相角。

上述振荡的平衡条件包含两层含义：

(1) 振幅平衡条件

$$|\dot{A}_u\dot{F}_u|=1 \tag{5.1.2}$$

即反馈信号 $\dot{U}_f$ 的大小与输入信号 $\dot{U}_i$ 的大小相等，即 $|\dot{U}_f|=|\dot{U}_i|$。

（2）相位平衡条件

$$\varphi_A+\varphi_F=2n\pi \quad (n=0,1,2,\cdots) \tag{5.1.3}$$

即输入信号经过放大电路后产生的相移 φ_A 和经反馈网络后产生的相移 φ_F 之和，必须为 2π 的整数倍。使反馈信号 $\dot{U}_f$ 与输入信号 $\dot{U}_i$ 同相，以形成正反馈。

2. 振荡的起振条件

式(5.1.1)是电路维持振荡的平衡条件，是指振荡电路已进入稳定的振荡状态而言。实际上为使电路在接通直流电源后能自动起振，除要求反馈电压 $\dot{U}_f$ 与输入电压 $\dot{U}_i$ 相位相同外，还要求在电压幅度上满足 $|\dot{U}_f|>|\dot{U}_i|$。这样在电路刚接通直流电源的瞬间，由于电路受到扰动，在放大电路输入端产生一个微弱的扰动电压，此电压经选频放大→正反馈→再选频放大→再正反馈……如此反复循环，使回送至放大电路输入端的信号幅度不断增大。由于受放大电路非线性特性等因素的影响，放大电路的放大倍数将随振荡幅度的增大而减小，所以反馈信号 $\dot{U}_f$ 不会无限止的增大。当 $\dot{A}_u$ 下降到反馈电压 $\dot{U}_f$ 正好等于原输入电压 $\dot{U}_i$ 时，振荡幅度不再增大，从而进入平衡状态。

因此，振荡电路的起振条件为：

（1）幅度起振条件

$$|\dot{A}_u\dot{F}_u|>1 \tag{5.1.4}$$

（2）相位起振条件

$$\varphi_A+\varphi_F=2n\pi \quad (n=0,1,2,\cdots) \tag{5.1.5}$$

这里需要指出，振荡电路起振时由于信号幅度比较小而工作在小信号状态，故放大电路的电压放大倍数比较大；而平衡状态，振荡电路处于大信号工作状态，放大电路的电压放大倍数较小。

想一想　产生自激振荡的相应条件是什么？振荡电路为什么必须构成正反馈？

【例 5.1.1】 正弦波振荡电路由哪几部分组成？各组成部分的作用是什么？产生正弦波振荡的条件是什么？

解：一般来说，正弦波振荡电路由放大电路、反馈网络、选频网络等组成。在实际电路中，可将反馈网络与选频网络相结合组成正反馈选频网络，也可将放大电路与选频网络相结合组成选频放大电路。

放大电路用于将微弱信号迅速放大到足够大小，使振荡电路输出信号幅度达到要求，并补偿反馈网络的损耗，使电路满足振荡的条件。

反馈网络用于将放大电路的输出信号引回到放大电路的输入端，并满足正反馈，以维持放大电路的输入信号。

选频网络用以选择所需频率的信号进行放大和反馈，并抑制其他频率的信号，使振荡电路输出单一频率的正弦信号，它提供振荡频率稳定条件，其参数决定了振荡频率的大小。

为了起振容易、改善输出波形、稳定输出信号的幅度，振荡电路还应含有稳幅环节。

产生正弦波振荡的基本条件是：电路必须构成正反馈，即 $\varphi_A+\varphi_F=2n\pi(n=0,1,2,\cdots)$；环路增益起振时应满足 $|\dot{A}_u\dot{F}_u|>1$，起振后能自动调节为 $|\dot{A}_u\dot{F}_u|=1$

5.1.2 *RC* 桥式振荡电路

RC 振荡电路结构简单，成本低，它采用 *RC* 元件构成选频网络，一般用于产生兆赫以下的低频信号。常用的 *RC* 振荡电路有 *RC* 桥式振荡电路和移相式振荡电路。本节介绍由 *RC* 串并联选频网络构成的 *RC* 桥式振荡电路。

一、*RC* 串并联网络的选频特性

RC 串并联网络如图 5.1.2(a)所示。图中，R_1 与 C_1 串联，R_2 与 C_2 并联，为了调节方便，通常取 $R_1=R_2=R$，$C_1=C_2=C$。由于电容 C_1、C_2 的电抗与信号频率成反比，当不同频率的信号输入后，即使输入信号的幅度不变，其输出信号的幅度和相移是不同的，如图 5.1.2(b)、(c)所示。当信号频率 f 等于 f_0 时，输出 $\dot{U}_2$ 的幅度最大，$|\dot{U}_2|=\frac{1}{3}|\dot{U}_1|$，即电压传输系数 $|\dot{F}_u|=\frac{1}{3}$，$\dot{U}_2$ 与 $\dot{U}_1$ 的相移 $\varphi_F=0°$。而在其他频率上，输出信号的幅度很快衰减，且存在一定的相移。所以 *RC* 串并联网络具有选频特性，频率 f_0 取决于选频网络 *RC* 元件的数值，即

$$f_0=\frac{1}{2\pi RC} \tag{5.1.6}$$

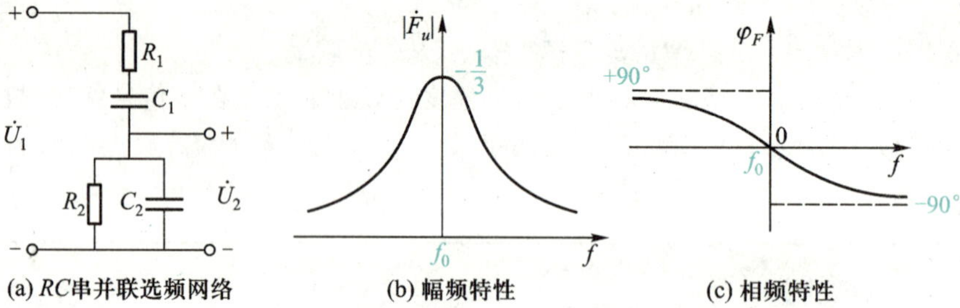

图 5.1.2 *RC* 串并联网络及其幅频特性和相频特性

二、*RC* 文氏电桥振荡电路

图 5.1.3 所示为由集成运放 A 和 *RC* 串并联选频网络构成的 *RC* 正弦波振荡电路。图中，*RC* 串并联选频网络构成正反馈电路，而 R_1、R_f 构成负反馈电路，正反馈电路和负反馈电路共同构成文氏电桥形式，故将该电路称为 *RC* 文氏电桥振荡电路，简称桥式振荡电路。

由图 5.1.3 可见，振荡信号 $\dot{U}_i$ 由运放 A 的同相端输入，输出电压 $\dot{U}_o$ 与 $\dot{U}_i$ 同相，即 $\varphi_A=0°$，当 $f=f_0$ 时，*RC* 串并联网络的相移 $\varphi_F=0°$，故闭环回路的相移 $\varphi_A+\varphi_F=0°$，满足自激振荡的相位平衡条件，而对于其他频率的信号 φ_F 不为 0°，不满足相位平衡条件。

由于 *RC* 串并联网络在 $f=f_0$ 时的反馈系数 $|\dot{F}_u|=\frac{1}{3}$，因此只要合理选择 R_f 与 R_1，使运放的同相放大倍数

$$|\dot{A}_u|=1+\frac{R_f}{R_1}>3 \quad (\text{即 } R_f>2R_1) \tag{5.1.7}$$

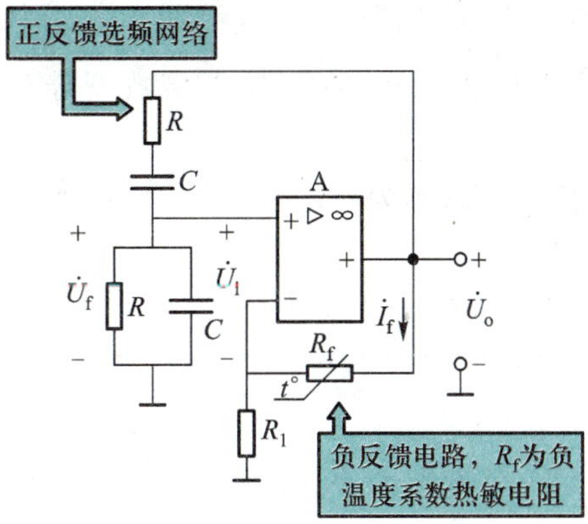

图 5.1.3 RC 桥式振荡电路

振荡电路便能满足自激振荡的起振条件，产生自激振荡。振荡频率为

$$f_0=\frac{1}{2\pi RC} \tag{5.1.8}$$

为了稳定振荡电路输出幅度，并改善输出波形，在图 5.1.3 所示的负反馈电路中，反馈电阻 R_f 采用具有负温度系数的热敏电阻。起振的瞬间由于 $\dot{U}_o=0$，流过 R_f 的电流 $\dot{I}_f=0$，热敏电阻 R_f 处于冷态，其阻值较大，放大电路的负反馈较弱，放大倍数 $|\dot{A}_u|$ 很高，使振荡很快建立起来。随着输出幅度的增大，流过 R_f 的电流 $\dot{I}_f$ 也增大，使 R_f 的温度升高，其阻值下降，放大电路负反馈加强，$|\dot{A}_u|$ 自动下降，最终使电路达到振幅平衡条件 $|\dot{A}_u\dot{F}_u|=1$，输出电压 $|\dot{U}_o|$ 保持稳定。

同理，当振荡建立后，由于某种原因使输出电压幅度发生变化时，可通过具有负温度系数热敏电阻阻值的变化，自动稳定输出电压幅度。如某种原因使 $\dot{U}_o$ 增大，流过 R_f 的电流 $\dot{I}_f$ 增大，R_f 阻值减小，负反馈增强，$\dot{A}_u$ 下降，迫使 $\dot{U}_o$ 回到原来的大小，反之亦然。由此可见，负反馈支路中采用热敏电阻，不但可使电路容易起振，改善输出波形，而且还具有很好的稳幅作用。

【例 5.1.2】 图 5.1.4 所示为实用 RC 桥式振荡电路，(1) 试说明电路中二极管 VD_1、VD_2 的作用；(2) 求该电路的振荡频率 f_0。

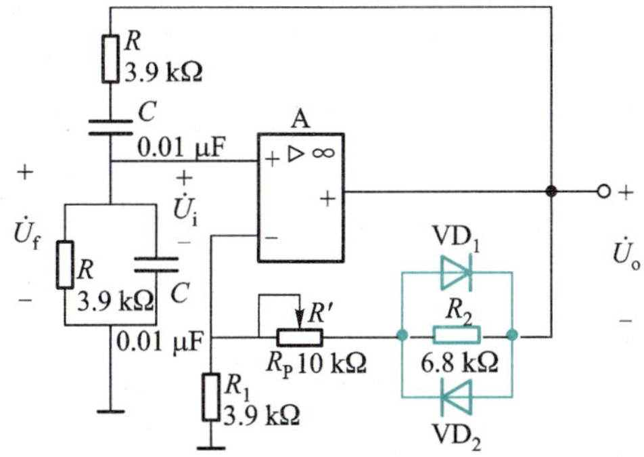

图 5.1.4 实用 RC 桥式振荡电路

解：(1) 图中，二极管 VD_1、VD_2 用以改善输出电压波形，稳定输出幅度。起振时，由于输出电压 $\dot{U}_o$ 很小，VD_1、VD_2 可视为开路，负反馈电阻等效为 $R'+R_2$，使放大电路负反馈很弱，放大倍数很高，很快建立起振荡。随着 $\dot{U}_o$ 的增大，VD_1、VD_2 导通，随着二极管

导通电流的增大，其动态电阻下降，使负反馈支路的 VD_1、VD_2、R_2 并联等效电阻下降，负反馈增强，放大电路的放大倍数下降，直至放大倍数下降到 $|\dot{A}_u|=3$ 时，输出电压 $\dot{U}_o$ 的幅度趋于稳定。

（2）由式(5.1.8)可求得振荡频率为

$$f_0=\frac{1}{2\pi RC}=\frac{1}{2\pi\times3.9\times10^3\times0.01\times10^{-6}}\text{Hz}\approx4\ \text{kHz}$$

想一想 在图 5.1.3 中，如果 R_f 与 R_1 的位置对调，R_f 应采用什么温度系数的热敏电阻？为什么？

5.1.3 *LC* 振荡电路

LC 振荡电路利用 *LC* 谐振回路作为选频网络，用以产生 1 MHz 以上的高频信号。根据反馈电路形式的不同，可分为变压器反馈式、电感三点式和电容三点式 *LC* 振荡电路。

一、变压器反馈式 *LC* 振荡电路

1. *LC* 并联谐振回路

LC 并联谐振回路如图 5.1.5(a)所示。图中，r 表示线圈 L 的等效损耗电阻，一般情况下 $\omega L\gg r$。谐振回路谐振频率和品质因数分别为

$$\omega_0=\frac{1}{\sqrt{LC}}\quad 或\quad f_0=\frac{1}{2\pi\sqrt{LC}}\tag{5.1.9}$$

$$Q=\sqrt{\frac{L}{C}}\Big/r\tag{5.1.10}$$

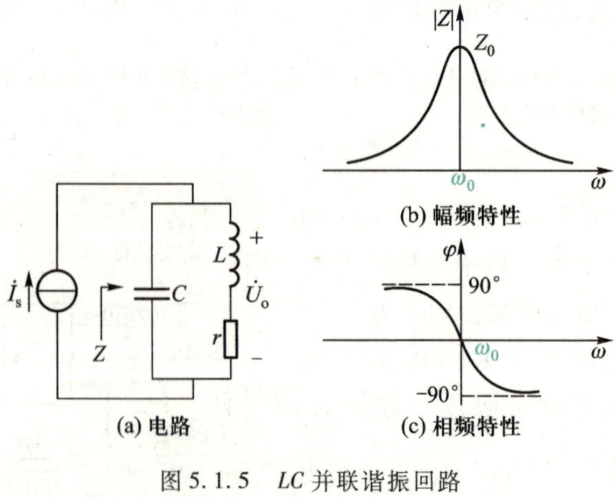

图 5.1.5 *LC* 并联谐振回路

当输入信号 $\dot{I}_s$ 的频率 $\omega=\omega_0$ 时，回路产生并联谐振，回路输出电压 $\dot{U}_o$ 与 $\dot{I}_s$ 同相，相移 $\varphi=0°$，此时回路等效阻抗为纯电阻且为最大，称为谐振电阻 Z_0，它等于

$$Z_0=\frac{L}{Cr} \tag{5.1.11}$$

当 $\omega\neq\omega_0$ 时，回路失谐，并联回路阻抗下降，相移值增大。当 $\omega>\omega_0$ 时，回路呈容性，相移 φ 为负值；当 $\omega<\omega_0$ 时，回路呈感性，相移为正值。并联回路的阻抗幅频特性和相频特性如图 5.1.5(b)、(c)所示。当维持电流 $\dot{I}_s$ 幅度不变时，在谐振频率附近改变其频率，则输出电压 $\dot{U}_o$ 的变化规律与回路的阻抗频率特性相同，可见并联谐振回路谐振时，输出电压为最大且相移为零，失谐后输出电压显著下降并产生相移，回路具有很好的选频作用，且 Q 值越大，选频作用越好。

2. 变压器反馈式振荡电路

变压器反馈式 LC 振荡电路如图 5.1.6 所示。图中，R_{B1}、R_{B2}、R_E 组成放大电路的偏置电路，使晶体管 VT 起振时工作在甲类放大状态。L_1、C 组成并联谐振回路，作为放大电路的负载，使之构成选频放大电路。变压器 Tr 的二次线圈 L_2 为反馈线圈，L_3 为输出线圈接实际负载，输出振荡信号。C_B 为耦合电容，C_E 为发射极旁路电容，它们对振荡率而言，其容抗很小，可视为短路。

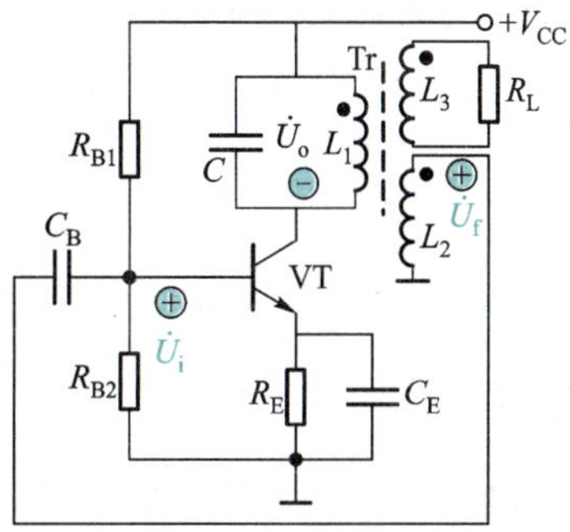

图 5.1.6 变压器反馈式振荡电路

由图可知，放大电路构成共发射极电路，当 L_1C 回路谐振时，相对于地电位参考点，其集电极输出电压 $\dot{U}_o$ 与输入电压 $\dot{U}_i$ 反相，即 $\varphi_A=180°$；输出电压经变压器 Tr 二次线圈 L_2 获得反馈电压 $\dot{U}_f$，根据图中变压器同名端的关系可知，$\dot{U}_f$ 与 $\dot{U}_o$ 反相，即 $\varphi_F=180°$。于是放大电路和反馈网络的总相移 $\varphi_A+\varphi_F=360°$，从而实现了正反馈，满足自激振荡的相位平衡条件。其振荡频率决定于 L_1C 并联谐振回路的谐振频率，即

$$f_0=\frac{1}{2\pi\sqrt{L_1C}} \tag{5.1.12}$$

为满足振荡的幅度起振条件 $|\dot{A}_u\dot{F}_u|>1$，一般只要晶体管的 β 值较高，便能满足起振条件。

想一想 在变压器反馈式 LC 振荡电路中，对变压器 Tr 的同名端有什么要求？如果图 5.1.6 中 L_2 的同名端接反了，电路还能不能产生自激振荡？为什么？

二、三点式 LC 振荡电路

1. 电感三点式振荡电路

图 5.1.7 所示为电感三点式振荡电路，也称电感反馈式 LC 振荡电路或哈特莱振荡器。图中，R_{B1}、R_{B2}、R_C、R_E 为直流偏置电路，使晶体管 VT 起振时工作于甲类放大状态，C_B、C_1 为

耦合电容，LC 并联谐振回路作为选频网络，并由 L_2 作为反馈元件。由图 5.1.7 可见，LC 谐振回路的三个端点，分别与晶体管 VT 的三个电极相连，反馈信号取自电感 L_2 两端电压，故称为电感三点式振荡电路。

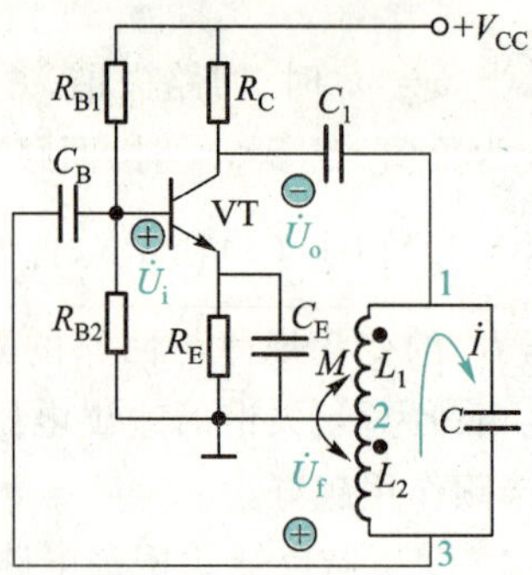

图 5.1.7 电感三点式振荡电路

设放大电路输入电压 $\dot{U}_i$ 的瞬时极性为"⊕"，当 LC 回路谐振时，相对于地电位参考点晶体管 VT 输出电压 $\dot{U}_o$ 为"⊖"，根据 L_1、L_2 同名端的关系，L_2 两端的反馈电压 $\dot{U}_f$ 瞬时极性为"⊕"，$\dot{U}_f$ 经 C_B 耦合引回放大电路输入端与输入信号 $\dot{U}_i$ 同相，故为正反馈，满足振荡的相位平衡条件。电路的振荡频率决定于 LC 谐振回路的谐振频率，即

$$f_0=\frac{1}{2\pi\sqrt{LC}}=\frac{1}{2\pi\sqrt{(L_1+L_2+2M)C}} \tag{5.1.13}$$

式中，M 为 L_1 与 L_2 之间的互感系数。改变线圈抽头的位置，就可调节反馈电压 $\dot{U}_f$ 的大小，当满足 $|\dot{A}_u\dot{F}_u|>1$ 的条件时，电路便能起振，产生一定频率的正弦信号。

电路点评

在电感三点式振荡电路中，由于 L_1、L_2 之间的耦合很紧，故电路容易起振，输出幅度大。若电容 C 采用可变电容器，便可在较大范围内调节输出信号的频率。但由于反馈电感 L_2 对高次谐波的阻抗较大，同样有较大的反馈作用，因此在输出信号波形中含有较多的高次谐波，输出波形不理想。

2. 电容三点式振荡电路

电容三点式振荡电路也称电容反馈式 LC 振荡电路或考毕兹振荡器，如图 5.1.8 所示。由图可见，它的基本结构和电感三点式类似，LC 回路的三个端点，分别与晶体管 VT 的三个电极相连，所不同的是电感三点式电路中的电感 L_1、L_2 分别用电容 C_1、C_2 代替，而电容 C 则用 L 代替，正反馈信号 $\dot{U}_f$ 取自 C_2 两端，故称为电容三点式振荡电路。

由图 5.1.8 可见，当谐振回路谐振时，相对于地点位参考点 $\dot{U}_o$ 与 $\dot{U}_i$ 反相；$\dot{U}_f$ 与 $\dot{U}_o$ 反相，因此 $\dot{U}_f$ 与 $\dot{U}_i$ 为同相，满足自激振荡正反馈的相位平衡条件。电路的振荡频率由 LC 回路的谐振频率决定，即

$$f_0=\frac{1}{2\pi\sqrt{L\dfrac{C_1C_2}{C_1+C_2}}} \tag{5.1.14}$$

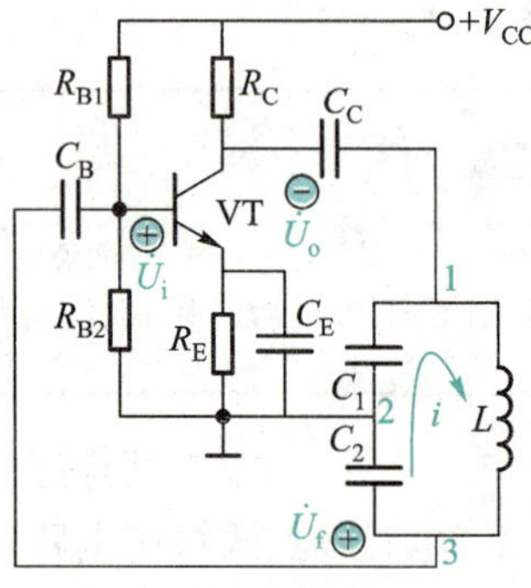

图 5.1.8 电容三点式 LC 振荡电路

电路点评

在电容三点式振荡电路中，由于反馈信号 $\dot{U}_f$ 取自电容 C_2 两端，而 C_2 对高次谐波的容抗很小，反馈量很小，故输出信号波形较好。但由于 C_1、C_2 的大小既与振荡频率有关，也与反馈量有关，因此通过改变 C_1 或 C_2 来调节输出信号的频率时，同时会影响反馈信号 $\dot{U}_f$ 的大小，从而导致输出幅度发生变化，甚至会使电路停振。因此这种电路调节输出信号的频率不方便。

想一想 在电感三点式和电容三点式振荡电路中，晶体管 VT 三个电极之间连接的电抗元件的性质有什么规律？

知识拓展 改进型电容三点式振荡电路

图 5.1.9 所示的改进型电容三点式振荡电路又称克拉泼电路，它与图 5.1.8 相比较，仅在电感支路中串入了一个容量很小的微调电容 C_3，由图可知，谐振回路的总电容为

$$C=\frac{1}{\frac{1}{C_1}+\frac{1}{C_2}+\frac{1}{C_3}}$$

当 $C_3 \ll C_1$、$C_3 \ll C_2$ 时，$C \approx C_3$。所以该电路的振荡频率为

$$f_0=\frac{1}{2\pi\sqrt{LC}}\approx\frac{1}{2\pi\sqrt{LC_3}} \qquad (5.1.15)$$

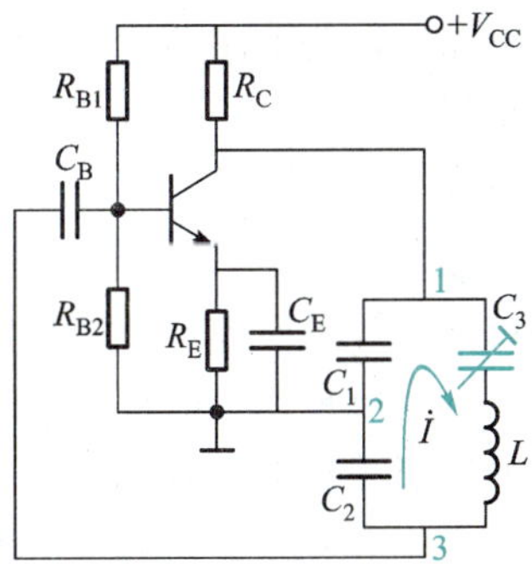

图 5.1.9 改进型电容三点式振荡电路

式(5.1.15)说明，当 C_3 比 C_1、C_2 小得很多时，振荡频率仅由 C_3 和 L 来决定，与 C_1、C_2 基本无关，C_1、C_2 仅构成正反馈，它们的容量相对可以取得较大，从而减小与之相并联的晶体管输入电容、输出电容的影响，提高了频率的稳定度，同时频率调节也比较方便。

三、LC 振荡电路应用举例

图 5.1.10 所示为包括电源在内的人体感应开关电路，其应用很广，如手靠近洗手龙头时自动出水，手进入冲床、电锯、电刨等危险区时自动停车，人靠近自动门时自动开门等。

图 5.1.10 所示人体感应开关电路由直流稳压电源、LC 振荡电路、控制开关电路等几部分组成。直流稳压电源由 Tr 降压变压器，QL4 硅整流桥堆，C_1、R_1、C_2 π 型滤波电路和硅稳压二极管 VZ 等组成，其输出为稳定的+24V 直流电压，作为人体感应开关工作时所需直流电源；LC 振荡电路由晶体管 VT_1 和谐振回路 L、C_5、C_6、C_7 等组成电容三点式 LC 振荡电路。

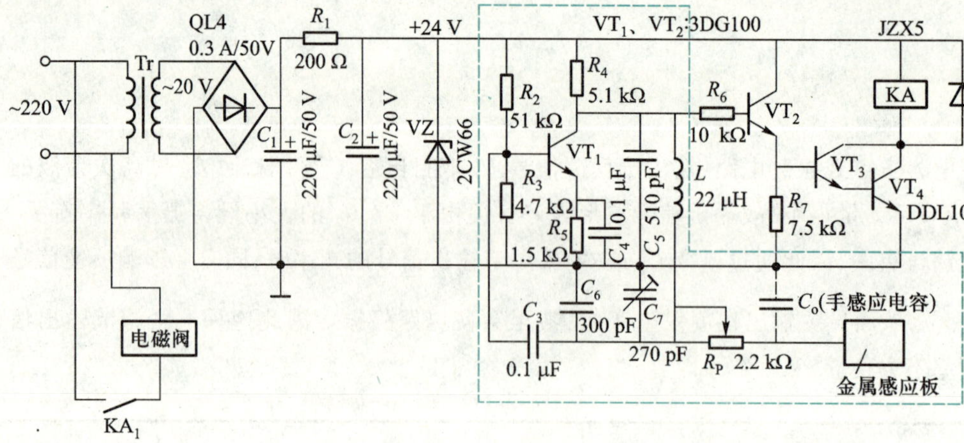

图 5.1.10　人体感应开关电路

当人手靠近感应板时，对地形成感应电容 C_0，使 C_5 和(C_6+C_7)的比值发生变化，导致振荡电路停振，VT_1 集电极电位升高，进而使控制开关电路中 VT_2 及复合管 VT_3、VT_4 导通，继电器 KA 通电，使其动合触点 KA_1 闭合，由此控制诸如电磁阀或接触器等动作，控制自来水龙头出水、冲床或电锯等机床停车等。

5.1.4　石英晶体振荡电路

石英晶体振荡电路简称“晶振”，与一般的 *RC* 或 *LC* 振荡电路相比，晶振具有极高的频率稳定度，目前广泛用于通信系统、钟表、数字电路中的时钟信号发生器、标准频率发生器等精密设备中。

一、石英晶体谐振器的阻抗特性

石英是一种各向异性的结晶体，其化学成分为二氧化硅。从一块石英晶体上按一定的方位角切下的薄片称为晶片，其形状可以是正方形、矩形或圆形等，然后在晶片的两个对应面上镀上银层并装上一对金属板，接出引线，封装于金属壳内，就成了石英晶体谐振器。

石英晶体之所以能作为谐振器，并具有极高的频率稳定度，是因为它具有压电效应。研究表明，当石英晶体受到周期性机械力作用使晶体发生机械形变时，晶片的两个对应面上会产生正、负电荷，形成交变电场；反之，当石英晶体受到交变电场作用时，石英晶体便会产生机械振动。当外加电场的频率等于晶体的固有频率时，晶体便会产生“机-电共振”，振幅明显加大，这种现象称为晶体的压电谐振，它与 *LC* 回路的谐振现象十分相似。

晶体压电谐振的固有谐振频率与晶片的几何尺寸及切割方式有关，具有很高的稳定性，而且可以做得很精确，所以石英晶体可以构成十分理想的谐振系统，把它接到振荡电路中作为选频环节使用。

图 5.1.11(a)所示为石英晶体的图形符号，其等效电路如图 5.1.11(b)所示。图中，C_0 称为静态电容，它的容量大小与晶片的几何尺寸和电极面积有关，一般为几皮法至几十皮法。L_q、C_q 分别为晶片振动时的动态电感和动态电容，r_q 为晶片振动时因摩擦而形成的损耗电阻，其值很小。由于 L_q 很大，C_q 很小，因此等效 *LC* 回路的品质因数很高，加上晶体本

身的谐振频率可以做得很精确，所以利用石英晶体谐振器组成正弦波振荡电路，可以获得很高的频率稳定度。

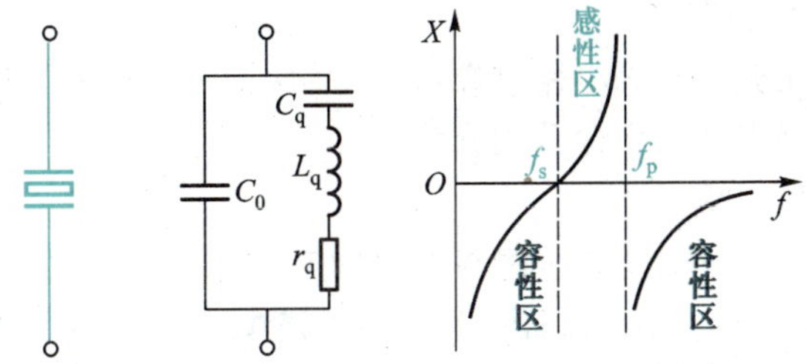

(a) 图形符号 (b) 等效电路 (c) 电抗频率特性

图 5.1.11 石英晶体谐振器的图形符号、等效电路及阻抗特性

当忽略石英晶体等效电路中的损耗电阻 r_q 的影响时，便可得到石英晶体谐振器的电抗频率特性曲线如图 5.1.11(c)所示。由图可知，它有两个谐振频率 f_s 和 f_p，当频率 $f<f_s$ 时，电容 C_q、C_0 起主要作用，晶体电抗呈容性，随着频率的升高，C_q 的容抗逐渐减小，而动态电感 L_q 的感抗逐渐增大，在频率 $f=f_s$ 时，C_q 与 L_q 支路产生串联谐振，晶体的电抗为零；随着频率的继续升高，在 $f_s<f<f_p$ 时，晶体电抗呈感性，等效为一个大电感。当频率 $f=f_p$ 时，C_q、L_q 支路与 C_0 发生并联谐振，晶体的等效电抗为无穷大。当 $f>f_p$ 后，C_0 起主要作用，晶体谐振器再次呈容性。

由以上分析可知，石英晶体谐振器的串联谐振频率 f_s 和并联谐振频率 f_p 分别为

$$f_s=\frac{1}{2\pi\sqrt{L_qC_q}} \tag{5.1.16}$$

$$f_p=\frac{1}{2\pi\sqrt{L_q\dfrac{C_0C_q}{C_0+C_q}}}=f_s\sqrt{1+\frac{C_q}{C_0}} \tag{5.1.17}$$

由于 $C_0 \gg C_q$，因此由式(5.1.17)不难看出 f_s 与 f_p 的数值是非常接近的。说明只有在 $f_s\sim f_p$ 之间很窄的范围内，石英晶体才等效为一个很大的电感，具有很高的 Q 值，而在其余的低频和高频区域，石英晶体的阻抗都呈容性。

知识拓展 石英晶体谐振器使用注意事项

(1) 石英晶体在使用时应接一定的负载电容 C_L，用以补偿生产过程中晶片的频率误差，以达到标称频率。使用时应按产品说明书上的规定选定 C_L，为便于调整，通常采用微调电容。

(2) 石英晶体工作时，必须有合适的激励电压，如激励过大，频率稳定度会变差，甚至会使晶片振坏，如激励过小，则噪声影响大，输出幅度变小，甚至停振。

(3) 石英晶体在安装时要注意防止静电，焊接时电烙铁外壳应有良好接地，不应有漏电。

(4) 在常规条件下，可测石英晶体两引脚之间的电阻，应呈开路状态，若有一定的阻值

则说明石英晶体已损坏。在更换石英晶体时，应尽量选用相同型号的产品，否则可能使电路无法正常工作。

二、石英晶体振荡电路

用石英晶体构成正弦波振荡电路可以归结为两类：一类称为并联型晶体振荡电路；另一类称为串联型晶体振荡电路。下面分别介绍。

1. 并联型晶体振荡电路

图 5.1.12(a)所示为并联型晶体振荡电路的基本电路，图 5.1.12(b)为其交流等效电路。当频率在 $f_s \sim f_p$ 的窄小范围内，石英晶体在电路中起一个电感的作用，它与 C_1、C_2 组成电容三点式 LC 振荡电路。C_3 为晶体的负载电容，由于 $C_3 \ll C_1$、$C_3 \ll C_2$，所以该电路的振荡频率由石英晶体与 C_3 决定。

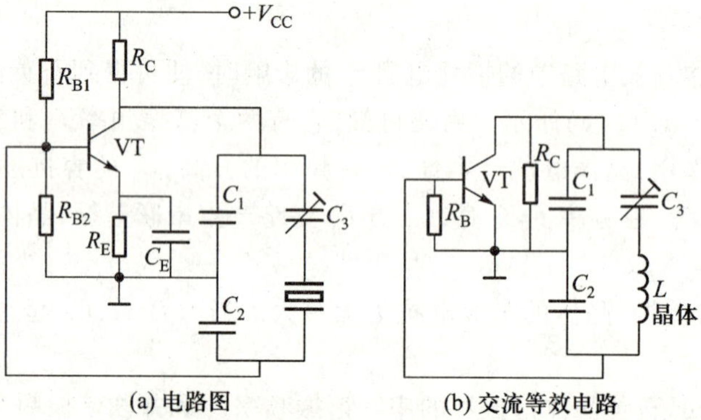

图 5.1.12 并联晶体振荡电路及其交流等效电路

2. 串联型晶体振荡电路

图 5.1.13 所示为串联型石英晶体振荡电路，当电路中石英晶体工作于串联谐振频率 f_s 时，石英晶体呈现的阻抗最小，且为纯电阻，此时电路的正反馈最强，且相移 $\varphi_F = 0°$，由于 VT_1 为共基电路，VT_2 为射极输出器，故 VT_1、VT_2 两级电路的相移 $\varphi_A = 0°$，因此整个电路满足振荡的相位平衡条件，而在 f_s 以外的频率上，晶体的等效阻抗增大，且相移 $\varphi_F \neq 0°$，所以不满足振荡的平衡条件。该电路只能在 f_s 这个频率上产生振荡。

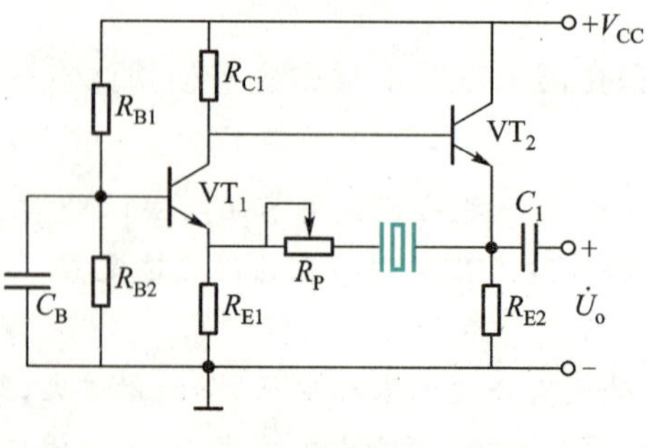

图 5.1.13 串联型石英晶体振荡电路

知识拓展 石英晶体振荡电路应用实例

图 5.1.14 所示为石英晶体振荡电路的应用实例，它广泛应用于石英电子手表、数字电路中的秒信号发生器。图中，G_1 为 CMOS 反相器，R_f 为反馈电阻（通常取 1～30 MΩ），使 G_1 工作于线性区。G_1、R_f、C_1、C_2 和石英晶体构成电容三点式振荡电路，其中 C_1、C_2 和石英晶体组成选频网络，C_1 可以微调振荡频率。该振荡电路的振荡频率由石英晶体的振荡频率决定，其值为 f=32 768 Hz。图中，反相器 G_2 为整形电路，使振荡电路输出信号整形为频率为 32 768 Hz 的矩形脉冲，然后经 15 级二分频电路输出为稳定度很高的 1 Hz 脉冲信号，即周期为 1 s 的秒脉冲信号，作为计时用的基准信号。由于石英晶体的频率精确度和稳定度都很高，因此该秒脉冲信号可作为标准时间信号。

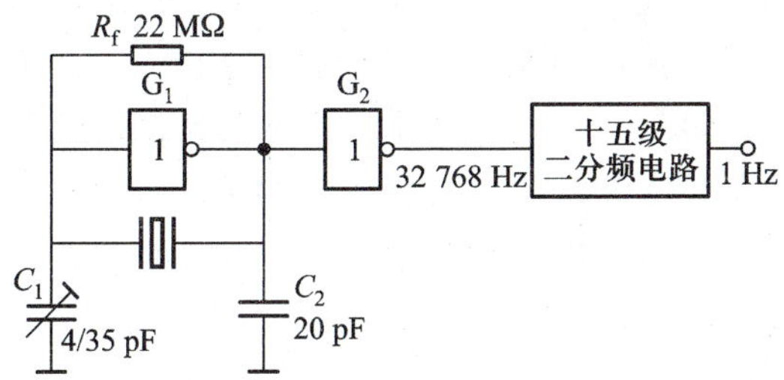

图 5.1.14 石英晶体振荡电路实例

复习题

1. 信号产生电路的作用是什么？对信号产生电路有哪些主要要求？
2. 正弦波振荡电路由哪几部分组成？各部分的作用是什么？
3. 电感三点式 LC 振荡电路与电容三点式 LC 振荡电路哪一种类型的输出波形失真小？为什么？
4. 何谓石英晶体谐振器？它有何基本特性？画出石英晶体谐振器的等效电路。
5. 说明石英晶体振荡电路的特点。

5.2 非正弦波信号产生电路

在电子设备中，非正弦信号也是常用的，常用的非正弦信号产生电路有方波、三角波、锯齿波产生电路等。由于非正弦波信号产生电路中常用到电压比较器，所以下面先介绍电压比较器的基本工作原理。

5.2.1 电压比较器

电压比较器用于对两个输入电压的大小进行比较，并根据比较结果输出高电平或低电平。电压比较器除广泛应用于信号产生电路外，还广泛应用于信号处理和检测电路等。

一、单限电压比较器

图5.2.1(a)所示为由集成运放构成的最简单电压比较器。图中,u_I 为待比较的输入电压,由于运放同相端输入电压为零,即参考电压 $U_{REF}=0$,而运放工作在开环状态,具有很高的开环电压增益,所以,当 $u_I>0$ 时,运算放大器输出为负的最大值,即低电平 $U_{OL}=-U_{OM}$;当 $u_I<0$ 时,运算放大器输出为正的最大值,即高电平 $U_{OH}=U_{OM}$,其电压传输特性如图5.2.1(b)所示。由于运算放大器的输出状态在输入 $u_I=0$ 时翻转,因此,图5.2.1(a)所示电路称为过零电压比较器。

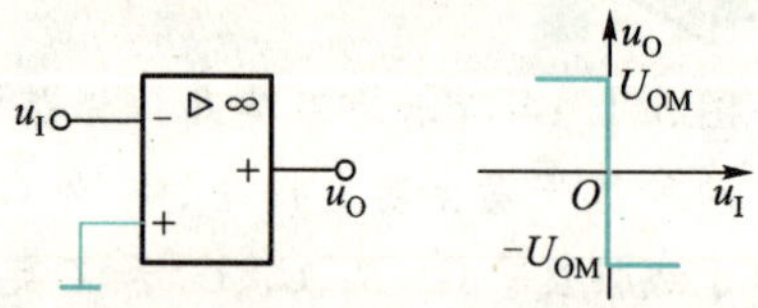

(a) 电路　　(b) 传输特性

图5.2.1　过零电压比较器

如果将参考电压 U_{REF} 接到运算放大器的反相端,待比较的输入电压 u_I 接到同相端,如图5.2.2(a)所示,则构成同相输入单限电压比较器,图中输出端的稳压二极管用以限制输出高、低电平幅度,R 为限流电阻。当 $u_I>U_{REF}$ 时,输出高电平 $U_{OH}=U_Z$;当 $u_I<U_{REF}$ 时,输出低电平 $U_{OL}=-U_Z$,其传输特性如图5.2.2(b)所示。通常把比较器输出电平发生跳变时的输入电压称为门限电压,用 U_T 表示。图5.2.2(a)比较器的 $U_T=U_{REF}$。由于 u_I 从同相端输入且只有一个门限,故称同相单限电压比较器;反之,当 u_I 由反相端输入,U_{REF} 接到同相端,则称为反相输入单限电压比较器。

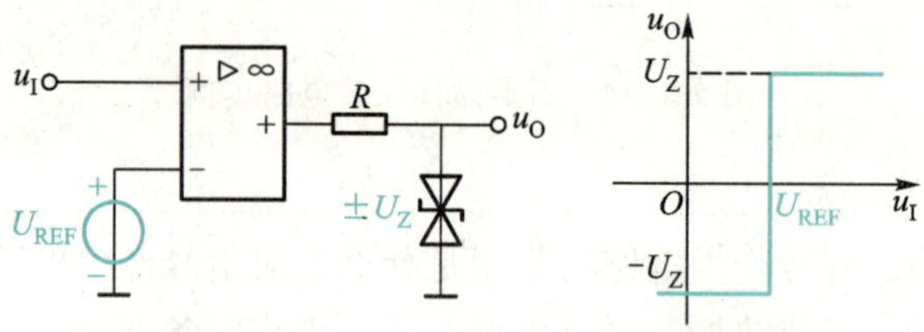

(a) 电路　　(b) 传输特性

图5.2.2　同相输入单限电压比较器

二、迟滞比较器

上面介绍的电压比较器工作时,如果输入电压在门限附近有微小的干扰,就会导致输出状态翻转,从而使比较器输出电压出现错误阶跃。为了克服这一缺点,常将比较器的输出电压通过反馈网络加到同相输入端,形成正反馈,将待比较电压加到反相端,参考电压 U_{REF} 经 R_2 加到运放同相端,如图5.2.3(a)所示,通常将该电路称为反相输入迟滞比较器,也称反相输入施密特触发器。

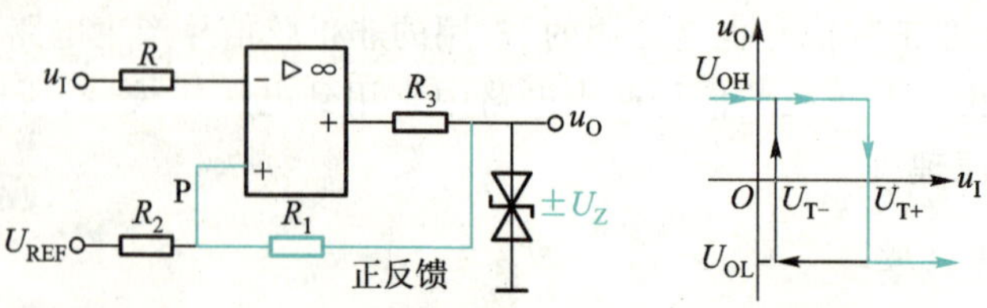

(a) 反相输入迟滞比较器电路　　(b) 传输特性

图5.2.3　迟滞比较器

当 u_I 足够小时，比较器输出高电平 $U_{OH}=+U_Z$，此时同相端电压用 U_{T+} 表示，由图可得

$$U_{T+}=\frac{R_1}{R_1+R_2}U_{REF}+\frac{R_2}{R_1+R_2}U_{OH} \tag{5.2.1}$$

随着 u_I 的不断增大，当 $u_I>U_{T+}$ 时，比较器输出由高电平变为低电平 $U_{OL}=-U_Z$，此时同相端电压用 U_{T-} 表示，即

$$U_{T-}=\frac{R_1}{R_1+R_2}U_{REF}+\frac{R_2}{R_1+R_2}U_{OL} \tag{5.2.2}$$

显然，$U_{T-}<U_{T+}$，因此当 u_I 再增大时，比较器输出将维持低电平 U_{OL}。

反之，当 u_I 由大变小时，只有当 u_I 减小到 $u_I<U_{T-}$ 时，比较器输出才由低电平 U_{OL} 跳变为高电平 U_{OH}，此时运算放大器同相端电压又变为 U_{T+}，u_I 继续减小，比较器输出维持为高电平 U_{OH}。由此可得迟滞比较器的传输特性如图 5.2.3(b)所示。可见，它有两个门限电压 U_{T+} 和 U_{T-}，分别称为上门限电压和下门限电压，两者的差称为门限宽度或回差电压。即

$$\Delta U=U_{T+}-U_{T-}=\frac{R_2}{R_1+R_2}(U_{OH}-U_{OL}) \tag{5.2.3}$$

调节 R_1、R_2，可改变 ΔU。ΔU 越大，比较器抗干扰能力越强，但分辨度越差。

5.2.2 方波、三角波、锯齿波产生电路

一、方波产生电路

图 5.2.4(a)所示是方波产生电路的基本电路，由图可见，运放 A 构成迟滞比较器，RC 积分电路构成为负反馈回路，双向稳压二极管 VZ 和限流电阻 R_3 用于限定输出电压 u_O 的幅度为 $+U_Z$ 和 $-U_Z$ 两个值。

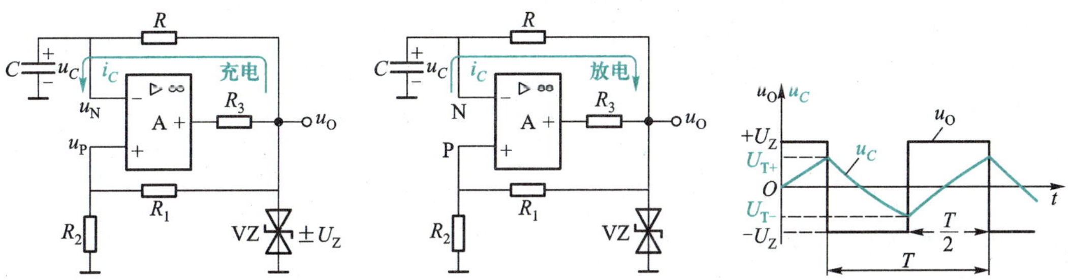

(a) C充电电路　(b) C放电电路　(c) u_O与u_C波形

图 5.2.4　方波产生电路

由图 5.2.4(a)可知，运放反相端的输入电压 u_N 就是电容 C 两端电压，即 $u_N=u_C$；而同相端的电压 $u_P=R_2u_O/(R_1+R_2)$。运算放大器输出电压的极性取决于 u_P 和 u_C 的大小。设接通电源瞬间 $u_C=0$，$u_O=+U_Z$，则同相端电压为上门限电压 U_{T+}，即

$$u_{T+}=\frac{R_2}{R_1+R_2}U_Z \tag{5.2.4}$$

此时电容 C 在 $+U_Z$ 的作用下，经 R 开始充电，使电容两端电压 u_C(即运放反相端电压 u_N)上升。当 u_C 略大于 u_{T+} 时，电路输出状态翻转，使 u_O 由 $+U_Z$ 跳变为 $-U_Z$，这时运放同相端电压变为下门限电压 U_{T-}，即

$$u_{T+}=\frac{R_2}{R_1+R_2}(-U_Z) \tag{5.2.5}$$

电容开始放电，如图5.2.4(b)所示，使电容两端电压 u_C 下降，当 u_C 下降到略小于 u_P 时，输出电压 u_O 再一次翻转，由 $-U_Z$ 跳变为 $+U_Z$，电容又开始充电。如此周而复始，在运算放大器输出端得到图5.2.4(c)所示的方波电压，而电容两端电压 u_C 则近似为三角波。

由以上分析可知，输出电压 u_O 的周期决定于电路翻转速度的快慢，也就是决定于 RC 充放电时间常数。可以证明其周期为

$$T=2RC\ln\left(1+\frac{2R_2}{R_1}\right) \tag{5.2.6}$$

知识拓展　占空比可调矩形波产生电路

在方波产生电路中，为了获得占空比可调的矩形波，只要将图5.2.4(a)中 RC 充放电反馈回路的充电回路和放电回路分开，使电容的充、放电时间常数不同即可，如图5.2.5所示。图中二极管 VD_1、VD_2 的特性相同，电位器 R_P 用于调节电容 C 的充、放电时间常数，从而达到调节输出矩形波电压占空比的目的。

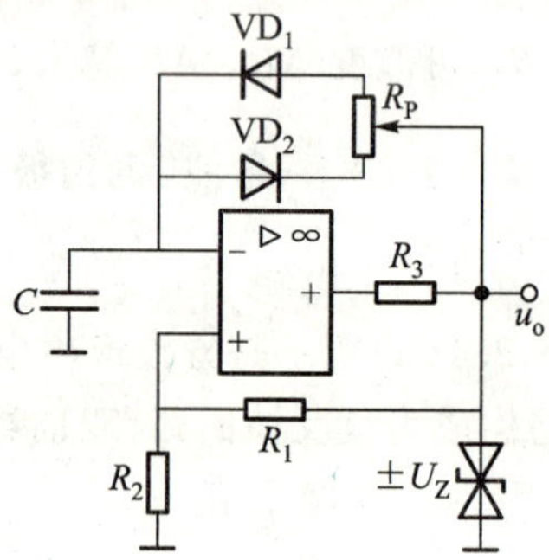

图5.2.5　占空比可调的矩形波产生电路

二、三角波产生电路

图5.2.6(a)所示为三角波产生电路的基本电路，图中运算放大器 A_1 为同相输入迟滞比较器，A_2 为反相输入线性积分器。由图可知，运算放大器 A_1 同相输入端的电压 u_{P1} 由 u_{O1} 和 u_O 共同决定，即

$$u_{P1}=\frac{R_2}{R_1+R_2}u_{O1}+\frac{R_1}{R_1+R_2}u_O \tag{5.2.7}$$

当 $u_{P1}>0$ 时，$u_{O1}=+U_Z$；当 $u_{P1}<0$ 时，$u_{O1}=-U_Z$。

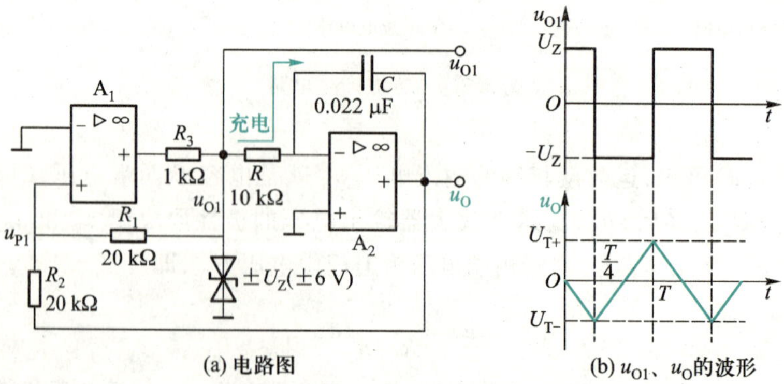

(a) 电路图　(b) u_{O1}、u_O 的波形

图5.2.6　三角波产生电路

设接通电源的瞬间，电容两端电压 $u_C=0$，u_{O1} 为 $+U_Z$，u_{P1} 为正值，此时电容 C 经 R 充电，积分器 A_2 的输出电压 u_O 随时间线性下降，u_{P1} 也跟随下降。当 u_{P1} 略小于 0 时，比较器输出 u_{O1} 由 $+U_Z$ 跳变为 $-U_Z$，同时 u_{P1} 也跳变为负值，此时电容上电压 u_C 经 R 放电，使积分器输出电压 u_O 随时间线性上升，u_{P1} 也随之上升。当 u_{P1} 上升到略大于 0 时，比较器 A_1 输出 u_{O1} 由 $-U_Z$ 跳变为 $+U_Z$。如此周而复始产生振荡，比较器输出 u_{O1} 为方波，积分器输出 u_O 为三角波，其波形如图 5.2.6(b)所示。

由式(5.2.7)可求得迟滞比较器的上、下限门限电压分别为

$$U_{T+}=\frac{R_2}{R_1}U_Z,\quad U_{T-}=\frac{R_2}{R_1}(-U_Z) \tag{5.2.8}$$

振荡频率由积分器 RC 充放电时间常数决定，即

$$f_0=\frac{R_1}{4R_2RC} \tag{5.2.9}$$

由此可见，通过改变 R、C 的参数或改变 R_1/R_2 的比值，便可改变输出信号的频率，然而改变 R_1/R_2 将使输出幅度改变。

为了使三角波发生器输出信号频率可调，只要调节积分器 RC 充放电回路时间常数，如图 5.2.7 所示。调节电位器 R_P 便可改变积分器的时间常数。如滑动端上移，积分器的积分时间减小，输出信号频率增加；R_P 滑动端下移，积分时间增加，则频率下降。

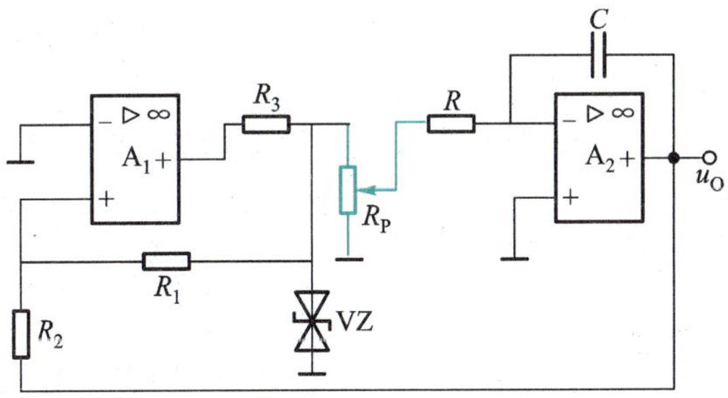

图 5.2.7 频率可调的三角波产生电路

三、锯齿波产生电路

锯齿波产生电路如图 5.2.8(a)所示，它与三角波产生电路基本相同，只是积分电容 C 的充、放电回路有所不同，在锯齿波产生电路中，积分电容 C 的充电经二极管 VD_1、R'进行，放电经二极管 VD_2、R''进行，当 R'、R''不相等，便可在输出端获得锯齿波信号，如图 5.2.8(b)所示。调节图 5.2.8(a)中电位器 R_P，便可改变锯齿波的上升和下降的斜率，同时 u_{O1} 矩形波的占空比也跟随变化。

知识拓展 8038 集成函数发生器

8038 集成函数发生器是一种多用途的波形发生器，可以用来产生正弦波、方波、三角波和锯齿波，其振荡频率可通过外加直流电压进行调节。这种输出信号频率与输入控制电压成正比的波形产生电路称为压控振荡器。

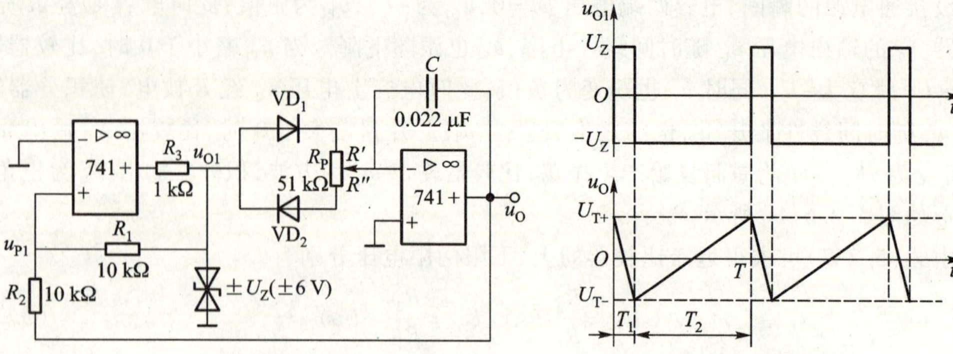

(a) 电路 (b) 输出电压波形

图 5.2.8 锯齿波产生电路

8038 集成函数发生器采用双列直插式塑料封装，其引脚排列和功能如图 5.2.9 所示。图中 8 脚为频率调节（简称调频）电压输入端。振荡频率与调频电压的高低成正比，其线性度为 0.5%，调频电压值为 6、8 脚之间的电压，其值不超过（$V_{CC}+V_{EE}$）/3。

图 5.2.10 所示为由 8038 构成的函数发生器实例。其振荡频率取决于电位器 R_{P1} 滑动端的位置、C 的容量及 R_A、R_B 的阻值，调节 R_{P1} 即可调节输出信号的频率。图中，C_1 为高频旁路电容，用于消除 8 脚的寄生交流电压。R_{P2} 用于调节方波信号的占空比和正弦波信号的失真度，当 R_{P2} 的滑动端在中点，使 $R_A=R_B$ 时，方波的占空比为 50%，三角波和正弦波为对称波形。R_{P3}、R_{P4} 是双联电位器，其作用是进一步调节正弦波的失真度。

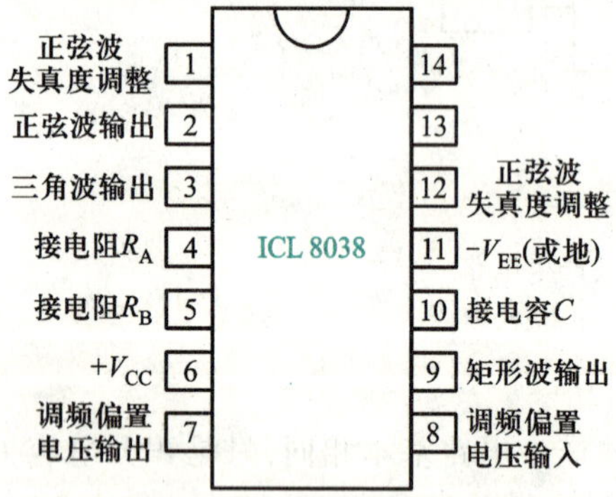

图 5.2.9 8038 引脚排列

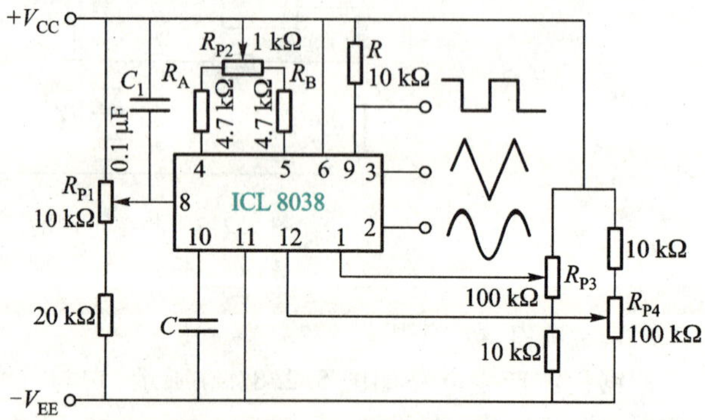

图 5.2.10 频率可调、失真小的函数发生器

复习题

1. 试说明集成运算放大器作为电压比较器和运算电路使用时，其工作状态有什么区别。

2. 画出方波产生电路，说明其组成特点及工作原理。

3. 试问图 5.2.6 所示三角波产生电路输出三角波的幅度和频率各为多大？

4. 非正弦波产生电路的组成及工作原理与正弦波振荡电路有何区别？

本章小结

1. 信号产生电路通常称为振荡电路，它用于产生一定幅度和一定频率的信号。按输出信号波形不同，可分为正弦波产生电路和非正弦波产生电路。正弦波产生电路有 *RC*、*LC* 和石英晶体振荡电路等，非正弦波产生电路有方波、三角波和锯齿波振荡电路等。

2. 正弦波振荡电路由放大电路、正反馈网络、选频网络等组成，在某一频率上产生自激振荡，其振荡的振幅平衡条件为 $|\dot{A}_u\dot{F}_u|=1$，即反馈信号和输入信号大小相等；相位平衡条件为 $\varphi_A+\varphi_F=2n\pi(n=0,1,2,\cdots)$，即反馈信号与输入信号同相，电路构成正反馈。

自激振荡的起振条件为 $|\dot{A}_u\dot{F}_u|>1$、$\varphi_A+\varphi_F=2n\pi(n=0,1,2,\cdots)$。

3. 采用 *RC* 选频网络构成的正弦波振荡电路，称为 *RC* 振荡电路，实用中大多采用 *RC* 文氏电桥振荡电路，其振荡频率决定于 *RC* 串并联选频网络中 *R*、*C* 的参数。为了满足振荡条件，要求振荡电路中的放大电路应具有高输入阻抗、低输出阻抗，而且电压放大倍数 $A_u\geqslant3$。另外，为了起振容易，改善输出波形及稳幅，放大电路需引入用非线性元器件构成的负反馈电路。

4. *LC* 振荡电路的选频网络由 *LC* 谐振回路构成，它可以产生较高频率的正弦信号，它有变压器反馈式、电感三点式和电容三点式等电路，其振荡频率决定于 *LC* 谐振回路的谐振频率。谐振回路的品质因数越大，振荡频率的稳定度就越高。

5. 石英晶体振荡电路具有输出信号频率准确性和稳定性很高的优点，它是利用石英谐振器作为选频网络，其振荡频率决定于石英晶体的标称频率。石英晶体振荡电路有并联型和串联型两类电路。

6. 非正弦波产生电路中没有选频网络，它主要由比较器、积分电路并适当引入反馈组成，其状态的翻转依靠积分电容能量的变化。电路中集成运放工作在非线性区。

自我评价题

5.1 填空题

1. 产生自激振荡的幅度平衡条件是________，相位平衡条件是________。

2. 产生低频正弦信号一般采用________振荡电路，产生高频正弦信号一般采用________振荡电路，频率稳定度要求高时，一般采用________振荡电路。

3. *RC* 串并联选频网络中，当 $\omega=\omega_0=\dfrac{1}{RC}$时，其电压传输系数 $|\dot{F}_u|=$________，相移 $\varphi_F=$________。

4. *LC* 正弦波振荡电路中的选频网络由________组成，其电路形式有________、________和________等。

5. 在串联型石英晶体振荡电路中，石英晶体等效为________，而在并联型石英晶体振荡电路中，石英晶体等效为________。

6. 三角波产生电路由________和________组成。

5.2 判断题（正确的在括号内打“√”，错误的在括号内打“×”）

1. 自激振荡是指在没有输入信号时，电路中产生了有规则的和持续的输出波形的现象。（　　）

2. 电路中只要具有正反馈，就一定能产生振荡。（　　）

3. 在正弦波振荡电路中只允许存在正反馈，而不允许引入负反馈，否则电路便不会产生振荡。（　　）

4. 正弦波振荡电路中，电路自行起振的幅值条件是$|\dot{A}_u\dot{F}_u|=1$。（　　）

5. 电容三点式振荡电路中，输出波形的谐波成分比电感三点式的大，因此波形较差。（　　）

6. 非正弦波产生电路中没有选频网络，其输出状态的翻转依靠电路中积分电容的充放电来实现。（　　）

5.3 单项选择题（选择正确的答案填在括号内）

1. 信号产生电路是在（　　）情况下，产生一定频率和幅度的正弦或非正弦信号。

A. 没有外加输入信号　B. 外加输入信号　C. 没有反馈信号　D. 不接直流电源

2. 正弦波振荡电路的振幅起振条件是（　　）。

A. $|\dot{A}_u\dot{F}_u|>1$　B. $|A_u\dot{F}_u|=1$　C. $|\dot{A}_u\dot{F}_u|=0$　D. $|\dot{A}_u\dot{F}_u|<1$

3. 为了获得输出信号频率稳定度很高的正弦波，应选用（　　）振荡电路。

A. *RC*桥式　B. 电感三点式　C. 改进型电容三点式　D. 石英晶体

4. 在*RC*桥式振荡电路中，为了满足起振条件，要求其放大电路的放大倍数（　　）。

A. $|\dot{A}_u|>3$　B. $|\dot{A}_u|=1$　C. $|\dot{A}_u|<3$　D. $|\dot{A}_u|=0$

5. 由集成运放构成的电压比较器中，运算放大器工作在（　　）状态。

A. 自激振荡　B. 线性　C. 非线性　D. 负反馈

练习题

［题5.1］ 图P5.1所示*RC*桥式振荡电路中，在接通电源后不能产生振荡，请指出图中不能产生振荡的原因；若要求振荡频率为800 Hz，试确定电阻*R*的阻值。

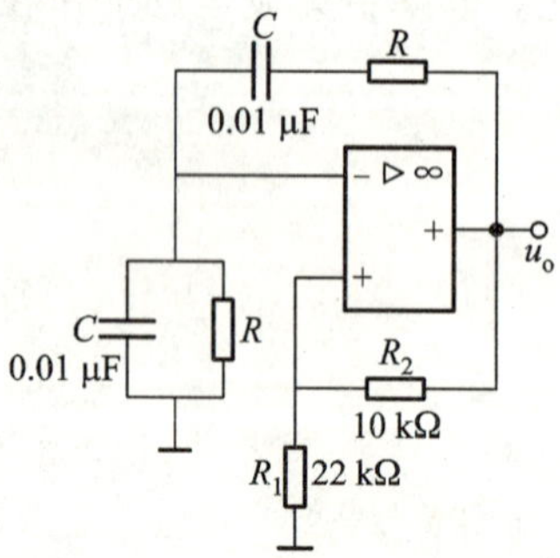

图 P5.1

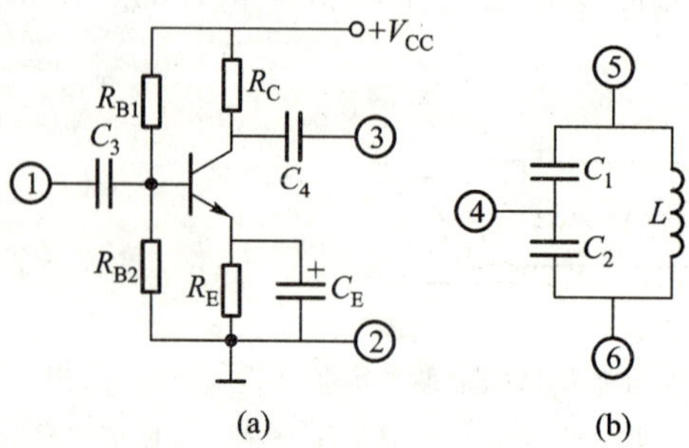

图 P5.2

［图5.2］ 试将图P5.2（a）、（b）两部分的有关端子用线连接起来，以构成一个正弦波振荡电路，指出它是什么类型并写出振荡频率f_0的表达式。

［题 5.3］ 试用自激振荡的相位平衡条件，判别图 P5.3(a)、(b)两个电路能否产生振荡（在图中标出 $\dot{U}_i$ 和 $\dot{U}_f$ 的极性）。如能振荡，指出是什么类型，并求出振荡频率。

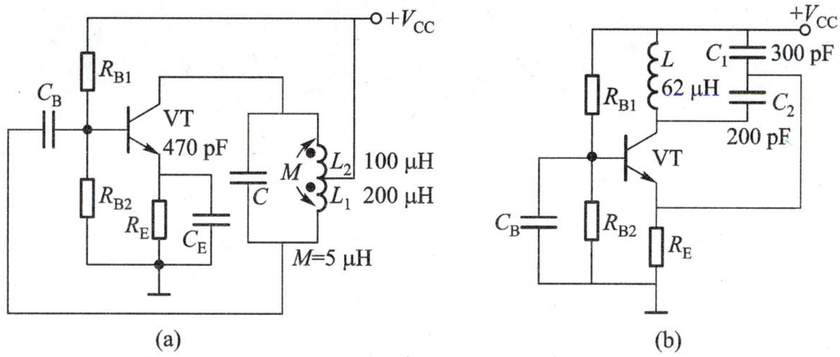

图 P5.3

［题 5.4］ 图 P5.4 为石英晶体振荡电路，试画出该振荡电路的简化交流通路，并指出晶体在电路中的作用。

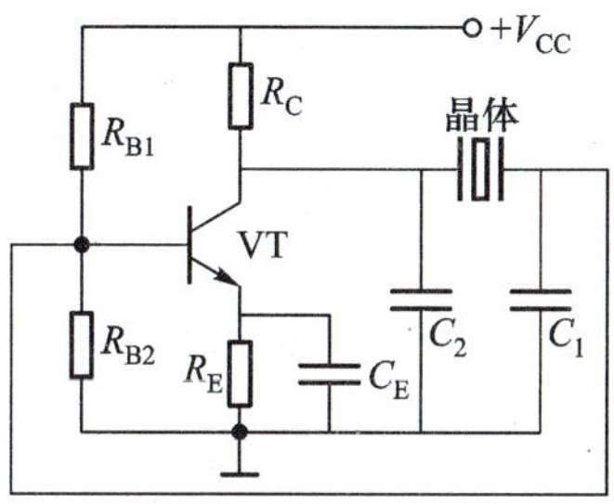

图 P5.4

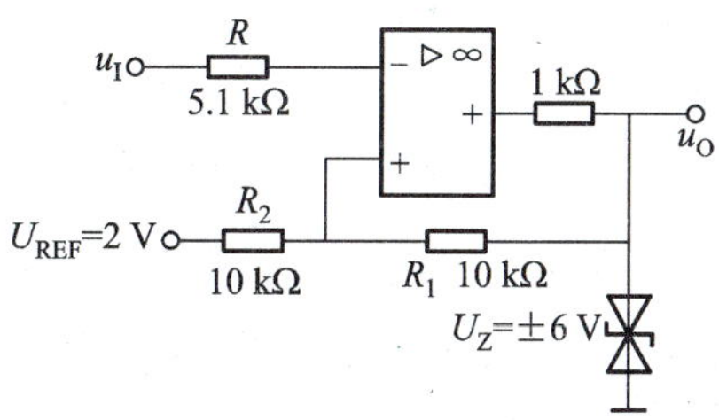

图 P5.5

［题 5.5］ 电路如图 P5.5 所示，试指出电路名称，说明集成运放工作在什么状态。当 u_I 足够大时，u_O 为多大？当 u_I 足够小时，u_O 又为多大？

［题 5.6］ 三角波产生电路如图 P5.6 所示，它由迟滞比较器 A_1 和积分器 A_2 组成，试画出 u_O' 和 u_O 的波形，并求振荡频率 f_0。

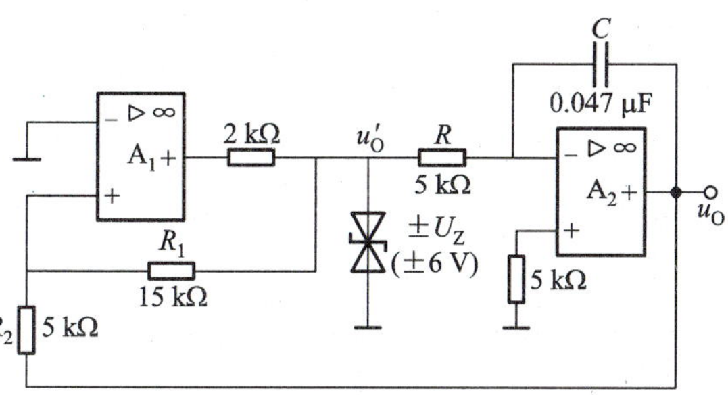

图 P5.6

第6章 直流稳压电源

教学目标

1. 了解直流稳压电源的组成及主要性能指标。

2. 掌握单相整流电路的工作原理,理解电容滤波电路的特点。

3. 了解线性集成稳压器的组成和工作原理;熟悉三端集成稳压器的应用。

4. 知道开关稳压电路的特点及基本原理。

引　言

直流稳压电源是电子设备中不可缺少的组成部分,功率较小的直流电源大多采用220 V、50 Hz单相交流供电,它一般由电源变压器、整流、滤波和稳压四部分组成。电源变压器用来将单相交流电变换为整流电路所需的交流电,一般情况下,都为降压变压器,而在开关稳压电路中,也可不用电源变压器;整流电路是利用二极管的单向导电特性,将交流电变成脉动的直流电,常用的有半波整流和全波整流,而全波整流一般采用桥式整流电路;滤波电路是利用电容、电感等储能元件,将整流后的脉动直流电变成平滑的直流电;稳压电路用来当输入交流电压波动或负载(一般为电子电路)和环境温度变化时,维持输出直流电压的稳定。由于集成稳压器具有体积小、重量轻、使用方便和工作可靠等优点,应用越来越广泛。集成稳压器可分为线性稳压器和开关稳压器两类。

本章先讨论单相整流滤波电路工作原理,然后介绍线性和开关稳压电路的工作原理及其应用,重点介绍桥式整流电容滤波电路工作原理和线性集成稳压器件的应用。

6.1 单相整流滤波电路

6.1.1 单相整流电路

常用的整流电路有单相半波整流和桥式整流电路等。

一、单相半波整流电路

单相半波整流电路如图 6.1.1(a)所示，图中 Tr 为电源变压器，用来将 220 V 交流电变为整流电路所要求的低电压，同时使整流电路与市电之间有良好的隔离。VD 为整流二极管，R_L 为负载的等效电阻。下面结合图 6.1.1(b)所示的波形图介绍其整流原理。设电源变压器二次交流电压 $u_2=\sqrt{2}U_2\sin\omega t$，$U_2$ 为二次电压的有效值。

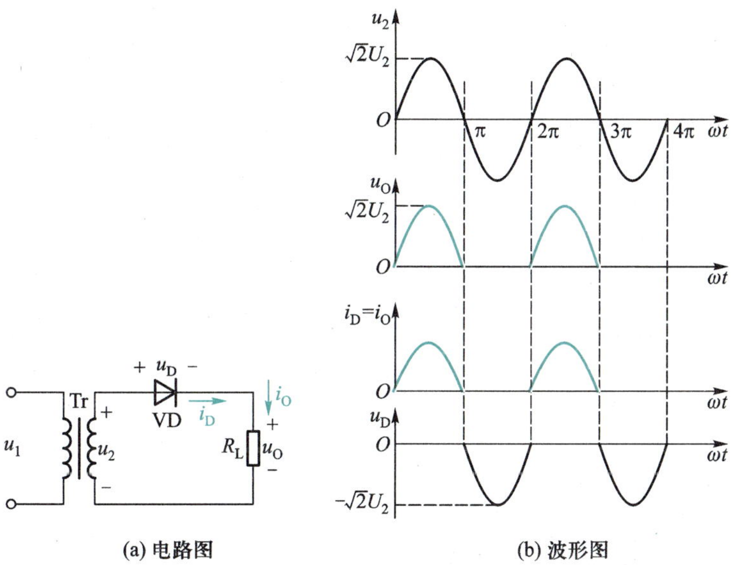

图 6.1.1 半波整流电路及其波形

令 u_2 为正半周，(即上+、下-)，二极管 VD 导通，电流 i_D 同时流过负载 R_L，即 $i_O=i_D$，在负载 R_L 上得到上+、下-的电压 u_O，如忽略二极管的导通电压，则 $u_O=u_2$。

当 u_2 为负半周时(即上-、下+)，二极管 VD 反向截止，电路中电流 $i_D=i_O=0$。此时输出电压 $u_O=0$，输入电压 u_2 全部加在截止的二极管 VD 两端，即二极管承受的反向电压 $u_D=u_2$。

由此可见，在交流电的一个周期内，整流二极管只有半个周期导通，如此周期性地重复，在负载上获得了单向的脉动直流电，其输出的直流平均电压为

$$U_{O(AV)}=\frac{\sqrt{2}}{\pi}U_2=0.45U_2 \tag{6.1.1}$$

流过二极管的平均电流为

$$I_{D(AV)}=I_{O(AV)}=\frac{U_{O(AV)}}{R_L}=0.45\frac{U_2}{R_L} \tag{6.1.2}$$

二极管承受的反向峰值电压为

$$U_{RM}=\sqrt{2}\,U_2 \tag{6.1.3}$$

电 路 点 评

单相半波整流电路结构简单,但仅利用了交流电的半个周期,因此电源利用率低,而且输出电压 u_O 的脉动大,只能用于要求不高的场合。

二、桥式整流电路

为了克服半波整流电路的缺点,常采用桥式整流电路。如图 6.1.2(a)所示,图中整流二极管 $VD_1\sim VD_4$ 接成电桥形式,故称为桥式整流电路,图 6.1.2(b)为习惯使用的简化电路,图中二极管符号的箭头方向表示电流由 c 点流出的方向。

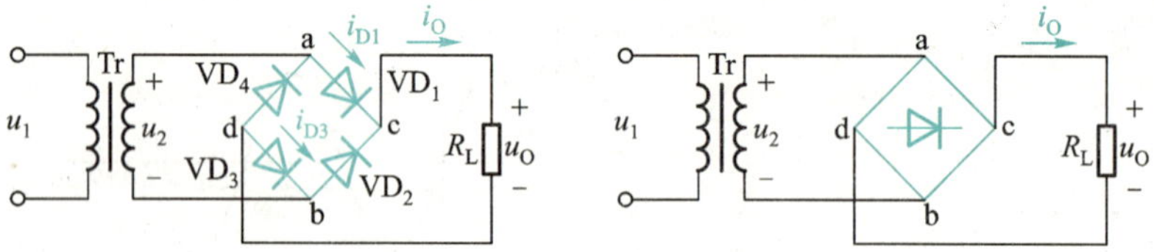

(a) 电路图　　(b) 简化电路

图 6.1.2　桥式整流电路

令 u_2 为正半周,即图中 a 点为+、b 点为-,二极管 VD_1、VD_3 通导,VD_2、VD_4 截止,电路中电流路径为 $a\rightarrow VD_1\rightarrow R_L\rightarrow VD_3\rightarrow b$,即 $i_O=i_{D1}=i_{D3}$,此电流在负载 R_L 上形成上+、下-的输出电压 u_O,若忽略 VD_1、VD_3 的导通电压,则 $u_O=u_2$。

当 u_2 为负半周时,即图中 b 点为+、a 点为-,这时二极管 VD_2、VD_4 导通,VD_1、VD_3 截止,电路中电流路径为 $b\rightarrow VD_2\rightarrow R_L\rightarrow VD_4\rightarrow a$,即 $i_O=i_{D2}=i_{D4}$,该电流流经 R_L 的方向与 u_2 半正周时相同,因此 R_L 两端同样形成了上+、下-的输出电压,若忽略 VD_2、VD_4 的导通电压,则 $u_O=-u_2$。

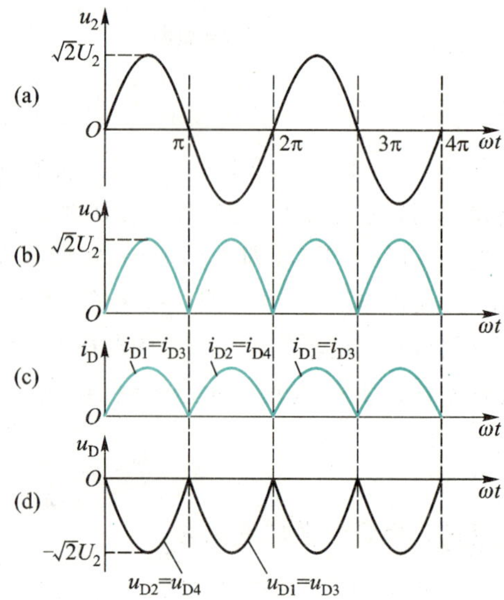

图 6.1.3　桥式整流电压、电流波形

由此可见,无论 u_2 处于正半周还是负半周,都有电流并以同方向流过负载 R_L。因此,输出电压 u_O 为单方向的全波脉动直流电压。其电压、电流波形如图 6.1.3 所示。

在变压器二次电压相同的情况下,桥式整流电路的输出电压比单相半波整流电路提高了一倍,其输出电压平均值为

$$U_{O(AV)}=2\times0.45U_2=0.9U_2 \tag{6.1.4}$$

在桥式整流电路中,由于二极管 VD_1、VD_3 和 VD_2、VD_4 是轮流导通的,故流过每只二极管的平均电流只是负载电流的一半,即

$$I_{D(AV)}=\frac{1}{2}I_{O(AV)}=\frac{1}{2}\frac{U_{O(AV)}}{R_L}=0.45\frac{U_2}{R_L} \tag{6.1.5}$$

由于二极管在导通的半个周期内，可视为短路，这时截止的一对二极管便与 u_2 并联而承受反电压，其承受的反向峰值电压为

$$U_{RM}=\sqrt{2}U_2 \tag{6.1.6}$$

电路点评

桥式整流电路与半波整流电路相比，具有电源利用率高、输出平均电压高和脉动成分小等优点，因此被广泛采用。

知识拓展　整流桥堆

在桥式整流电路中，如果四个整流二极管按一定规则制作在一起，并封装好成为一个器件，称为整流桥（简称桥堆），其外形和引脚如图 6.1.4 所示。使用时 a、b 两端接交流输入电压，c、d 两端为输出直流电压的正、负极性。

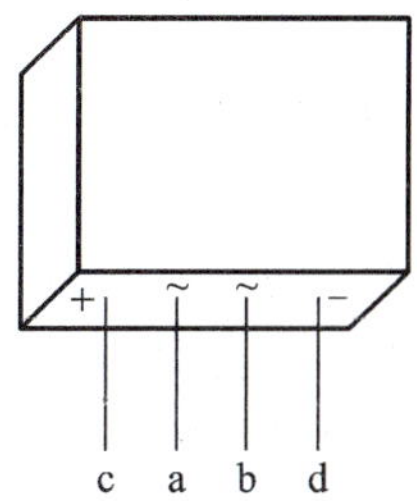

图 6.1.4　整流桥外形图

6.1.2　滤波电路

整流电路将交流电变为脉动的直流电，但在脉动直流电中，含有较大的交流成分（称为纹波电压），还不能被电子电路直接使用。为了获得平滑的直流电，一般在整流电路后加接滤波电路，以滤去脉动直流电中的交流成分。

一、电容滤波电路

图 6.1.5(a)所示为桥式整流电容滤波电路，它是在桥式整流后，由一个容量较大的电容 C 和负载 R_L 并联组成。输出电压 u_O 就是电容两端电压 u_C。

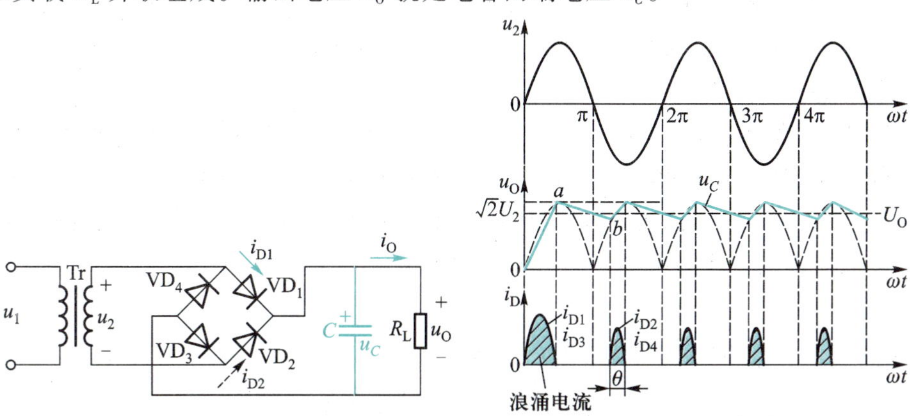

(a) 电路　　(b) 电压、电流波形

图 6.1.5　桥式整流电容滤波电路及其波形

设接通电源的瞬间($t=0$),电容两端电压 $u_C=0$,当 u_2 由零上升时,VD_1、VD_3 导通,向电容 C 充电,同时向负载 R_L 提供电流。由于充电回路的电阻很小,使 u_C 与 u_2 同步变化,当 $\omega t=\pi/2$ 时,u_C 随 u_2 达到峰值,如图 6.1.5(b)中的 a 点。此后 u_2 开始下降,使 $u_2<u_C$,二极管 $VD_1 \sim VD_4$ 均处于截止状态,电容 C 向负载 R_L 放电,由于放电时间常数 R_LC 很大,故电容两端电压 u_C 按指数规律缓慢下降。当 u_C 下降到图中 b 点后,使 $|u_2|>u_C$,二极管 VD_2、VD_4 导通,VD_1、VD_3 截止,u_2 经 VD_2、VD_4 再次向电容充电,输出电压增大。当 $\omega t=3\pi/2$ 时,电容两端电压又达到峰值。以后随着 u_2 的周期性变化,电容不断重复上述充、放电过程,输出电压 $u_O=u_C$,波形如图 6.1.5(b)中的实线所示。

由上可见,整流电路后加接滤波电容,不仅输出电压的波形变得平滑了,而且输出电压的平均值也提高了,其大小与电容 C 向负载 R_L 放电的速度有关,放电时间常数越大,电容放电速度越慢,输出波形就越平滑,其平均值就越大。为了获得良好的滤波效果,一般取电容的放电时间常数为

$$R_LC \geqslant (3\sim5)\frac{T}{2} \tag{6.1.7}$$

式中,T 为输入交流电压的周期,此时输出电压的平均值约为

$$U_{O(AV)} \approx 1.2U_2 \tag{6.1.8}$$

当负载 R_L 开路时

$$U_{O(AV)} \approx \sqrt{2}U_2 \tag{6.1.9}$$

在整流滤波电路中,整流二极管只有当 $|u_2|>u_C$ 时才能导通,故其导通的时间缩短,一个周期内的导通角 $\theta<\pi$。而电容 C 充电的瞬时电流很大,电路中形成了浪涌电流,如图 6.1.5(b)所示,容易造成二极管的损坏。为此在选择整流管时,必须留有足够的电流裕量,一般按 $(2\sim3)I_{O(AV)}$ 来选择整流管。

知识拓展 滤波电容的选择和使用

在电容滤波电路中,除了对滤波电容的容量大小要按式(6.1.7)的要求确定外,应选择带极性的电解电容器,使用中电容的正极应接输出电压的正极,不能接反,否则电解电容很可能损坏。此外对电容器的耐压也有一定要求,为使电容器安全工作,一般取电容器的耐压值为 $(1.5\sim2)U_2$。

另外,电容滤波电路输出电压平均值 $U_{O(AV)}$ 会随负载电流的增大(即负载电阻 R_L 减小)而减小,纹波电压也会跟随增大,所以电容滤波适用于负载电流较小或负载电流基本不变的场合。

【例 6.1.1】 单相桥式整流电容滤波电路如图 6.1.5(a)所示,设交流电源的频率 $f=50$ Hz。若要求输出直流电压 $U_{O(AV)}=30$ V,输出电流 $I_{O(AV)}=0.3$ A。试选择整流二极管和滤波电容。

解: 由式(6.1.8)确定电源变压器二次电压有效值为

$$U_2=\frac{U_{O(AV)}}{1.2}=\frac{30\ \text{V}}{1.2}=25\ \text{V}$$

流过二极管的平均电流为

$$I_{D(AV)}=\frac{1}{2}I_{O(AV)}=\frac{1}{2}\times 0.3\ A=0.15\ A$$

二极管承受的最大反向电压为

$$U_{RM}=\sqrt{2}U_2=\sqrt{2}\times 25\ V=35.4\ V$$

因此，选择整流管的最大整流电流 $I_F\geqslant(2\sim3)I_{O(AV)}=(0.3\sim0.45)$ A，最高反向工作电压 $U_{RM}>36$ V。查手册可选用四只特性相同的 2CZ55C 二极管（参数：$I_F=1$ A，$U_{RM}=100$ V）或选用1 A、100 V 的整流桥。

由式(6.1.7)取 $R_LC=4\dfrac{T}{2}$，则

$$C\geqslant\frac{4T}{2R_L}=\frac{4\times\frac{1}{50}}{\frac{2\times 30}{0.3}}\ F=400\ \mu F$$

可选取标称电容 470 μF/50 V 的电解电容器。

二、其他形式滤波电路

1. 电感滤波电路

电感 L 与负载 R_L 串联构成的电感滤波电路如图 6.1.6 所示。由于整流电路的输出电压是脉动的直流电压，可以看成是直流分量和交流分量的叠加。而电感线圈的直流电阻很小，交流电抗很大，因此直流分量顺利通过 L 加到负载 R_L 两端，交流分量则大部分降在 L 两端，负载上只有很小的交流分量，这样输出电压就平滑多了。电感滤波电路一般用于低电压，大电流的场合。

电感滤波电路的输出电压与变压器二次电压有效值 U_2 成正比，即

$$U_{O(AV)}\approx 0.9U_2 \tag{6.1.10}$$

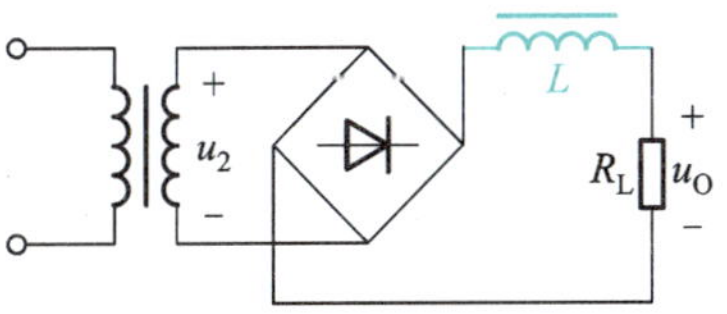

图 6.1.6 电感滤波电路

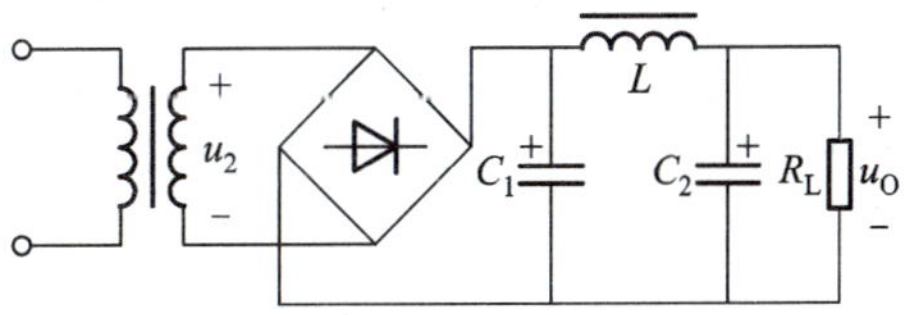

图 6.1.7 π 型 LC 滤波电路

2. π 型滤波电路

为了进一步减小输出电压中的交流分量，可采用图 6.1.7 所示的 π 型 LC 滤波电路。由于电容 C_1、C_2 对交流分量的容抗很小，有很好的滤波效果，而电感 L 对交流分量的电抗很大，负载 R_L 上的交流分量很小。当负载电流较小时，可用电阻代替电感组成 π 型 RC 滤波电路，这样可克服因电感体积大、重量重和成本高的缺点。由于电阻要消耗功率，所以 RC 滤波电路功率损耗较大。

想一想 在负载电流较大或电源频率较高的情况下，应采用 π 型 LC 滤波电路，还是 π 型 RC 滤波电路？为什么？

复习题

1. 在变压器二次电压相同的条件下,半波整流电路的输出平均电压为10 V,若采用桥式整流电路,则输出平均电压为多大?

2. 在输出电流相同的情况下,半波整流电路中流过整流管的平均电流为300 mA,若采用桥式整流电路,则流过整流管的平均电流为多大?

3. 在图6.1.5(a)所示的桥式整流电容滤波电路中,若变压器二次电压有效值 $U_2=10$ V,且满足 $R_LC \geq (3\sim5)\frac{T}{2}$ 的条件(T 为交流电压 u_2 的周期),试求输出直流电压平均值 $U_{O(AV)}$。

4. 在电容滤波电路中,对电容的容量和耐压有何要求?电解电容器的极性应如何连接?

6.2 线性集成稳压器

经整流滤波后的电压虽然变得平滑了,但当交流电源电压波动或负载变化时,都会引起输出电压的变化,为了获得稳定的直流电压,一般还需在整流滤波电路后接入稳压电路,这样才能满足电子电路对直流电源的要求。采用稳压二极管可以构成简单的稳压电路,由于其性能较差,不能满足很多场合下的应用。利用晶体管可构成性能良好的晶体管串联型稳压电路,这种电路中用晶体管作调整管并工作在线性放大状态,所以称为线性稳压电路。目前线性稳压电路已有多种集成产品,由于三端式线性集成稳压器只有三个端子,使用方便、性能稳定、价格低廉,因而得到广泛的应用。

6.2.1 稳压电源的主要技术指标

稳压电源技术指标有特性指标和质量指标,现说明如下。

一、特性指标

这是稳压电源工作特征的参数,主要有:

(1) 额定输出电流 是指稳压电路正常工作时的最大输出电流。

(2) 输出电压及输出电压调节范围。

(3) 输入电压及输入电压变化范围。

二、质量指标

这是表征稳压电源性能状况的参数,主要有:

(1) 稳压系数 S_r 当负载电流和环境温度不变时,稳压电路输出电压的相对变化量,与相应的输入电压相对变化量之比。即

$$S_r = \left.\frac{\Delta U_O / U_O}{\Delta U_I / U_I}\right|_{\Delta I_O=0,\Delta T=0} \tag{6.2.1}$$

S_r 越小,稳压电源输出电压的稳定性越好。

(2) 输出电阻 R_O 当输入电压和环境温度不变时,稳压电源输出电压的变化量与输出电流的变化量之比,即

$$R_O = \frac{\Delta U_O}{\Delta I_O}\bigg|_{\Delta U_I=0,\Delta T=0} \tag{6.2.2}$$

R_O 越小，表示负载电流 I_O 变化（负载变化）时，输出电压的变化越小，输出电压保持稳定的能力越强，当 $R_O=0$ 时，稳压电源便为恒压源。

(3) 纹波电压及纹波抑制比 S_R　稳压电源输出电压中的交流分量称为纹波电压，通常用有效值或峰值表示（在电容滤波电路中它在额定输出电流情况下测出）。在输入、输出条件不变时，输入纹波电压的峰值与输出纹波电压的峰值之比，用对数表示，称为纹波抑制比，即

$$S_R = 20\ \lg\frac{U_{ipp}}{U_{opp}} \tag{6.2.3}$$

S_R 越小，表明稳压电源抑制交流分量的能力越强。

6.2.2 串联型晶体管稳压电路

采用晶体管作为调整元件并与负载串联的稳压电路称为串联型晶体管稳压电路，当调整管工作在线性放大状态则称为线性稳压器。

串联型晶体管稳压电路如图 6.2.1 所示。图中 VT 为调整管，作为电压调节元件，其压降 U_{CE} 随基极电流 I_B 的增大（或减小）而减小（或增大）；R_3 和稳压二极管 VZ 组成基准电压源，为集成运算放大器 A 的同相输入端提供基准电压 U_Z；R_1、R_2 和 R_P 组成取样电路，取出输出电压 U_O 的一部分 U_F 反馈到集成运算放大器的反相输入端；集成运算放大器 A 构成比较放大电路，用来对取样电压 U_F 与基准电压 U_Z 的差值进行放大。

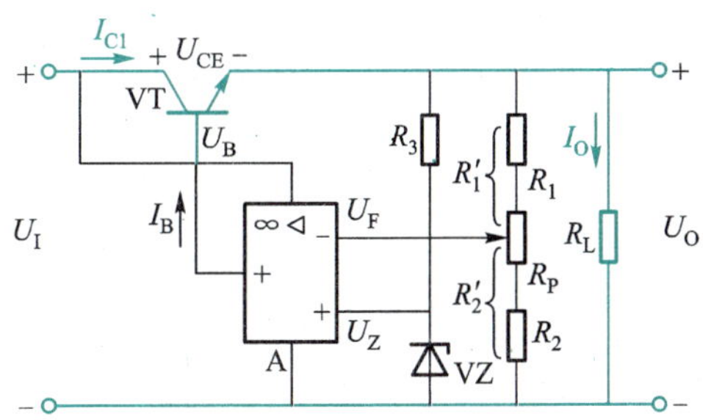

图 6.2.1　串联型晶体管稳压电路

当输入电压 U_I 或负载 R_L 变化时，输出电压 U_O 将会跟随变化，如 U_O 增大，则电路将产生如下的调整过程，从而维持输出电压的稳定：

$$U_O\uparrow \rightarrow U_F\uparrow \rightarrow U_B\downarrow \rightarrow I_B\downarrow \rightarrow U_{CE}\uparrow$$

$$U_O\downarrow \leftarrow\!\!-\!\!-\!\!-\!\!-\!\!-\!\!-\!\!-\!\!-\!\!-\!\!-\!\!-\!\!-\!\!-\!\quad\quad\quad\quad\quad\quad\quad\quad\quad\quad\quad\quad\quad\quad\quad\quad\quad\quad\quad\quad\quad\quad\quad\quad\quad\quad\quad\quad\quad\quad$$

同理，反之亦然。

根据运算放大器“虚短”概念可知

$$U_F = \frac{R_2'}{R_1+R_2+R_P}U_O \approx U_Z$$

则得

$$U_O = \frac{R_1+R_2+R_P}{R_2'}U_Z \tag{6.2.4}$$

可见，调节电位器 R_P 即可调节输出电压的大小。

6.2.3 三端集成稳压器

目前广泛使用的集成稳压器具有体积小、重量轻、使用调整方便和工作可靠等一系列优点。随着电子技术的发展，集成稳压器的产品种类已很多，按照输出电压是否可调，可分为固定式和可调式；按照输出电压的极性，可分为正电压和负电压输出；按照稳压器的引出端子，可分为三端和多端稳压器等，下面主要介绍几种三端集成稳压器。

一、三端固定输出集成稳压器

1. 型号及引脚排列

三端固定输出集成稳压器有塑料封装和金属封装，其外形和引脚排列如图 6.2.2 所示。由图可见，它只有输入、输出和公共地端三个引脚，其产品系列有 CW7800（输出正电压）和 CW7900（输出负电压），它们的引脚排列有所不同，如图 6.2.2（a）、（b）所示。三端集成稳压器输出电压的大小由具体型号中的后两个数字表示，有 5 V、6 V、9 V、12 V、15 V、18 V、24 V等。其额定输出电流以 78（或 79）后面所加的字母来确定。其中 L 为 0.1 A，M 为 0.5 A，无字母为 1.5 A。例如 CW7812 表示输出电压为+12 V，额定输出电流 1.5 A；CW79M09 表示输出电压为-9 V，额定输出电流 0.5 A 等。

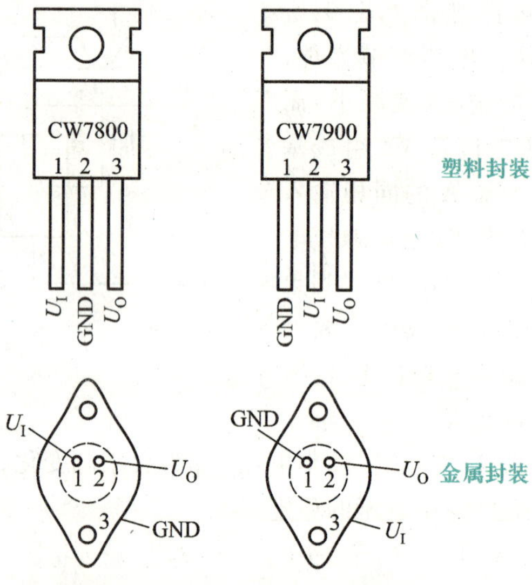

(a) CW7800系列 (b) CW7900系列

图 6.2.2 三端固定输出集成稳压器外形及引脚排列

2. 应用电路

（1）基本应用电路

在实际使用中，一般可根据所需输出电压和电流的要求，选择合适的三端集成稳压器。图 6.2.3 所示为 CW7800 系列三端稳压器组成的基本应用电路，其输出电压为+12 V，最大输出电流为 1.5 A。为使三端稳压器正常工作，要求输入电压 U_I 比输出电压 U_O 至少大 2.5 ~3 V。输入端电容 C_1 用以抵消输入端较长接线的电感效应，以防止自激振荡，还可以抑制电源的高频脉冲干扰，一般取 0.1 ~1 μF。输出端电容 C_2、C_3 用以改善负载的瞬态响应，消除电路的高频噪声，同时也具有消振作用。VD 是保护二极管，用以防止输入端短路时输出电容 C_3 所存储电荷通过稳压器放电而损坏器件。CW7900 系列的接线与 CW7800 系列类似。

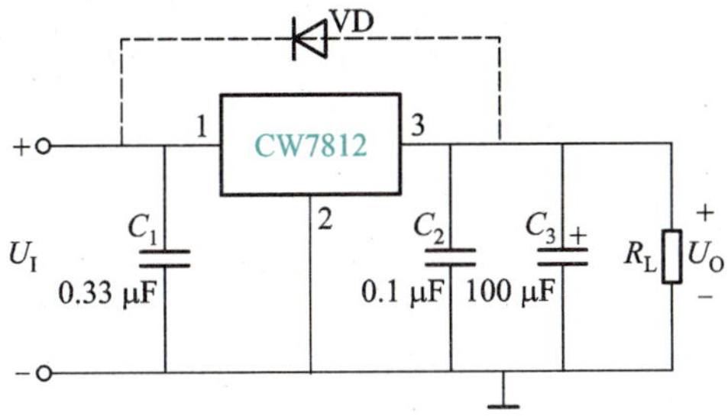

图 6.2.3 CW7800 基本应用电路

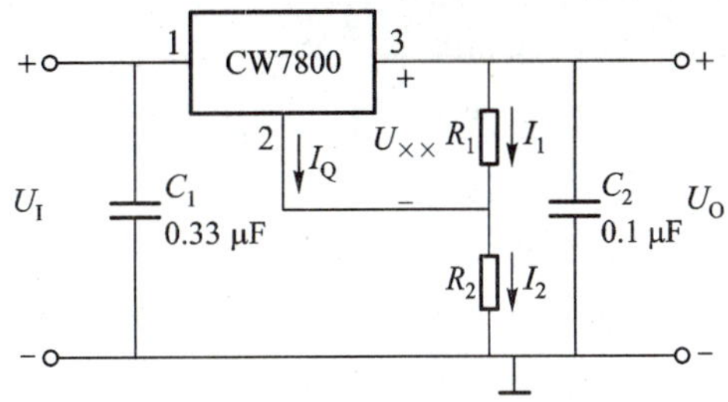

图 6.2.4 提高输出电压的电路

(2) 提高输出电压的电路

图 6.2.4 所示为提高输出电压的稳压电路，图中 I_Q 为三端稳压器的静态工作电流，其值一般为 5 mA，最大可达 8 mA。R_1 两端电压 $U_{××}$ 是三端稳压器的标称输出电压。由图可知，整个稳压电路的输出电压为

$$\begin{aligned} U_O &= U_{××}+(I_1+I_Q)R_2 \\ &= U_{××}+\left(\frac{U_{××}}{R_1}+I_Q\right)R_2 \\ &= \left(1+\frac{R_2}{R_1}\right)U_{××}+I_QR_2 \end{aligned} \tag{6.2.5}$$

若忽略 I_Q，则

$$U_O=\left(1+\frac{R_2}{R_1}\right)U_{××} \tag{6.2.6}$$

由此可见，提高 R_2 与 R_1 的比值，可提高输出电压 U_O。这种接法的缺点是当输入电压变化时，I_Q 也变化，将降低稳压器的精度。

(3) 输出正、负电压的电路

图 6.2.5 所示为同时输出正、负两个电压的稳压电路电源变压器二次绕组带有中心抽头并接地，采用 CW7815 和 CW7915 三端稳压器各一块，在输出端同时获得+15 V 和-15 V 两个极性相反的电压。

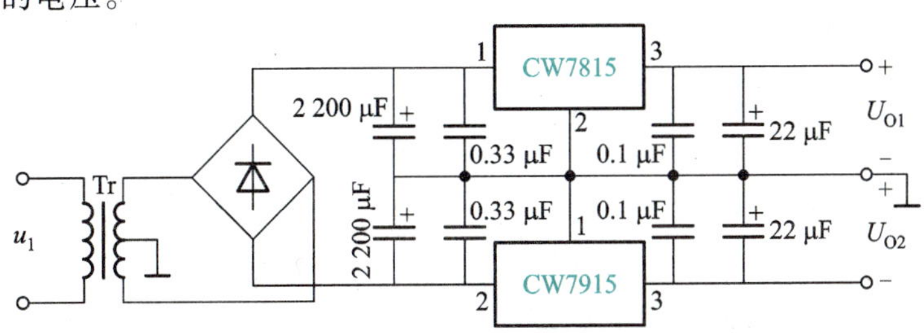

图 6.2.5 正、负同时输出的稳压电源

想一想 在图6.2.5中，为什么变压器Tr的二次绕组要有中心抽头并接地？如果没有接地，电路能正常工作吗？为什么？

二、三端可调输出集成稳压器

1. 型号及引脚排列

三端可调输出集成稳压器是在三端固定输出集成稳压器的基础上发展起来的，它只需配置少量的外部元件，便可根据需要获得输出电压连续可调的稳压电路，应用非常灵活方便。按输出电压的极性可分为正电压输出（典型产品有CW117、CW217、CW317等系列）、负电压输出（典型产品有CW137、CW237、CW337等系列）；按输出电流的大小，每个系列又分为L型系列（$I_O \leqslant 0.1$ A）、M型系列（$I_O \leqslant 0.5$ A），如果不标L或M，则$I_O \leqslant 1.5$ A。CW117和CW137系列塑料直插式封装的外形和引脚排列如图6.2.6所示。由图可知，三端可调输出集成稳压器除了输入端和输出端外，另一个引脚为电压调整端，用ADJ表示。

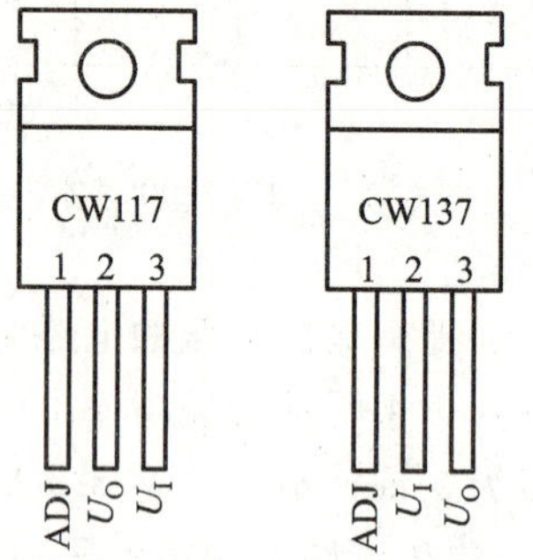

(a) CW117系列 (b) CW137系列

图6.2.6 CW117和CW137系列塑料直插式封装的外形和引脚排列

2. 应用电路

图6.2.7所示为三端可调输出集成稳压器的基本应用电路。图中，VD_1用于防止输入端短路时C_4上存储电荷产生很大的瞬时电流流入稳压器而损坏稳压器，C_2用于减小输出纹波电压，VD_2用以防止输出端短路时C_2通过调整端放电而损坏稳压器，R_1、R_P构成取样电路，调节R_P可改变取样比，即可调节输出电压U_O的大小。该电路的输出电压为

$$U_O = \left(\frac{U_{REF}}{R_1}\right)(R_1 + R_2) + I_{REF}R_2 \qquad (6.2.7)$$

式中，U_{REF}为输出端与调整端之间的基准电压，$U_{REF} = 1.25$ V；I_{REF}为基准电路的工作电流，

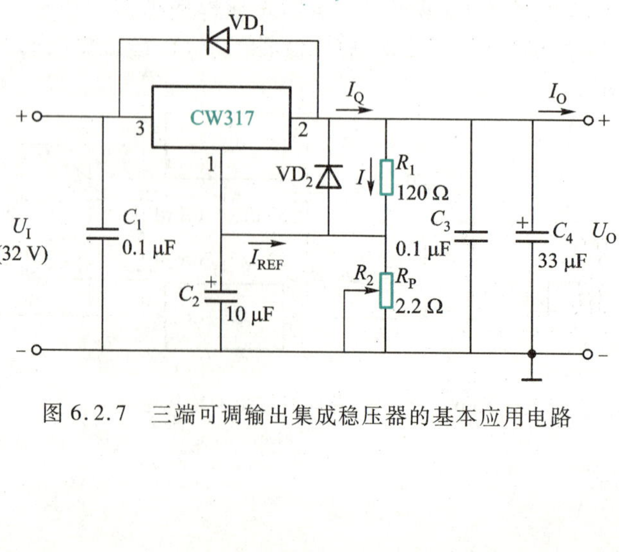

图6.2.7 三端可调输出集成稳压器的基本应用电路

$I_{REF}\approx50$ mA，当忽略 I_{REF} 时，输出电压为

$$U_O\approx1.25\times\left(1+\frac{R_2}{R_1}\right) \tag{6.2.8}$$

可见，调节电位器 R_P（即改变 R_2 的大小）便可改变取样比 R_2/R_1，从而实现输出电压大小的调节。

6.2.4 线性集成直流稳压电源的应用

一、输出可调集成线性直流稳压电源实例

图 6.2.8 所示为输出电压可调（1.5 V～30 V）直流稳压电源实用电路，它由电源变压器、桥式整流、电容滤波和稳压电路以及电源指示电路等组成，其输出电压在 1.5～30 V 之间可调，额定输出电流为 1.5 A；稳压系数 $S_r\leqslant10^{-3}$，内阻 $R_O\leqslant0.5\Omega$，纹波电压≤5mA。

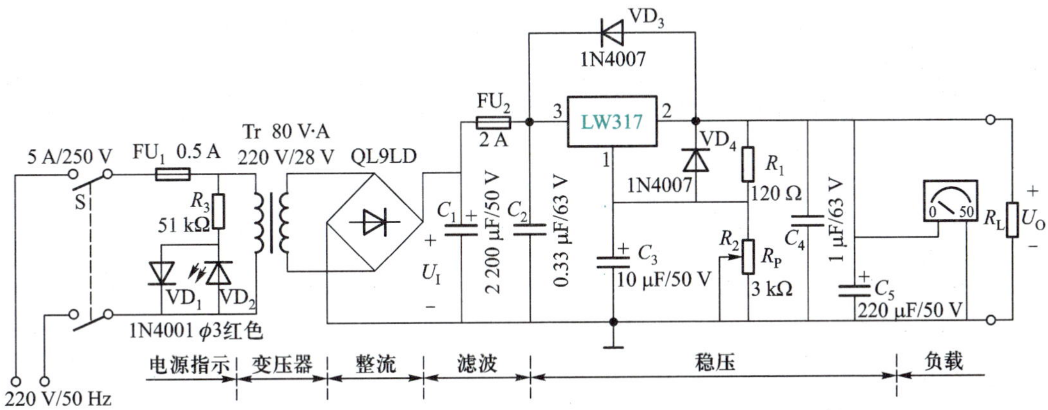

图 6.2.8 输出电压可调（1.5～30 V）直流稳压电源

220 V、50 Hz 交流电压通过电源开关 S、熔断器 FU_1 接入电源变压器 Tr 的一次侧，R_3、VD_1、VD_2 构成交流电源指示电路，接通交流电源后发光二极管 VD_2 发出红光；桥式整流电路由整流桥堆 QL9LD 构成，其最大电流为 5 A，最大反向电压为 200 V；整流输出电压经滤波电容 C_1、熔断器 FU_2 加到线性集成稳压电路，它由集成稳压器 LM317 构成，R_P 电位器用以调节输出电压的大小，由于集成稳压器所承受的功耗较大，故稳压器需加接足够大的散热器。输出端所接直流电压表用以指示稳压电源直流输出电压的大小。

二、直流稳压电源的使用知识

1．直流稳压电源使用注意问题

为了延长电源使用寿命，减少故障，直流稳压电源使用时应注意以下几点：

（1）交流输入电压应符合要求。

（2）输出电压调节应缓慢进行，先调整好所需电压，再接入负载。

（3）输出负载电流不得超过额定值，输出端避免短路。

（4）更换交流熔断器应在切断交流电源的情况下进行，熔断器容量必须按规定更换，不能任意扩大其容量。

（5）不用电源时应及时关断电源开关。

2．直流稳压电源故障的处理

直流稳压电源使用中有可能产生故障，产生故障的原因很多，但大概可以归纳为两个方面：一是电路中元器件老化或损坏；二是电路中连接不良，如虚焊、脱焊、断线或短路以及连线接触不良等。

故障处理的基本方法是：先断电检查后通电检测；先分析故障后动手修理；先观察后用仪器测量。具体故障处理一般可按下列步骤进行：

（1）先断开交流电流，进行直观检查。如检查熔断器是否熔断、观察元器件有无烧焦和炸裂、引脚有无折断、连线断脱和松动、印制电路板导线有无裂痕和短路，检查过程中可借用万表来判断电路的通断。也可适当触动有关元器件、连线，观察其焊点有无松动、连线是否折断等。

（2）确认电路没有短路故障后，接入熔断器，合上交流电源，先行观察电路有无异常现象，若出现元器件有发烫、冒烟、焦味等异常现象应立即关断交流电源，以免故障扩大，然后重新认真查找故障并分析、修理。若无异常现象，可调节 R_P，输出电压跟随变化并满足调节范围，即说明电源故障消除。

（3）对于复杂的故障，可以从前级开始，逐级进行检查并认真分析，切勿乱折，乱换。

（4）在进行故障处理时，要注意安全用电，严禁用手触摸变压器一次测的元器件，焊接时不要带电操作，测量集成电路引脚电压时，注意防止极间短路等。

知识拓展　直流稳压电源的调整与测试

1. 通电前的检查

在通电以前，必须对直流稳压电源电路进行认真检查，以免危及人身和设备的安全，检查内容有：

（1）电源变压器一次与二次绕组不能接错，并要用兆欧表测量变压器的绝缘电阻，以防漏电。

（2）整流二极管或整流桥的极性不能接反，滤波电容器的“+”端应接直流电压的正极，不能接反。

（3）集成稳压器的品种型号很多，在通电前一定要核对器件的型号是否符合要求，三端稳压器的输入、输出、公共端（或调整端）不能接错，安装焊接要牢固可靠，避免因大的接触电阻而造成压降或过热。

（4）对于有散热要求的稳压器件，必须加装符合尺寸要求的散热装置，严禁越负荷使用。

（5）用万用表测量输出负载端不应有短路现象。

2. 通电后的测试

在通电前进行上述检查并确认无误后即可对电路进行下列测试：

（1）空载检查测试　在输出端不接负载，用万用表交流电阻挡检测变压器一次与二次电压是否正常，然后用万用表直流电压挡测量整流滤波后电压及稳压电路输出电压等应符合设计要求。

（2）加载检查　在电路输出端接上额定负载电阻，调节输出电压达额定值，测量 U_2、

U_I、U_O 等应符合设计要求。

(3) 质量指标测量　主要测量电压调整率 S_r、输出电阻 R_O 及纹波电压等。

复习题

1. 交流电经整流滤波后已经变成了比较平滑的直流电，为什么还要在整流滤波电路后加接稳压电路？它的作用是什么？

2. 直流稳压电源的主要技术指标有哪些？它们的含义是什么？

3. 三端集成稳压器 CW7800 和 CW7900 有什么不同？它们三个引脚端各有什么功能？

4. 一个型号为 CW78L12 的三端集成稳压器，它的输出直流电压和电流各为多大？

5. 试说明三端可调输出集成稳压器 CW317 和 CW337 三个引脚的功能。它们之间的性能有什么区别？

6.3　开关稳压电源

6.3.1　开关稳压电源的特点及类型

一、开关稳压电源的特点

前面讨论的线性集成稳压器有很多优点，应用也很广泛，但由于调整管工作于线性放大区，其管压降较大，而且负载电流全都要通过它，因此其管耗较大，电源的效率低，为40% ~ 60%。而本节要讨论的开关稳压电源，其调整管工作在饱和导通和截止相交替的开关状态，调整管的管耗很小，故电源效率明显提高，可达 80% ~ 90%，而且这一效率几乎不受输入电压大小的影响，即开关稳压电路有很宽的稳压范围，因此，多数开关稳压电源可不采用电源变压器，所以电源体积小、重量轻。开关稳压电源的主要缺点是输出电压中含有较大的纹波。但由于开关稳压电路优点显著，发展非常迅速，使用越来越广泛。

二、开关稳压电源的分类

开关稳压电源的种类较多，如按调整管与负载连接方式可分为串联型和并联型；如按控制方式可分为脉冲宽度调制型(PWM)、脉冲频率调制型(PFM)和混合调制型。本节以应用较多的串联脉宽调制型开关稳压电源为例，讨论开关稳压电源的组成和工作原理。

6.3.2　开关稳压电源的基本工作原理

图 6.3.1 所示为串联型开关稳压电源的组成框图。图中，VT 为调整管，它与负载 R_L 串联；VD 为续流二极管，L、C 构成滤波电路；R_1、R_2 组成取样电路，控制电路用来产生开关调整管的控制脉冲，其周期 T 保持不变，但脉冲宽度 t_{on} 受来自取样电路误差信号的调制。

控制脉冲 u_B 为高电平期间，调整管 VT 饱和导通，若忽略饱和压降，则 $u_E = U_I$，二极管 VD 承受反向电压而截止，u_E 经电感 L 向负载供电，同时对电容 C 充电。由于电感 L 的自感电动势的作用，i_L 随时间线性增长，L 存储能量；控制脉冲 u_B 为低电平期间，调整管 VT 截止，$u_E \approx 0$。由于通过电感 L 中电流不能突变，在其两端产生相反的感应电动势，使 VD 导通，于是电感 L 中储存的能量经 VD 向负载供电，i_L 经 R_L 和 VD 继续流通，所以将 VD 称为

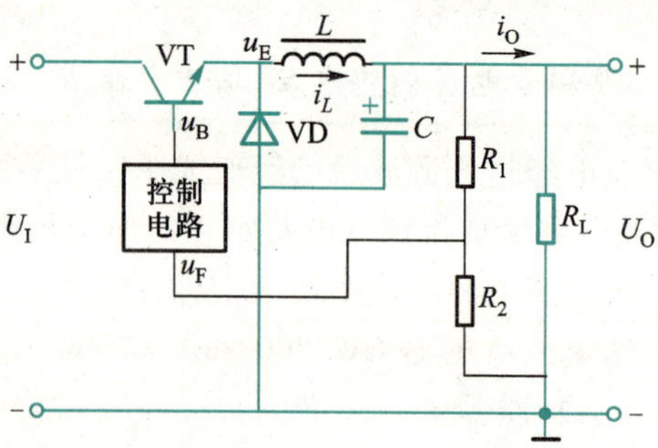

图 6.3.1 串联型开关稳压电路组成框图

续流二极管。这时 i_L 随时间线性下降，而后 C 向负载供电，以维持负载所需电流。由此可见，虽然调整管工作在开关状态，但由于续流二极管的作用以及 L、C 的滤波作用，稳压电路可输出平滑的直流电压。

根据上述讨论可画出开关稳压电路的工作波形如图 6.3.2 所示。其中 t_{on} 表示开关调整管 VT 的导通时间，t_{off} 表示调整管的截止时间，$t_{on}+t_{off}$ 为控制信号的周期 T，即为调整管导通，截止的转换周期。显然，当忽略电感 L 的直流压降、调整管的饱和压降和二极管的导通压降时，开关稳压电源输出电压的平均值为

$$U_O \approx \frac{t_{on}}{t_{on}+t_{off}}U_I = \frac{t_{on}}{T}U_I = DU_I \tag{6.3.1}$$

式中，$D=t_{on}/T$ 称为脉冲波形的占空比。式(6.3.1)表明，当输入电压 U_I 一定时，输出电压 U_O 正比于脉冲占空比 D，调节 D 就可改变输出电压的大小，因此将图 6.3.1 所示电路称为脉宽调制(PWM)式开关稳压电路。

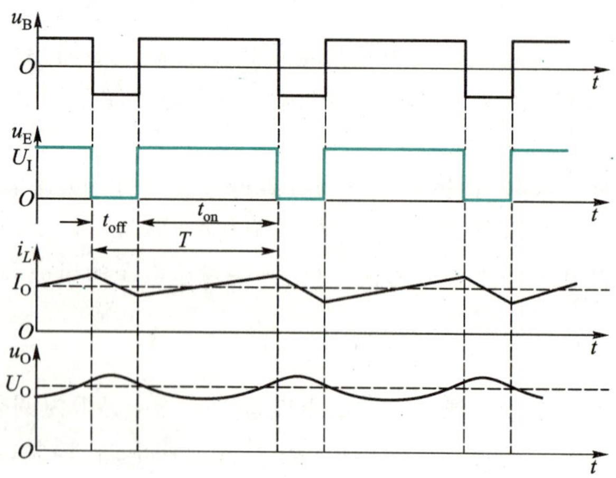

图 6.3.2 开关稳压电源的电压、电流波形

在闭环情况下，电路能根据输出电压的变化自动调节调整管的导通和关断时间，以维持输出电压的稳定。例如由于某种原因使输出电压 U_O 减小时，电路将自动产生如下的调整过程：

$$U_O\downarrow\rightarrow u_F\downarrow\rightarrow t_{on}\uparrow\rightarrow D\uparrow\rightarrow U_O\uparrow$$

反之,当 U_O 上升时,t_{on}减小,占空比 D 减小,使 U_O 下降,从而实现了稳压的目的。必须指出,当 $u_F=U_{REF}$时,脉冲占空比 $D=50\%$,此时稳压电路的输出电压 U_O 等于预定的标称值。所以,稳压电源取样电路的分压比可根据 $u_F=U_{REF}$求得。

6.3.3 集成开关稳压器及其应用

目前生产的集成开关稳压器种类很多,下面介绍两种集成度高、使用方便的集成开关稳压器及其应用。

一、CW4960/4962 集成开关稳压器及应用

CW4960/4962 内部电路完全相同,主要由基准电压源、误差放大器、脉冲宽度调制器、功率开关管以及软启动电路、输出过流限制电路、芯片过热保护电路等组成。由于它已将功率开关管集成在芯片内部,所以在构成稳压电路时只需少量的外围元件。最大输入电压 50 V,输出电压范围为 5.1 ~ 40 V 连续可调,变换效率为 90%。脉冲占空比可在 0 ~ 100% 内调整。工作最高频率达 100 kHz。

CW4960 采用单列 7 脚封装形式,如图 6.3.3(a)所示。其额定输出电流为 2.5 A,过流保护电流为 3 ~ 4.5 A,用很小的散热片;CW4962 采用双列直插式 16 脚封装,如图 6.3.3(b)所示。其额输出电流为 1.5 A,过流保护电流为 2.5 ~ 3.5 A,不用散热片。

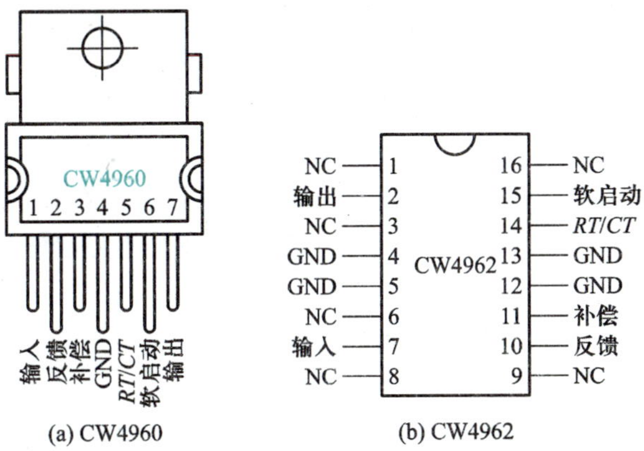

图 6.3.3 CW4960/4962 引脚图

CW4960/4962 的典型应用电路如图 6.3.4 所示(有括号的为 CW4960 的引脚标号)。它为串联型开关稳压电路,电容 C_1 用于减小输出纹波电压,R_1、R_2 为取样电阻,其输出电压为

$$U_O=5.1\times\left(1+\frac{R_1}{R_2}\right) \tag{6.3.2}$$

R_1、R_2 的取值范围为 500 Ω ~ 10 kΩ。

R_T、C_T 用以决定开关电源的工作频率 $f=1/(R_TC_T)$。一般 $R_T=1$ ~ 27 kΩ,$C_T=1$ ~ 3.3 nF,

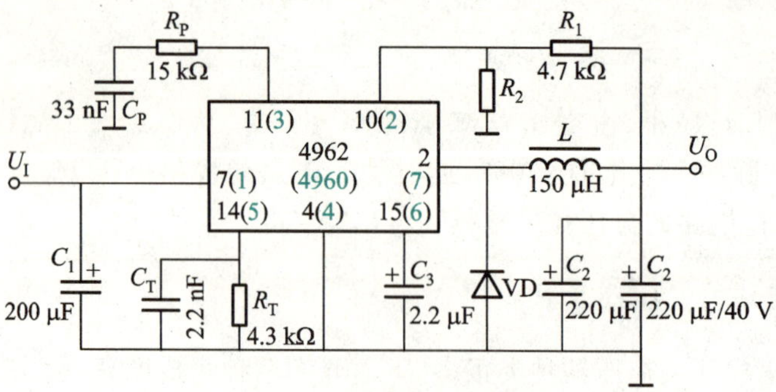

图 6.3.4 CW4960/4962 典型应用电路

图 6.3.4 电路的工作频率为 100 kHz。R_P、C_P 为频率补偿电路，用以防止产生寄生振荡，VD 为续流二极管，采用 4 A/50 V 的肖特基快恢复二极管，C_3 为软启动电容，一般 $C_3=1\sim4.7\ \mu F$。

二、CW2575/2576 集成开关稳压器及应用

CW2575/2576 是串联型开关稳压器，输出电压分为固定 3.3 V、5 V、12 V、15 V 和可调五种，由型号后缀两位数字标称，CW2575 的额定输出电流为 1 A，CW2576 的额定输出电流达 3 A。两种系列芯片内部结构相同，除含有开关调整管的控制电路外，还含有调整管、启动电路、输入欠压锁定控制和保护电路等，固定输出稳压器还含有取样电路。

CW2575/2576 集成稳压器的特点是：外部元件少，使用方便；振荡器频率固定在 52 kHz，因而滤波电容不大，滤波电路值积小；占空比可达 98%，从而使电压和电流调整率更理想；转换效率可达 75% ~88%，且一般不需装散热器。

CW2575/2576 单列垂插式塑料封装的外形及引脚排列如图 6.3.5 所示，两种系列芯片的引脚含义相同。其中 5 脚在稳压器正常工作时应接地，它可由 TTL 高电平关闭而处于低功耗备用状态。4 脚一般与应用电路的输出相连，在可调输出时与取样电路相连，此引脚提供的基准电压 U_{REF} 为 1.23 V。芯片工作时要求输出电压值不得超越输入电压。

两种系列芯片的应用电路相同，图 6.3.6(a) 所示为 CW2575 固定输出典型应用电路，输出电压由芯片型号可知 $U_O=5$ V。图 6.3.6(b) 所示为 CW2575 可调输出典型应用电路，其输出电压决定于取样电压及基准电压，即

$$U_O=\left(1+\frac{R_1}{R_2}\right)U_{REF} \tag{6.3.3}$$

式中，$U_{REF}=1.23$ V。所以图 6.3.6(b) 的输出电压 $U_O=(1+7.15)\times1.23\ V=10\ V$。

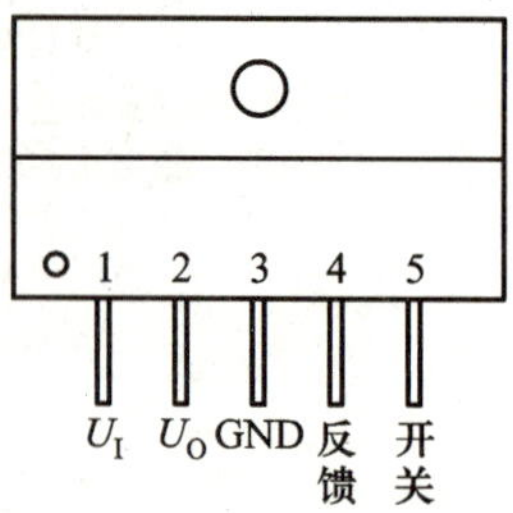

图 6.3.5 CW2575/2576 单列垂插式塑料封装的外形及引脚排列

因芯片的工作频率较高，上述两电路中的续流二极管最好选用肖特基二极管。为了保证直流电源工作的稳定性，电路的输入端必须加一个大于 100 μF 的旁路电解电容 C_1。

三、集成开关稳压器使用注意问题

由集成开关稳压器构成开关稳压电源时，为了尽可能提高效率，使用中应注意以下一些问题。

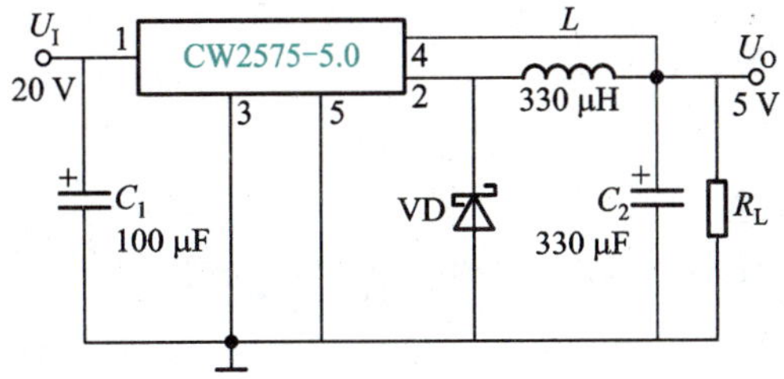

(a) 固定输出

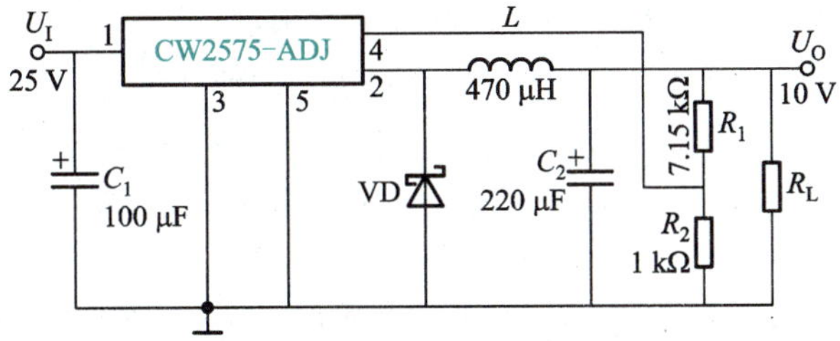

(b) 可调输出

图 6.3.6　CW2575 典型应用电路

1. 工作频率的确定

开关频率的选择对开关稳压电源的性能影响很大，频率升高，所需滤波电路 LC 数值减小，可减小体积和重量，降低成本。但开关频率太高，使开关调整管单位时间内转换次数增加，功耗增大，电源的效率降低，通常开关频率大于 20 kHz。

2. 电路元器件的选择

开关调整管要选用饱和压降 $U_{CE(sat)}$ 及穿透电流 I_{CEO} 很小的功率管，要求开关的延时、上升、存储及下降时间尽可能小，一般可取 $f_T \geqslant 10\beta f$ 的高频功率管（f 为工作频率）。

续流二极管应选用正向压降小、反向电流小及存储时间短的开关二极管，一般选用肖特基二极管。

滤波电感应选用高频特性好、抗磁饱和的磁环来绕制，应有足够的电感量且直流损耗小，不发生磁饱和。

滤波电容应选用高频电感效应小的高频电解电容，或用多个高频特性好的小电容并联使用。

3. 结构上的考虑

主回路的连接线应尽可能短、尽可能粗一些，以减小电阻损耗及分布参数的影响。接地要良好，设计印制电路板时，共地面积尽可能大，控制电路应被共地面积所包围，信号地线与功率地线应分开，并在输出一点接地。电感线圈应用铜箔屏蔽。

复习题

1. 开关稳压电源有哪些主要优点？为什么它的效率比线性稳压电源高？

2. 开关稳压电源主要有哪几部分组成？各组成部分的作用是什么？

3. 开关稳压电源中，脉冲占空比 D 的含义是什么？为什么调节 D 的大小可改变输出电压的大小？

本章小结

1. 直流稳压电源是电子设备中的重要组成部分，它的作用是将交流电变为稳定的直流电，以便为电子电路正常工作提供能源保证。一般小功率直流稳压电源由电源变压器、整流电路、滤波电路和稳压电路等部分组成。

2. 直流稳压电源的种类很多，但无论何种类型的稳压电源，都要求它在输入电压变化或负载变化时，其输出电压应保持稳定。衡量直流稳压电源的性能有特性指标和质量指标。特性指标有：输出电压及输出电压调节范围、额定输出电流；主要质量指标有：稳压系数 S_r、输出电阻 R_0 和输出纹波电压等，要求 S_r、R_0 和纹波电压越小越好。

3. 整流滤波电路用以将交流电变成平滑的直流电，直流稳压电源中常采用桥式整流电容滤波电路，当 $RC \geqslant (3\sim5)T/2$ 时，输出电压 $U_1 \approx 1.2U_2$（U_2 为变压器二次电压的有效值）。

4. 在小功率直流供电系统中多采用线性集成稳压器。线性集成稳压器中调整管与负载相串联，且工作在线性放大状态，它由调整管、基准电压、取样电路、比较放大电路以及保护电路等组成。三端集成稳压器仅有三个外部引出端子，使用方便、稳压性能好且价格低廉。三端集成稳压器有输出电压固定式和可调式，有输出正电压和输出负电压等 。由于调整管工作在线性区，管耗大，故电源效率低。

5. 开关稳压电源中的调整管工作在饱和导通和截止交替的开关状态，因而管耗小，电源的效率高，而且由于其体积小、重量轻、稳压范围宽等优点，在较大功率稳压电路中被广泛采用。

自我评价题

6.1 填空题

1. 小功率直流稳压电源一般由________、________、________、和________组成。

2. 在桥式整流电容滤波电路中，为了获得良好的滤波效果，一般取滤波电容的放电时间常数为 $R_LC \geqslant$ ________，此时输出电压平均值约为 $U_{O(AV)} \approx$ ________。

3. 稳压电源的主要质量指标有________、________和纹波电压等。

4. 在线性晶体管稳压电路中，调整工作于________状态，在开关稳压电源中，调整管工作于________状态。

5. 三端集成稳压器中 CW7800 的三个引脚功能分别为________、________和________，其输出为________电压。而 CW7900 系列输出________电压。

6.2 判断题（正确的在括号内打“✓”，错误的在括号内打“×”）

1. 直流稳压电源不但把交流电变为直流电，而且还把交流电的能量放大了。（　　）

2. 在单相桥式整流电路中，若用交流电压表测得变压器二次电压为 40 V，则在负载 R_L 两端用直流电压表测量输出电压时略小于 36 V，说明电路是正常的。（　　）

3. 在整流电路后采用电容滤波，可使纹波显著减小，输出电压的平均值增大。（　　）

4. 三端固定输出集成稳压器 CW7800 系列和 CW7900 系列的外形相同，1 脚、2 脚、3 脚的功能也一样。(　　)

5. 在脉宽调制式开关稳压电源中，输出电压的大小与输入电压大小有关，而与调整管的导通和关断时间无关。(　　)

6.3 选择题(选择正确的答案填在括号内)

1. 在单相桥式整流电容滤波电路中，输入交流电压有效值 $U_2=10$ V，用万用表测得输出电压为 9 V，则说明电路中(　　)。

A. 滤波电容 C 开路　　B. 滤波电容 C 短路

C. 负载 R_L 开路　　D. 负载 R_L 短路

2. 在图 6.1.2(a)所示的桥式整流电路中，如果整流二极管 $VD_1 \sim VD_4$ 的正、负极性都接反了，则会使(　　)。

A. 变压器二次绕组短路而烧坏　　B. $VD_1 \sim VD_4$ 烧坏

C. 输出电压极性变反　　D. 输出电压变为零

3. 为了获得输出电压为负值并可调，则三端集成稳压器应选用(　　)。

A. CW7900 系列　　B. CW7800 系列

C. CW117 系列　　D. CW137 系列

4. 开关稳压电源的效率比线性稳压电源高，其主要原因是(　　)。

A. 采用 LC 滤波电路　　B. 电路中有续流二极管

C. 调整管工作在线性放大状态　　D. 调整管工作在开关状态

练习题

[题 6.1]桥式整流电容滤波电路如图 P6.1 所示。试：(1) 指出图中的错误；(2)求电路改正错误后输出平均电压 $U_{O(AV)}$。

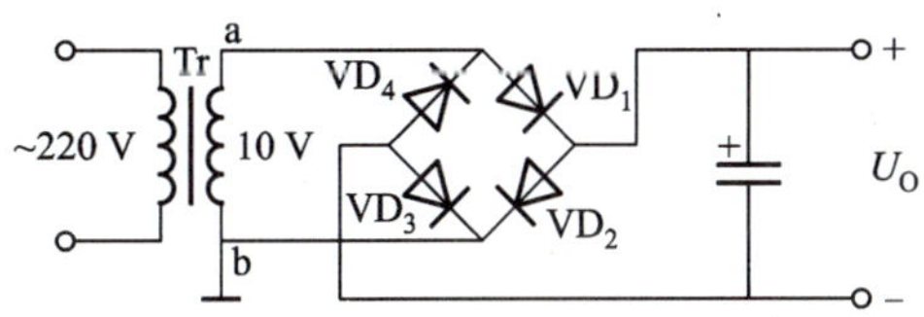

图 P6.1

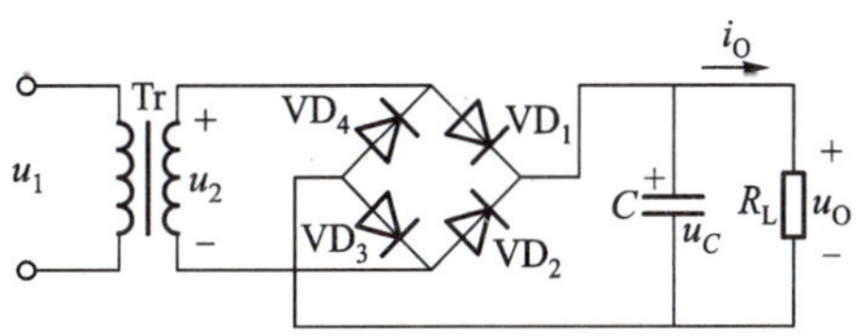

图 P6.2

[题 6.2]桥式整流电容滤波电路如图 P6.2 所示，已知交流电源的频率 $f=50$ Hz，$U_2=25$ V，$R_L=100\ \Omega$。(1) 试求输出平均电压 $U_{O(AV)}$、流过二极管的平均电流 $I_{D(AV)}$、二极管承受的最高反向电压 U_{RM}；(2) 试确定滤波电容 C 的大小。

[题 6.3]稳压电路如图 P6.3 所示，已知 $I_Q=5$ mA，试求输出电压 U_O。

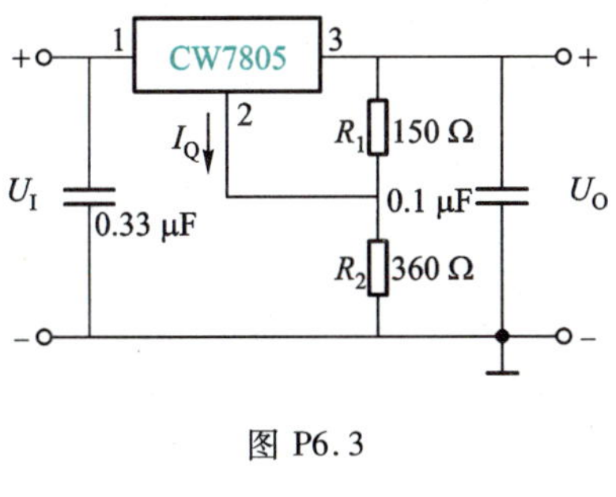

图 P6.3

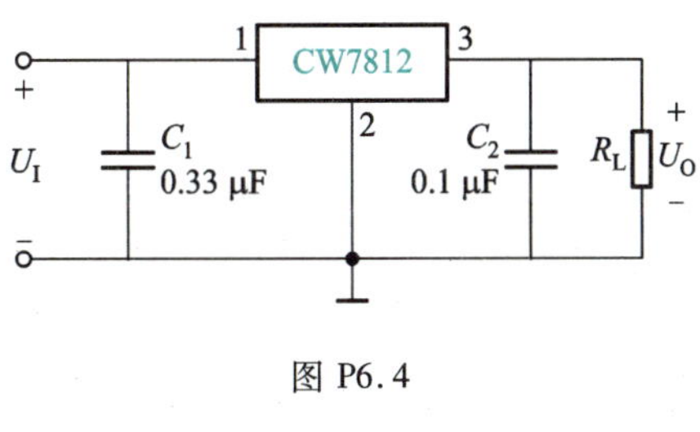

图 P6.4

[题6.4]图P6.4所示为用三端集成稳压器组成的直流稳压电源。(1)试说明电路中电容 C_1、C_2 的作用;(2)电路正常工作时输出电压 U_O 为多大?

[题6.5]试求图P6.5所示稳压电路中,输出电压 U_O=? 负载电阻 R_L 最小为多大?

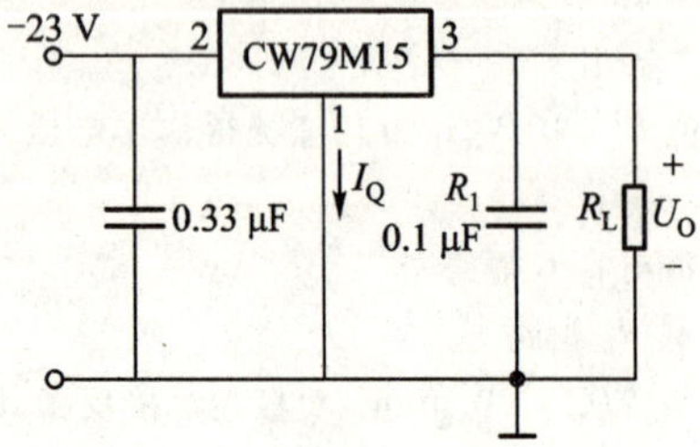

图 P6.5

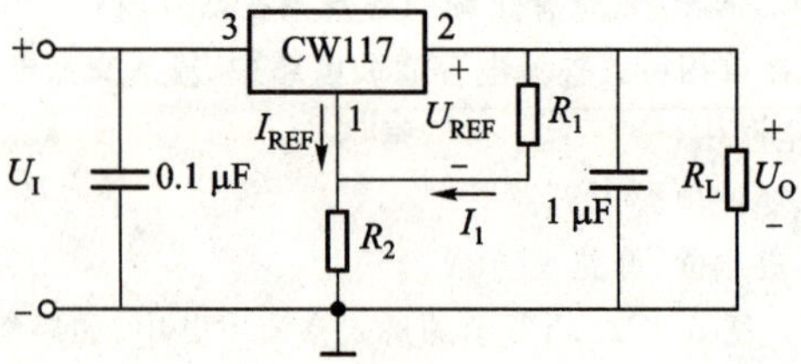

图 P6.6

[题6.6]已知三端可调输出集成稳压器CW117的基准电压 U_{REF} = 1.25 V,用它组成的直流稳压电源如图P6.6所示。为使输出电压 U_O = 5 V,若电路中 I_1 = 5 mA,求电阻 R_1、R_2 的大小。

[题6.7]在图P6.7中,已知CW317的基准电压 U_{REF} = 1.25 V,试求稳压电路输出电压 U_O 的调节范围。

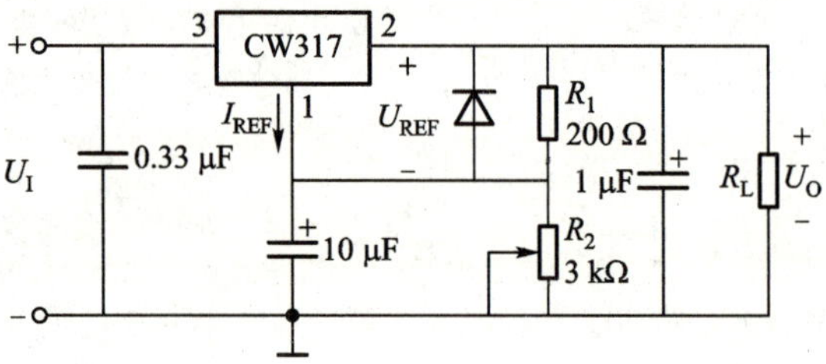

图 P6.7

附录　本书常用符号说明

一、常用下标符号意义

i、I，o、O	分别表示输入和输出量
s、S	表示信号源量
f、F	反馈
L	负载

二、常用符号意义

1. 放大倍数与增益

A	放大倍数、增益通用符号
$A_u(\dot{A}_u)$	电压放大倍数、增益（电压放大倍数复数表示）
A_{ud}	差模电压放大倍数、增益
A_{us}	源电压放大倍数、增益
A_f	闭环增益通用符号
A_{uf}	负反馈放大电路闭环电压放大倍数、增益

2. 电阻

R	电路的电阻或等效电阻
r	器件内部的等效电阻（交流电阻或动态电阻）
R_P	电位器（可变电阻）
R_i	电路的输入电阻
R_o	电路的输出电阻
R_S	信号源内阻
R_L	负载电阻
R_F	反馈电阻

3. 电容、电感

C	电容通用符号
C_B、C_E	分别为基极、发射极旁路电容
L	电感、自感系数

4. 频率与通频带

F，f	频率通用符号
Ω、ω	角频率通用符号
f_H	电路高频截止频率（上限频率）
f_L	电路低频截止频率（下限频率）

f_T	特征频率
$f_0(\omega_0)$	振荡频率(角频率)、谐振频率(角频率)
BW	3dB 通频带
BW_G	单位增益带宽

5. 功率与效率

P_o	交流输出功率
P_D	直流电源供给功率
P_C	集电极耗散功率
P_{CM}	集电极最大允许功耗
η	效率

6. 其他

$F(F_u)$	反馈系数(电压反馈系数)
VD	半导体二极管
VZ	稳压二极管
VT	半导体三极管
Q	静态工作点
T、t	时间、周期、温度
τ	时间常数
φ	相角

三、$U(I)$不同书写体电压(电流)符号的规定

1. 大写 $U(I)$大写下标,表示直流电压(电流)值,例如 U_{BE}表示基极与发射极之间的直流电压。

2. 大写 $U(I)$小写下标表示交流电压(电流)的有效值,例如 U_{be}表示基极与发射极之间交流电压的有效值。

3. 小写 $u(i)$小写下标,表示电压(电流)动态量(信号量)或交流电压(电流)瞬时值,例如,u_{be}表示基极与发射极之间交流电压的瞬时值。

4. 大写 $U(I)$小写 m 下标,表示交流电压(电流)的振幅,例如,I_{cm}表示集电极交流电流的最大值。

5. $\dot{U}(\dot{I})$为正弦交流电压(电流)的相量表示。

6. 小写 $u(i)$大写下标,一般表示非正弦电压(电流)的瞬时总量,其中如含有直流和交流分量,则可表示为直流与交流相加,如 u_{BE}表示基极与发射极间含有直流、交流电压总量的瞬时值,则可写成 $u_{BE}=U_{BE}+u_{be}$。

7. 大写 V 大写双字母下标表示直流供电电源电压,例如,V_{CC}表示集电极直流供电电源电压。

部分自我评价题和练习题答案

第 1 章

自我评价题

1.1 1. 本征,P,N 2. P,N 3. 硅,锗 4. 单向导电,单向脉动 5. 反向击穿,反向,正向

1.2 1. × 2. × 3. ✓ 4. ✓ 5. × 6. ✓

1.3 1. B 2. B 3. A 4. C 5. C 6. D

练习题

1.1 $U_{O1}=6.2\ V,U_{O2}=6.9\ V$

1.2 $I_1=7\ mA,I_2=4.9\ mA,I_3=2.1\ mA$

1.3 L_2

1.5 $U_{th}=0.2\ V,U_{(BR)}=-60\ V,I_S=5\ \mu A,T_1>25℃$

1.6 $U_O=1\ V$

1.7 $0.17\ k\Omega\leqslant R\leqslant 0.68\ k\Omega$

第 2 章

自我评价题

2.1 1. NPN,PNP,多数载流子,少数载流子 2. 结型,MOS 管,多数 3. i_B,u_{GS} 4. 增大,增大,下降 5. 输入,输出;转移,输出 6. 夹断电压、开启电压

2.2 1. × 2. × 3. ✓ 4. ✓ 5. × 6. ✓

2.3 1. B 2. C 3. D 4. B 5. C 6. A

练习题

2.1 (a) 放大 (b) 截止 (c) 饱和 (d) 放大

2.2 R_P 增大(滑动端上移)

2.3 $I_{BQ}=24\ \mu A,I_{CQ}=2.4\ mA,U_{CEQ}=4.8\ V$

2.4 $A_u\approx-107$

2.6 $u_I=0\ V$ 时,VT 截止,$u_O=5\ V$;$u_I=3.6\ V$ 时,VT 饱和 $u_O=0.3\ V$

2.7 (a) N 沟道增强型 (b) N 沟道结型 (c) P 沟道耗尽型

2.8 $U_{GSQ}=5\ V,I_{DQ}=2.25\ mA,U_{DSQ}=8.75\ V,u_O=-0.375\sin(\omega t)\ V,A_u=-3.75$

第 3 章

自我评价题

3.1 1. 100,40 2. 小,大 3. 同,1,高,低 4. 耦合,阻容耦合,直接耦合 5. 差模,共模 6. NPN,PNP

3.2 1. × 2. ✓ 3. ✓ 4. × 5. ×

3.3 1. B 2. C 3. D 4. D 5. D 6. A

练习题

3.1 $A_u=-62.5, R_i\approx 800\ \Omega, R_O=2\ k\Omega$

3.2 (1) $I_{BQ}=25\ \mu A, I_{CQ}=1.5\ mA, U_{CEQ}=7.5\ V$;

(2) $A_u=-66, R_i=1.25\ k\Omega, R_o=3\ k\Omega$

3.3 $A_u=-16.9, R_i=10.5\ k\Omega, R_o=6\ k\Omega$

3.4 (1) $I_{BQ}=11\ \mu A, I_{CQ}=0.55\ mA, U_{CEQ}=6.5\ V$;

(2) $A_u\approx 1, R_i=97.4\ k\Omega, R_o=53\ \Omega$

3.5 (1) $I_{CQ1}=0.83\ mA, U_{CQ1}=5.2\ V$;(2) $A_{ud}=-224, R_i=4.4\ k\Omega, R_O=16.4\ k\Omega$

3.6 (1) $I_{CQ2}=1\ mA, U_{CQ2}=3\ V$;(2) $u_{C2}=3.6\ V, u_o=0.6\ V, A_{ud}=60$

3.7 (1) $u_o=0$;(3) $P_{om}=0.6W$

3.8 $P_{om}=10.1\ W, P_o=2W$

3.9 $A_u=1\ 000, A_u(dB)=60\ dB$

第 4 章

自我评价题

4.1 1. 差分,零点漂移 2. 0,虚短;0,虚断 3. 输出信号,反馈 4. ∞,∞,0,∞ 5. 下降,稳定性提高,展宽,减小 6. 串联,电压 7. 双,单

4.2 1. × 2. ✓ 3. × 4. × 5. ✓ 6. × 7. × 8. ✓

4.3 1. A 2. C 3. D 4. A 5. B 6. B 7. B 8. C

练习题

4.2 $A_f\approx 9.1$

4.3 $F=0.025$

4.4 (a) 电压并联负反馈;(b) 电压串联负反馈

4.5 (a) 电压并联负反馈,$A_{uf}=-\frac{R_2}{R_1}$;(b) 电流串联负反馈,$A_{uf}=\frac{R_L}{R_2}$

4.6 $u_{O1}=-0.15\ V, u_{O2}=0.45\ V$

4.7 A_1 反相比例,A_2 减法运算;$u_{o1}=-0.6\ V, u_{o2}=0.9\ V$

4.8 (a) 减法运算,$u_o=-\frac{R_F}{R}(u_{i2}-u_{i1})$;(b) 积分电路,$u_o=-\frac{1}{R_1C_F}\int u_i dt$;(c) 反相求

和，$u_o=-R_F\left(\frac{u_{i1}}{R_1}+\frac{u_{i2}}{R_2}\right)$；(d) 有源低通，$\dot{U}_o=\dot{U}_i/\left(1+j\frac{f}{f_H}\right)$

第 5 章

自我评价题

5.1 1. $|\dot{A}_u\dot{F}_u|=1, \varphi_A+\varphi_F=2n\pi(n=0,1,2,\cdots)$ 2. RC, LC，石英晶体 3. $\frac{1}{3}$，0° 4. LC 谐振回路，变压器反馈，电感三点式，电容三点式 5. 纯电阻，电感 6. 迟滞比较器，积分器

5.2 1. ✓ 2. × 3. × 4. × 5. × 6. ✓

5.3 1. A 2. A 3. D 4. A 5. C

练习题

5.1 运放同相端、反相端接反，R_1、R_2 阻值颠倒；$R=20\ \text{k}\Omega$

5.2 ③、⑤相连，①、⑥相连，②、④相连；电容三点式；$f_0=\dfrac{1}{2\pi\sqrt{L\dfrac{C_1C_2}{C_1+C_2}}}$

5.3 图(a)能振荡，构成电感三点式，$f_0=417\ \text{kHz}$

图(b)能振荡，构成电容三点式，$f_0=1.85\ \text{MHz}$

5.4 晶体相当于电感，构成电容三点式振荡电路

5.5 构成反相输入迟滞比较器，运放工作在非线性状态，u_I 足够大时 $u_o=-U_Z$；u_I 足够小时，$u_O=+U_Z$

5.6 $f_0=3.19\ \text{kHz}$

第 6 章

自我评价题

6.1 1. 变压器，整流电路，滤波电路，稳压电路 2. $R_LC\geqslant(3\sim5)T/2$，$1.2U_2$ 3. 稳压系数 S_r，输出电阻 R_O 4. 放大，开关 5. 输入端，输出端，接地端，正，负

6.2 1. × 2. ✓ 3. ✓ 4. × 5. ×

6.3 1. A 2. C 3. D 4. D

练习题

6.1 (1) 变压器二次 b 点不应接地，二极管 VD_2 极性接反；(2) 14.1 V

6.2 (1) $U_{O(AV)}=30\ \text{V}$，$I_{D(AV)}=0.15\ \text{A}$，$U_{RM}=35.4\ \text{V}$；(2) $300\sim500\ \mu\text{F}$

6.3 18.8 V

6.4 (2) 12 V

6.5 $U_O=-15\ \text{V}$，$R_L\geqslant30\ \Omega$

6.6 $R_1=250\ \Omega$，$R_2=750\ \Omega$

6.7 $U_O=(1.25\sim20)\ \text{V}$

参考文献

[1] 胡宴如. 模拟电子技术[M]. 3版. 北京:高等教育出版社,2008.

[2] 胡宴如. 模拟电子技术(第3版)学习指导[M]. 北京:高等教育出版社,2008.

[3] 周良权,傅恩锡,李世馨. 模拟电子技术基础[M]. 3版. 北京:高等教育出版社,2005.

[4] 黄继昌. 电子元器件应用手册[M]. 北京:人民邮电出版社,2004.

[5] Thomas L,Floyd David M,Buchla 著. 模拟电子技术基础(双语版)[M]. 王燕萍译. 北京:清华大学出版社,2007.

[6] 廖先芸. 电子技术实践与训练[M]. 2版. 北京:高等教育出版社,2005.

[7] 华成英. 模拟电子技术基本教程[M]. 北京:清华大学出版社,2006.

[8] 杨志忠,章忠全. 新编常用集成电路及元器件使用手册[M]. 北京:机械工业出版社,2011.

[9] 王小海,蔡忠法. 电子技术基础实验教程[M]. 北京:高等教育出版社,2005.

[10] 孙肖子. 现代电子线路和技术实验简明教程[M]. 2版. 北京:高等教育出版社,2009.

[11] 耿苏燕. 模拟电子技术基础(2版)学习指导与习题解答[M]. 北京:高等教育出版社,2011.

[12] 康华光. 电子技术基础. 模拟部分[M]. 5版. 北京:高等教育出版社,2006.

[13] 谢嘉奎. 电子线路. 线性部分[M]. 4版. 北京:高等教育出版社,1999.

[14] 电子工程手册编委会集成电路手册分编委会. 标准集成电路数据手册运算放大器[M]. 北京:电子工业出版社,1999.